庫斯克

希特勒－史達林關鍵決戰時刻

羅賓·克羅斯 著
程嘉文 譯

CITADEL: The Battle of Kursk
Robin Cross

希特勒與柴茲勒（右）討論「衛城」作戰中的部隊運動。

俄軍中部方面軍司令羅柯索夫斯基元帥（左）。

俄軍第五親衛戰車軍團司令羅特米斯托夫元帥（左）與第五親軍團司令查多夫上將。攝於一九四三年七月，普羅科羅夫卡附近。

朱可夫元帥是蘇聯贏得勝利的重大功臣，這是他一九四四年的照片。

德國南面集團軍總司令曼斯坦元帥（手持元帥杖者），陪同土耳其軍事訪問團在卡爾可夫附近視察演習。這時距「衛城」作戰只剩下幾週。

第九軍團司令摩德爾元帥（當時還是上將）在「衛城」作戰的第一天（一九四三年七月五日）與兩名士官談話。

霍斯上將在「衛城」作戰中是第四裝甲軍團司令。在一九四三年基輔失守後，霍斯被希特勒免職，並且退出現役。

第二黨衛裝甲軍軍長豪賽爾將軍，他在一九四三年膽敢違抗希特勒之命，將全軍撤出卡爾可夫以免被敵人殲滅。

德國空軍第五十二戰鬥聯隊的哈特曼上尉是有史以來戰績最佳的飛行員，共擊落三百五十二架敵機，他在「衛城」作戰第三天的七月七日打下七架俄機。

魯迪爾上尉是德國空軍中頭號「斯圖卡」俯衝轟炸機王牌（左），本圖為魯迪爾與他的後座槍手兼無線電員亨契爾合攝。

庫斯克的戰車戰，本圖是從一輛俄製 T-34 戰車駕駛的瞭望窗中所攝。

德軍的三號戰車在俄羅斯草原上前進。為了加強防護力，三號與四號戰車的後期型都在砲塔周圍與車側加裝了裝甲板。

德軍在庫斯科的兩項「敗筆」之一；五號豹式戰車在庫斯克首次投入作戰，但卻遭遇嚴重的機械毛病。後來當這些困難獲得改善之後，豹式成為二戰中最佳的戰車之一。車身兩側加掛的裝甲板厚五公釐，目的是抵禦反戰車榴彈（HEAT）的攻擊。

德軍庫斯克敗筆之二：「哥利亞」袖珍戰車可以遙控方式將兩百二十磅炸藥送入敵人的陣地。但在實戰中，德軍發現「哥利亞」非常容易被敵人的小口徑武器擊毀。

庫斯克會戰中的德國四號戰車，四號戰車在整場大戰期間是德軍最重要也是生產最多的戰車。它的後期型裝置了長砲管七十五公釐主砲，使它能夠與 T-34 匹敵。

搭載著步兵的 T-34 戰車從一門七十六公釐戰防砲旁駛過，砲手背著的步槍與衝鋒槍是一旦與敵近戰時用的。俄軍七十六公釐砲的射程可達一萬四千碼。

俄軍砲兵正與一輛德軍三號突擊砲交戰。

一門德國「野牛」一五〇公釐自走砲，它是由捷克製 T-38 輕戰車底盤改裝而成的。

德軍在「衛城」作戰的第一天發動突擊，前方的機槍手操作的是一挺 MG 34 機槍，它也可以裝在三腳架上擔任持續火力支援任務。

蘇聯的「卡秋莎」火箭發射器，德軍稱這種可怕的武器為「史達林管風琴」。

在庫斯克作戰的蘇聯砲兵。

Il-2 攻擊機是大戰期間生產量最多的飛機。本圖是一九四五年它們飛行於柏林上空的情景。

俄軍第五親衛戰車軍團的 T-34 正趕往普羅科羅夫卡迎擊德軍。

在這場會戰的高潮中，一列德軍卡車縱隊在俄國空軍的攻擊下起火燃燒。地點是在弗洛奈士附近。

蘇聯政戰宣傳照：紅軍士兵護送農婦回到故鄉，農婦的手裡還捧著「俄羅斯聖母」的畫像。

一名紅軍政委不顧自己的傷勢，鼓勵他的部下向前。他身旁的是 PPSH 衝鋒槍。

「伊凡」——俄國士兵的諢名。對他們的敵人而言，「伊凡」是難纏的對手。

德軍的失敗，一名德國砲兵士官坐在被毀的砲上，攝於奧勒爾突出部。

庫斯克之役是戰史上規模最大的裝甲作戰及二次大戰中的決定性一戰。圖為有「史達林之錘」外號的俄軍 203 公釐榴彈砲。

目次

作者序

在西方世界如果問人：第二次世界大戰中最大的會戰是哪一場？除了主修軍事史的學生以外，相信很少人會知道，答案是一九四三年七月的庫斯克會戰。

也許有些人會說是史達林格勒，這場戰役從一九四二年八月打到一九四三年二月，最後以德國第六軍團被俄軍包圍全殲告終。的確，史達林格勒是蘇聯在第二次世界大戰中第一次取得的全面勝利，位於莫斯科的克里姆林宮為此特別鳴鐘慶祝。不過儘管德國陸軍在史達林格勒遭受慘重打擊，但他們迅即恢復過來，在一九四三年三月十五日收復了卡爾可夫，使東線戰場成為相持的狀態。德軍挑選俄軍戰線上的庫斯克突出部，作為下個階段大規模夏季攻勢的目標。

「衛城」作戰於是在這個背景下爆發，這是德軍為這場攻勢所取的行動代號。整場作戰延續了三個月，其中主要戰鬥只有兩個星期，但是不管是地面的戰車戰，或是天上的空戰，在規模和殘酷程度上都達到了空前地步。在東戰場上第一次，俄軍防線沒有被希特勒的精銳裝甲部隊突破；相反地，最後被擊敗的反而是德國人，並一路退到聶伯河。

「衛城」作戰是德國在東戰場上最後一次大規模攻勢，如果說史達林格勒的勝利使俄軍取得了心理方面優勢；那麼很明顯地，在庫斯克戰役之後，俄軍就取得戰場主動權，而且再也不曾失去；他們在物質上的壓倒性優勢更日益強大，大到德軍機動部隊無法憑藉戰術上的靈活運用來彌補。一九四三年的夏、秋季以後，東線德軍的元氣從未真正恢復過。

「衛城」作戰正式開打前，雙方經歷漫長而辛苦的準備過程，希特勒和史達林都被它逼到了耐力的極限。這引起筆者的興趣，試圖分析他們在指揮觀念上的差異；筆者也打算探索彼此不同的指揮方式，對戰爭結果所產生的影響。在一九四三年春季和初夏，希特勒、史達林兩人都面臨影響了「衛城」作戰準備的戰略難題。這些難題對希特勒造成惡劣的影響，「元首」在關鍵的幾個月裡失去自制力，無法對局勢作出確實的掌握與判斷。結果對德國人而言，剩下的其他戰爭時間只是註定失敗前的苟延殘喘而已。

此外，筆者想做的不只是描繪一場會戰，而是從這個關鍵點上呈現東線戰場的面向，以及雙方的高級指揮官和一般士兵是如何看待這場戰爭。在二次大戰中，要論戰爭帶來的殘暴行為和破壞，沒有別的戰場能和東線比擬，也沒有任何一個戰場上曾發生過更慘烈的戰鬥。希望讀者們透過本書，對東線遼闊的戰場和其上的大規模血腥戰鬥，能夠有所認識。

本書的寫作過程中，筆者得到了許多人的幫助。我特別要感謝帝國戰爭博物館的圓頂圖書館人員，尤其是詹姆斯・泰勒和泰瑞・查曼兩位先生的協助與建議。感謝肯特・拉森少校提供他對普羅科羅夫卡戰鬥的創見，以及德軍第四裝甲軍團在作戰期間實力消長的研究成果。感謝詹姆士・盧卡斯先生惠予筆者引用大作《「帝國」：納粹黨衛軍第二師》書中篇章，[1]以及費德羅維契先生允諾引用《虎式戰車史：一九四二至一九四五年間的傳奇武器》。

1 譯註：「黨衛軍」原名 Waffen-SS。SS 是 Schutzstaffel 的縮寫，意指元首身邊的護衛人員。Waffen-SS 直譯「武裝親衛隊」最貼切，但本書中仍依舊習稱「黨衛軍」或「黨軍」。SS 除了黨軍以外還包含希特勒的侍衛、佔領區的保安與祕密警察等組織，總司令是希姆萊。

地圖符號說明

軸心國單位

4Pz	第四裝甲軍團
9	第九軍團
XLVIII Pz Co	第四十八裝甲軍
A Det Kempf	肯夫兵團
11Pz	第十一裝甲師
168	第一六八步兵師
10PzGr	第十裝甲榴彈兵師
GD	大德意志師
LAH	黨衛軍希特勒近衛師
SSR	黨衛軍帝國師
SST	黨衛軍骷髏師
Fus Rgt GD	裝甲火槍團，大德意志師
Gren Rgt GD	裝甲榴彈兵團，大德意志師
3 Hungarian	第三匈牙利軍團
	機場

蘇聯單位

40	第四十軍團
5G	第五親衛軍團
5GT	第五親衛戰車軍團
5 SHOCK	第五打擊軍團
31 T CO	第三十一戰車軍
3 Mech Co	第三機械化軍
35 GR Co	第三十五親衛步兵軍
81 GR	第八十一親衛步兵師
107 R	第一〇七步兵師
Popov	卜波夫所屬前線機動兵團

本書中重要將領事略

德軍

古德林（Guderian, Colonel-General Heinz）

一九四三年三月出任裝甲兵總監，一九四四年七月接替柴茲勒擔任陸軍參謀總長。一九四五年三月二十八日在與希特勒激辯之後被解職。[1]

霍斯（Hoth, General Hermann）

在庫斯克之役擔任南翼主攻的第四裝甲軍團司令。一九四三年十一月基輔失陷後被希特勒解職並除役。[2]

約德爾（Jodl, Colonel-General Alfried）

自一九三九年至一九四五年間擔任最高統帥部作戰廳長。一九四五年五月七日，在理姆斯代表德國向盟國投降。紐倫堡大審中以戰犯罪名被處以死刑，於一九四六年十月十六日處絞。

凱特爾（Keitel, Field Marshal Wilhelm）

從一九三八年二月起擔任最高統帥部參謀總長，一直到一九四五年五月德國投降。在紐倫堡以戰犯罪名被處絞刑，與約德爾同一天執行。

克萊斯特（Kleist, Field Marshal Ewald von）

自一九四二年十一月至一九四四年四月間出掌A集團軍。德國投降後，於一九四九年由南斯拉夫引渡到蘇聯，一九五四年在監禁中去世。

克魯格（Kluge, Field Marshal Gunther von）

一九四二年至一九四三年間擔任中央集團軍總司令，後來在一次墜機意外中受傷。一九四四年七

1 譯註：古德林著有回憶錄《閃擊英雄》（*Panzer Leader*），一九五四年去世。
2 譯註：霍斯於一九七一年去世，享年八十六歲。

月，他又復出擔任西線德軍總司令，[3]八月十五日被解職召回國內。由於捲入了七月二十日施陶芬貝格以炸彈謀刺希特勒的事件，克魯格為免被捕，在返國途中服毒自盡。

曼斯坦（Manstein, Field Marshal Erich von）

一九四二年十一月二十八日至一九四三年二月十四日擔任頓河集團軍總司令，隨後集團軍更名為南面集團軍，他繼續任職至一九四四年三月三十日，在長久與希特勒意見相左之後被免職。[4]

麥倫新（Mellenthin, Major-General F. W. von）

從一九四二年十一月一日起接任第四十八裝甲軍參謀長。一九四四年八月至九月間曾短暫擔任第四裝甲軍團參謀長，隨後轉任G集團軍參謀長。[5]一九四五年一月至二月間擔任第九裝甲師師長，隨後轉任第五裝甲軍團參謀長。

摩德爾（Model, Field Marshal Walter）

庫斯克作戰中統率第九軍團，從一九四三年十月至一九四四年八月，他先後擔任過北面、南面及中央三個集團軍的總司令。[6]一九四四年八月接任西線總司令。[7]九月五日，希特勒再度起用倫德斯特出掌西線德軍，但摩德爾仍擔任B集團總司令。最後他於一九四五年四月二十一日在盟軍包圍圈內舉槍自殺。

柴茲勒（Zeitzler, Colonel-General Kurt）

一九四二年九月取代哈爾德成為陸軍參謀總長，負責擬訂「衛城」作戰計劃。一九四四年七月，在上聶伯河地區的德軍被擊潰後，希特勒將其免職，以古德林代替。

俄軍

安托諾夫（Antonov, General A. I.）

一九四二年十二月擔任蘇聯參謀本部作戰廳長，一九四三年四月起兼任第一副參謀總長。一九四五年二月至一九四六年三月任參謀總長。

3 譯註：接替倫德斯特。
4 譯註：和曼斯坦一起被免職的還有克萊斯特。曼斯坦在戰後著有回憶錄《失去的勝利》（*Lost Victories*），一九七三年去世。
5 譯註：這個集團軍駐於西歐南部。
6 譯註：摩德爾在東線後期作戰中有「救火隊」之稱，他接替的三位指揮官分別是庫希勒、曼斯坦與布西。
7 譯註：接替被免職自殺的克魯格元帥，而自七月十七日隆美爾負傷住院後由克魯格兼代的B集團軍總司令也由他接手。

巴格朗揚（Bagramyan, Marshal I. Kh.）

庫斯克作戰時擔任第十一親衛軍團（原第十六軍團）司令，隨後出掌第一波羅的海方面軍至一九四五年。

巴托夫（Batov, General P. I.）

在史達林格勒和庫斯克作戰時是第六十五軍團司令，後來參加了聶伯河渡河戰與白俄羅斯攻勢、進攻東波美拉尼亞與渡越奧得河。一九四五年至一九四九年間擔任駐德派遣軍司令。

貝洛夫（Belov, Colonel-General P. A.）

第六十一軍團司令，參加庫斯克、聶伯河之役，攻入波蘭以及最後的柏林之役。一九四五年到一九五五年間，擔任南烏拉山軍區司令。

柯涅夫（Konev, Marshal I. S.）

庫斯克之役時擔任大草原方面軍總司令，後來先後出掌第二烏克蘭方面軍與第一烏克蘭方面軍。參加了對烏克蘭、波蘭與柏林的攻擊。一九四五年至一九四六年間指揮在奧地利與匈牙利的蘇聯佔領軍。

馬林諾夫斯基（Malinovsky, Marshal R. Ia.）

一九四三年至一九四五年間先後出任四個方面軍的總司令：南部、西南、第三烏克蘭、第二烏克蘭。參加過烏克蘭、羅馬尼亞、匈牙利、奧地利與捷克等地的作戰。一九四五年調任貝加爾湖方面軍總司令，對日本作戰。戰後他繼續擔任遠東軍區司令與遠東蘇軍總司令至一九四六年。

諾維可夫（Novikov, Marshal Aleksandr）

一九四二年起擔任空軍總司令，負責策劃史達林格勒、庫斯克、白俄羅斯與哥尼斯堡等地的空軍作戰。一九四五年八月指揮空軍在中國東北作戰，一九四六年被史達林逮捕下獄。

卜波夫（Popov, General M. M.）

一九四三年二月俄軍攻向卡爾可夫時指揮「前線機動兵團」，同年五月出掌布里安斯克方面軍，後來又調往第二波羅的海方面軍。一九四四年二月被解職。

羅柯索夫斯基（Rokossovsky, Marshal K. K.）

在史達林格勒指揮頓河方面軍，在庫斯克時指揮中部方面軍。後來先後擔任過第一白俄羅斯方面軍與第二白俄羅斯方面軍總司令。一九四五年至一九四九年任駐波蘭蘇軍總司令。

羅特米斯托夫（Rotmistrov, Marshal Pavel）

在庫斯克之戰率領第五親衛戰車軍團。一九四四年秋，他隨著第三白俄羅斯方面軍攻入波羅的海諸國。隨後升為裝甲兵副司令。

索柯羅夫斯基（Sokolovsky, Marshal V.）

在庫斯克之戰後的俄軍反攻中率領西部方面軍，一九四四年調為第一烏克蘭方面軍參謀長。柏林之役時擔任第一白俄羅斯方面軍副總司令，利用牙醫病歷報告辨認出希特勒的屍體，隨後擔任德境俄軍總司令。

法希里夫斯基（Vasilevsky, Marshal A. M.）

一九四二年六月擔任蘇聯參謀總長。在他三十四個月的任期中，有二十二個月在前線指揮作戰。一九四五年二月，出掌第三白俄羅斯方面軍，以接替殉職的齊恩雅霍夫斯基將軍。一九四五年八月，擔任遠東區陸軍總司令。

范屠亭（Vatutin, General N. F.）

在庫斯克之役指揮弗洛奈士方面軍。一九四三年十一月六日他的方面軍（易名為第一烏克蘭方面軍）攻佔了基輔。一九四四年二月二十九日，他在羅夫諾附近被反共游擊隊刺殺。

朱可夫（Zhukov, Marshal G. K.）

一九四二年八月出任蘇聯副統帥直至戰爭結束。在史達林格勒與庫斯克作戰中扮演決定性角色。一九四三年底冬季攻勢時，負責協調第一烏克蘭方面軍與第二烏克蘭方面軍的指揮。一九四四年元月出掌第一烏克蘭方面軍，並在同年夏季攻勢中協調第一白俄羅斯方面軍與第二白俄羅斯方面軍。在對柏林的最後攻勢中，擔任第一白俄羅斯方面軍總司令。一九四五年至一九四六年間擔任蘇聯德國佔領軍總司令。

一九四三年七月五日東線德軍戰鬥序列

- 希特勒
  - 最高統帥部（OKW）
    - 參謀總長：凱特爾
    - 作戰廳長：約德爾
  - 陸軍總部（OKH）
    - 總司令：（希特勒兼）
    - 參謀長：柴茲勒

- 芬蘭軍團
- 北面集團軍（庫希勒）
  - 第十八軍團
  - 第十六軍團
- 中央集團軍（克魯格）
  - 第三裝甲軍團
  - 第四軍團
  - 第二裝甲軍團（施米德）
  - 第九軍團（摩德爾）
    - 第 23 軍（弗里斯勒）
    - 第 41 裝甲軍（哈普）
    - 第 47 裝甲軍（李梅森）
    - 第 46 裝甲軍（佐恩）
    - 第 20 軍（羅曼）
    - A 分遣軍
  - 第二軍團（魏克斯）
- 南面集團軍（曼斯坦）
  - 第四裝甲軍團（霍斯）
    - 第 52 軍（奧特）
    - 第 48 裝甲軍（克諾貝斯多夫）
      - 第 3 裝甲師
      - 大德意志師
      - 第 11 裝甲師
    - 第 2 黨衛裝甲軍（豪賽爾）
      - 希特勒近衛師
      - 帝國師
      - 骷髏師
  - 肯夫兵團（後改第八軍團）
    - 第 3 裝甲軍（布瑞斯）
      - 第 6 裝甲師
      - 第 19 裝甲師
      - 第 7 裝甲師
    - 第 11 軍（勞斯）
    - 第 42 軍（馬登克洛）
  - 第一裝甲軍團（麥根森）
  - 第六軍團（何立德）
- A 集團軍（克萊斯特）
  - 第十七軍團

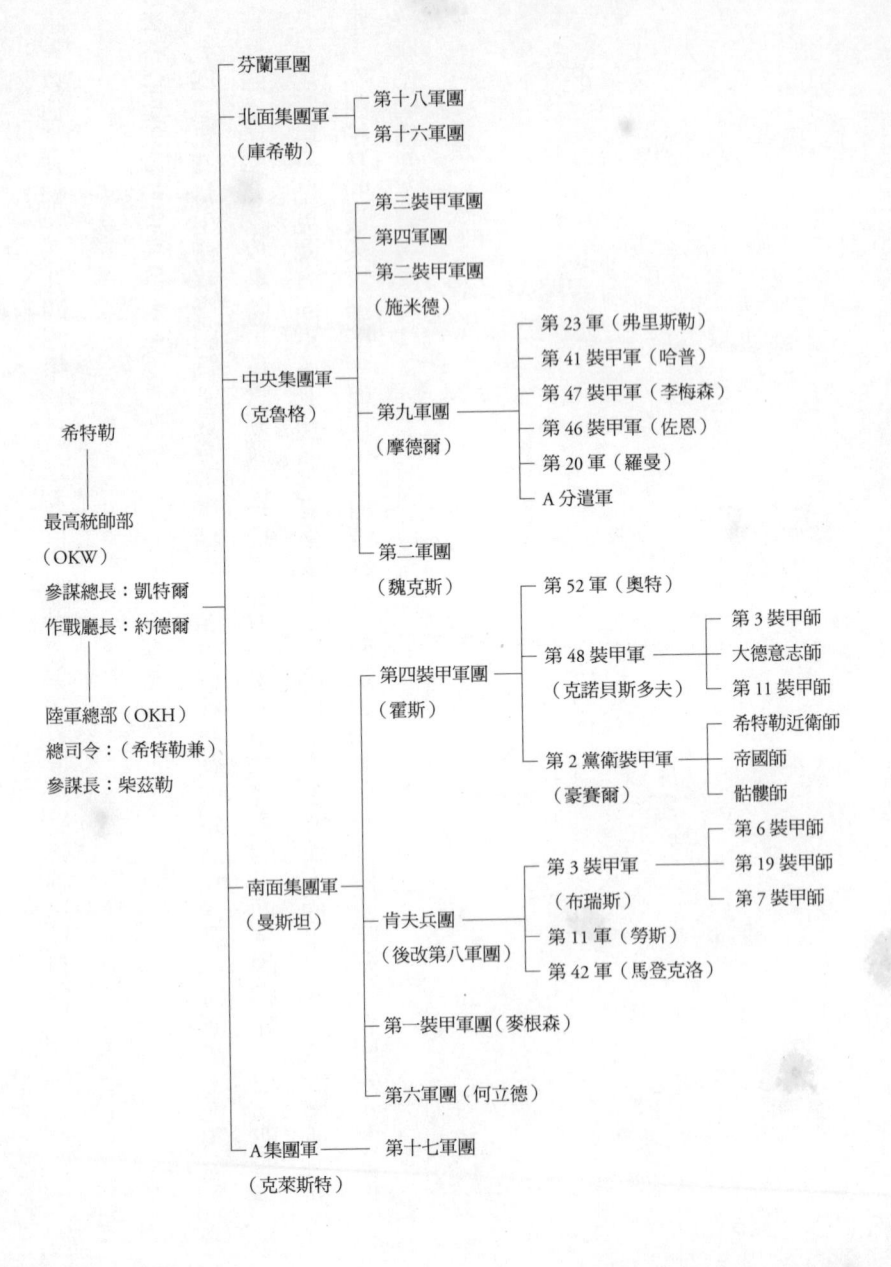

一九四三年七月五日俄軍戰鬥序列

- 大本營（STAVKA）史達林 朱可夫 法希里夫斯基
  - 克瑞林方面軍
  - 列寧格勒方面軍
  - 弗爾可夫方面軍
  - 西北方面軍
  - 加里寧方面軍
  - 西部方面軍（索柯羅夫斯基）
  - 布里安斯克方面軍（卜波夫）
  - 中部方面軍（羅柯索夫斯基）
    - 第 13 軍團　第 65 軍團
    - 第 48 軍團　第 70 軍團
    - 第 60 軍團　第 2 戰車軍團
  - 大草原方面軍（柯涅夫）
    - 第 27 軍團　第 5 親衛軍團
    - 第 47 軍團　第 5 親衛戰車軍團
    - 第 53 軍團
  - 弗洛奈士方面軍（范屠亭）
    - 第 38 軍團　第 7 親衛軍團
    - 第 40 軍團　第 6 親衛軍團
    - 第 69 軍團　第 1 戰車軍團
  - 西南方面軍（馬林諾夫斯基）
    - 第 1 親衛軍團　第 8 親衛軍團
    - 第 6 軍團　第 3 親衛軍團
    - 第 12 軍團
    - 第 57 軍團
  - 南部方面軍（托布金）
    - 第 28 軍團
    - 第 44 軍團
    - 第 51 軍團
    - 第 2 親衛軍團
    - 第 5 突擊軍團
  - 北高加索方面軍

（註：俄軍各方面軍轄下均有相當的獨立平或師，此處未列）

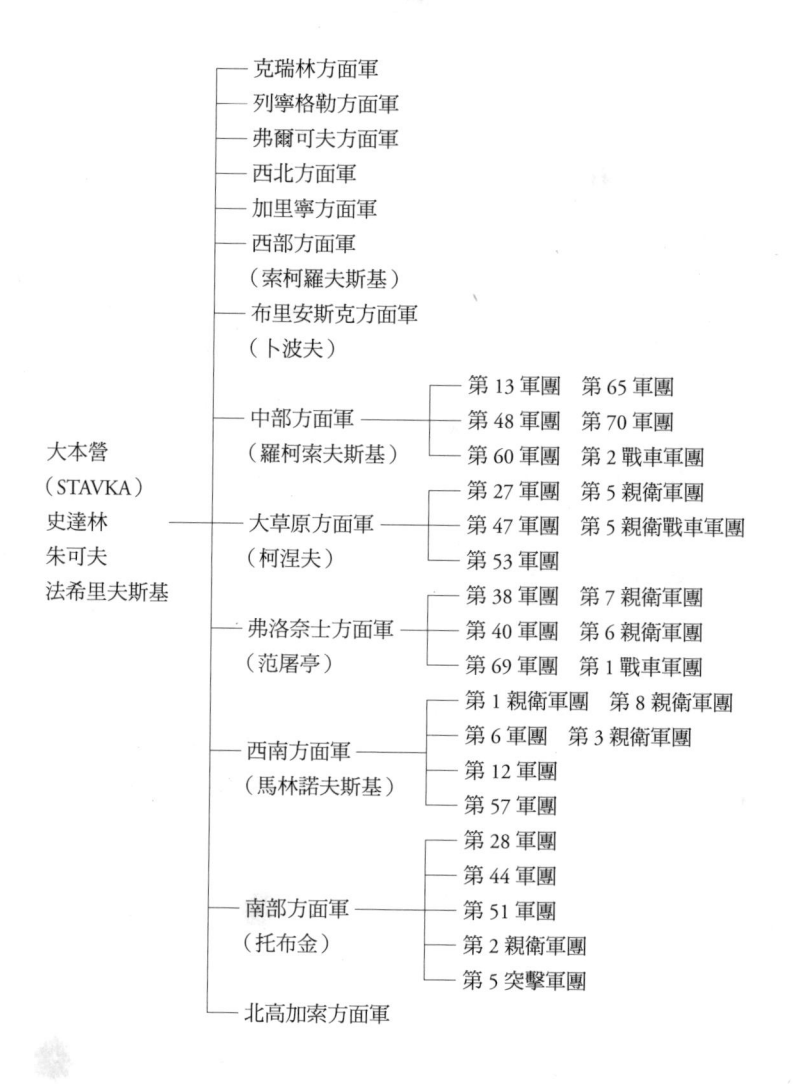

「你認為有幾個人曉得庫斯克在哪兒？我們拿下它與否，全世界都不會關心……究竟我們今年在東線發動攻勢的目的是什麼？」

希特勒回答我：「你說得對。每次一想到這場攻勢，我就覺得反胃。」

我說：「對呀。你對這件事的反應是正確的，讓它去吧！」

——古德林上將和希特勒的對話，一九四三年五月十日

第一章

南面的危機

「俄國人已經完了。」

——阿道夫·希特勒，一九四二年七月

一九四〇年六月十九日，剛剛擊敗法國的希特勒，在柏林克羅爾劇院召開國會，為十二位元帥主持授階典禮。在長篇演講的末尾，他告訴臺下那些純屬傀儡的議員們：「此時此刻，本人有責任基於理性和常識，對英國再次提出呼籲，正如我過去對其他地方所作的一樣。本人對此責無旁貸，因為我並非乞求恩惠的被征服者，而是個講道理的勝利者。以本人看來，這場戰爭實在沒有繼續下去的理由。」

但是戰爭仍然繼續下去，而且德國又多了兩個比英國還要強大的敵人。一九四三年一月三十日，在和一九四〇年六月的凱旋氣氛截然不同的情境下，希特勒又冊封了一位新元帥：第六軍團司令包拉斯上將，當時他正被重重圍困在伏爾加河上的史達林格勒城裡。

歷史上從來沒有任何一位德國元帥曾向敵人投降。希特勒這次升包拉斯為元帥，意義等於是給他一把手槍逼迫自殺，但是這位新科元帥並沒有遵命扣下扳機。一月三十一日，一位年輕的俄國裝甲兵軍官，葉成科中尉，走進包拉斯設在一座百貨公司廢墟內的司令部。然後，包拉斯從裡面走出來接受拘禁——同時一起投降的還有十五位將軍。兩天後在史達林格勒的北部，最後一名德國兵放下了武器。二月六日，記者沃爾思駕車到達攝氏零下三十度的史達林格勒。在去年九月激烈巷戰中數度易手，導致殘破不堪的市區主廣場一角，沃爾思發現一大堆「垃圾」：

「……信件、地圖、書本、德國小孩們的生活照、以及擺出一臉滿足笑容的德國中年婦女，站在像是萊茵河橋上的相片；一本綠皮的天主教祈禱書，書名《士兵們的靈塊盔甲》；一封由一個叫魯迪的德國孩子寫的信：『……現在你們已經攻下了強大的塞凡堡要塞，[1]很快就可以打敗萬惡的布爾什維克匪黨，他們是我們德國最大的敵人。』」

沃爾思接著去訪問葉成科中尉。然後，他又走到寂靜、殘破的街上。街道上遍佈著凍僵的屍體和馬兒的骨骸——牠們是先前圍城期間，被飢餓的德國守軍宰殺的。在紅軍營房廢墟的院子裡，沃爾思走過一個大糞坑，「看起來很可怕，所幸已經凍實了」。一個德國俘虜蹲在另一個糞坑上：

「……他急急忙忙拉起褲子，鑽進一間地下室。當他從我面前跑過的一剎那，我看到他的臉，表情混合著苦楚和可憐般的茫然……這個人也許已經快死了。在那個地下室裡還有兩百個德國人，由於飢餓和凍傷而瀕臨死亡。『我們還沒有時間去管他們。』一個俄國人說。『他們明天會被送走，我想大概吧。』」

在院子另一頭的另一個糞坑旁，躺著十幾具德國人的屍體，每一具都枯槁、瘦弱、泛著蠟黃色，

1 譯註：在克里米亞，一九四二年德軍兩次猛攻才將其攻下。

他們都是由地下室裡抬出來的。沃爾思根本就無法勉強自己走進那間惡臭的停屍房：「這有什麼用？我們能為他們做什麼？」

在史達林格勒包圍圈中，德軍損失了二十個師，超過二十萬人的兵力。在十萬八千名被俘者當中，只有五千人在集中營裡活到戰爭結束。在包圍圈外圍的作戰中，德軍又損失了六個師，其中包括兩個「空軍野戰師」在內。至於德國的盟國，包括義大利、匈牙利、羅馬尼亞，一共喪失了四個軍團，兵力高達四十五萬人。這幾個國家原想藉出兵趁機分一杯羹，如今夢想也隨著慘敗一掃而空。

雖然就數字而言，一九四三年一月十日至二月二日間，德軍在史達林格勒的損失堪稱慘重，但仍遠低於俄國人在一九四一年的損失——光是一場基輔會戰就被俘獲了五十萬人。不過，作為德軍開戰以來最大慘敗，史達林格勒對國內民心士氣形成慘重打擊：一連三天，收音機不停地播放哀樂，官方扣留銷毀所有由俄國戰俘營寄回的家信，只有極少數漏網之魚沒被檢查出來，更加深了德國國內對「最後勝利」的懷疑。

二月三日，希特勒的大本營發出一份由國防軍最高統帥部（OKW）署名的公報。公報把發生在史達林格勒的災難，描繪成一首悲壯的史詩。

> 史達林格勒之役結束了。第六軍團恪守他們的誓言，在包拉斯元帥以身作則的領導下，終於在壓倒性強敵的重重包圍中壯烈犧牲。敵人兩度向他們招降，都被我軍英勇將士所峻拒。

他們的最後一場戰鬥，就是為了保衛飄揚在史達林格勒城廢墟頂端的卐字旗……

這篇官方布告並沒有反映出希特勒的真實感覺。他原本希望這位新元帥能夠自殺成仁，或是帶著全體部下戰死殉國。在二月一日的簡報中，他大罵：

即使是一個女人受到侮辱時，也會關起門來舉槍自殺，所以我對一個連這麼做都不敢，居然向敵人投降的軍人，也不會有絲毫敬意。我不懂包拉斯怎麼不去死，千萬名官兵的英名都被他褻瀆了，只因為這傢伙不敢做一件連女人都做得到的事……他本來可以慷慨就義永垂不朽，卻居然寧可到莫斯科去當俘虜！

一月二十五日在莫斯科，史達林發布了「偉大愛國戰爭」爆發以來，頭一回致賀性的每日命令：他感謝南面戰場上各級指揮官和基層戰士們的努力，更提出一個新口號來：「奮勇前進，把德國侵略者逐出國門！」二月二十三日，政府頒獎給史達林格勒之戰的英雄：一百一十二名官兵被授予「蘇聯英雄」頭銜，四十八位將軍獲頒蘇弗羅夫勳章和庫圖佐夫勳章，一萬人獲頒其他各式榮譽，七十萬人得到史達林格勒戰役紀念胸章。

希特勒審視第六軍團毀滅的始末時，卻對自己嚴拒守軍接受俄軍招降這件事，產生了一種病態式的滿意。根據陸軍總部主管東線部門的情報官格倫上校二月四日報告，有一百零七個俄軍的師或旅級單位，外加十三個戰車團，被史達林格勒之戰「吸住」而無法外調。希特勒認為，如果他當初允許守軍投降，這些俄軍就能提早一個月釋出，一九四三年一月中旬德軍南戰線上面臨的壓力，勢必會大大增強，從奧勒爾到羅斯托夫的戰線必被切成兩段。

史達林則體認到，自己已奪得戰略上的主動權，便在整條東線上發動了一連串此起彼落的攻勢。在南戰場方面的目標是奪回烏克蘭——蘇維埃聯邦中僅次於俄羅斯的第二大邦。這個任務由四個「方面軍」負責：布里安斯克方面軍、弗洛奈士方面軍、西南方面軍、南部方面軍。[2]

莫斯科方面信心高漲，期望能在「烏克蘭大捷」中再殲滅七十五個師。這是標準的史達林式一廂情願戰略。先前在一九四二年一月，他不顧將軍們的忠告，決定在整條戰線上同時發動反攻，從列寧格勒旁的拉多加湖向南一直到黑海。結果紅軍分散得太開，在前一年十二月作戰中損失的元氣也沒有恢復，攻擊剛展開就無法維持衝力。德軍立刻重新部署，堅強抵抗，到了三月冰雪融化，整場攻勢就在泥濘中化為烏有。

一年後的局勢看來更吸引人。俄軍從史達林格勒的推進，已經迫使曼斯坦元帥的德國頓河集團軍退到羅斯托夫外圍，這座位於頓河彎口的城市，是整個南部戰區的「大門」。曼斯坦的右邊是克萊斯特元帥的A集團軍，剛被迫由高加索山區撤到黑海北岸的塔曼半島，隔著克赤海峽與西面的克里米亞半島相望，距離曼斯坦的前線還有三百英里。頓河集團軍的北翼由義大利第八軍團和羅馬尼亞第三軍團負責，現正面臨俄軍強大壓力，一旦被突破，曼斯坦和北邊B集團軍的聯繫就將被切斷。

從羅斯托夫一直到弗洛奈士，整條德軍戰線都在吃緊。一九四三年一月十五日，范屠亭上將指揮的西南方面軍，在史達羅拜斯克和弗羅希羅夫格勒之間，衝破了義軍第八軍團和羅軍第三軍團的防線，在頓河集團軍及B集團軍之間撕開一道兩百英里寬的缺口。二月八日，范屠亭渡過頓內次河，到達卡爾可夫的東南面。他把攻擊矛頭轉趨東南，直指背對亞速海的德軍，同時也對頓河集團軍的主要補給中心、位於聶伯河上的札波羅結，造成莫大威脅。在范屠亭的右方，高立可夫上將的弗洛奈士方面軍正威脅卡爾可夫市，它是蘇聯第四大城，也是前一年春季戰役的焦點所在。二月四日，李巴科將軍的第三戰車軍團在卡爾可夫的南面攻抵頓內次河，卻被德軍第一黨衛裝甲榴彈兵師所阻——這個名為「希特勒近衛」的師隸屬於豪賽爾將軍的第一黨衛裝甲軍，剛剛才從法國調來東線。[3]

二月六日，曼斯坦元帥飛往位於東普魯士拉斯頓堡的元首大本營去晉見希特勒。曼斯坦是公認的戰略大師，或許是二次大戰中最偉大的將領。由他的建言所發展的「鐮割」計劃，使德國獲致了一九四〇年的西線大勝。一九四一至四二年間，他率領德軍攻下了克里米亞半島，此後又處變不驚地

---

2 作者註：蘇聯的「方面軍」相當於德軍的「集團軍」，一個方面軍擁有五至七個軍團和一至二個戰術空軍軍團，外加戰車、砲兵等特種部隊。整個方面軍最多可達一百萬人，戰鬥地域寬達一百五十英里，戰線後方縱深可延伸到兩百五十英里。

3 作者註：希特勒近衛團於一九三三年成立，後來改編為摩托化步兵團，參加一九三九年的波蘭戰役與一九四〇年的西線戰役，一九四一年擴編成摩托化步兵師，參與入侵巴爾幹和初期的征俄戰役，隨後被調到法國擔任佔領軍。一九四二年改制為裝甲榴彈兵師。

應付南戰場升高的危機。面對俄軍即將再度展開的攻勢，曼斯坦不顧希特勒「寸土必爭」的命令，已經準備好一套彈性防禦計劃。希特勒總是干涉將領的決定，尤其每當緊要關頭，需要當機立斷時，往往拖延得格外厲害。對於希特勒愈來愈嚴重的干涉趨勢，曼斯坦卻有一個「妙方」來應付。他會在獨斷專行後，才向「元首」報告：「因為沒有接到陸軍總部的命令，所以我們只好依狀況便宜行事了。」

高大、有著明顯的鷹鉤鼻，曼斯坦堪稱是舊德國軍官階級的代表——希特勒向來對他們抱著一種近乎病態的憎惡。曼斯坦在冷漠、一絲不苟的外表下，有著一顆聰明的腦袋，面對混亂的局勢，總是能以超人的速度與精確度分析出頭緒。曼斯坦有信心，如果自己能說服希特勒放棄羅斯托夫，撤到頓內次河以縮短戰線，他就能騰出一支裝甲部隊，來迎擊即將面臨的俄軍攻勢。

偏偏希特勒是個死不變通的人，他對防禦作戰的概念，基於自己在一戰西線戰場上的經驗。曼斯坦後來形容：「他所想的就只是一幅敵人在我方防線上流血而亡的畫面，不曉得一個好劍手會先暫時後退，然後才發動決定性的一擊。」

希特勒一向不允許自己的信念被打折扣，一九四一年冬季的戰局發展又讓他找到了證據支持。當時他拒絕德軍從莫斯科前線上大規模撤退，結果使得「拿破崙式的潰散大撤退」不致發生。意志力終將贏得勝利，希特勒要求全軍上下每一個人，都要把他的想法當作徹底遵奉的信念，並且確信它們絕對正確、必將成功。此外，他也以經濟利益的因素，作為「寸土必爭」觀念的論點，不管它們經常違反軍事邏輯，甚至是他自己幻想出來的觀念。

曼斯坦力主在迫不得已時必須棄地轉進，引起了希特勒對於失去南烏克蘭之頓巴次工業區的恐懼。希特勒強調，富產煤礦的頓巴次工業地帶，對德國的資源供應非常重要，不能讓蘇聯利用它，也是一樣的重要。事實上曼斯坦早已調查清楚，在自己預備放棄的地區中，煤礦的品質既不能用以煉焦，也無法供火車頭使用。曼斯坦很清楚，希特勒的戰略考量是以戰爭經濟為出發點，於是就一廂情願地「假定」敵人將被擊敗——事實上敵人正威脅著要掃平東戰場的南部，甚至整條戰線。

曼斯坦早就料到，和希特勒的四小時會談是趟苦差事，必須忍受「元首」的長篇大論和死不讓步。不過當兩人會面時，希特勒似乎還在為喪失第六軍團而沮喪。會議一開始希特勒就表示，自己應要為史達林格勒的災難負全責。這使曼斯坦產生了下面的印象：

> 史達林格勒的悲劇對他產生很大的影響，不只因為這代表其領導明顯失敗，他也為了那些恪遵職守，奮戰到最後的英勇士兵們而難過，他們是如此地信任他。

這和希特勒原先對史達林格勒失敗的反應，形成強烈的對比。不過，「元首」向來是對不同觀眾表現不同情緒的專家。

會議繼續進行，曼斯坦逮著希特勒看起來「有破綻」和有理性的機會，趁機說服他同意撤出東頓內次地區的德軍，一直退到米亞斯河為止。不過事情可不是就此一帆風順：在會議進行當中，希特勒又反悔，反覆強調各種必須堅守不退的經濟性理由。最後他還提到，今年的冰雪融化特別早，將會使俄軍無法進攻，同時也不利於德軍從頓河與頓內次河之間的突出地帶中撤退。曼斯坦斷然拒絕，強調不能將整個集團軍的命運，寄託在天氣突變的希望上。他表示唯一可以答應希特勒的是，「除非今晚狀況逼得我非立刻採取行動，否則可以等我明天中午回到司令部後才下令撤退。」

現在曼斯坦開始調整部署：受到重壓的何立德兵團，退到米亞斯河上。[4]第一裝甲軍團先前由一條走廊地帶穿過羅斯托夫北撤，逃過被截斷的厄運，現在調往集團軍北翼飽受威脅的頓內次河中游地區。第四裝甲軍團由頓河下游往西北移，向頓內次河與聶伯河之間的地區運動，構成集團軍的西翼。他還把司令部由史達利諾向西遷到札波羅結，可以較容易地掌握集團軍西北方面的狀況。

在各個關鍵點上，俄軍的數量優勢已經升到八比一。第一裝甲軍團轄下的部隊裡，有時一個連只剩下二十個人，卻還得據守半英里寬的地帶，一入夜就可能被俄軍滑雪滲透包圍。師級以下單位的參謀人員都派到重要前線去構築據點，連軍團司令部的官兵，都被組成一個加強連投入戰鬥。

二月八日，齊恩雅霍夫斯基將軍的俄軍第六十軍團。攻下卡爾可夫北方一百二十英里的庫斯克。六天後，德軍放棄羅斯托夫；同一日，俄軍對卡爾可夫幾乎已經完成包圍。蘇聯戰車突破了該城北面和東南面的防線，直逼市郊地區。

正當南戰場的局勢惡化之時，德國陸軍總部（OKH）改變了指揮體系：十二日起，曼斯坦的頓河集團軍改稱南面集團軍；二十四小時後，曼斯坦北邊的B集團軍——他一直想取得對它的控制——

被裁撤。B集團軍司令部人員調回德國，主力部隊第二軍團，改隸北邊克魯格元帥的中央集團軍；剩下的部隊先前都已被打得很慘，編為一個兵團，由藍茲將軍指揮，負責防衛卡爾可夫。

困守卡爾可夫城內的主力是，第一黨衛裝甲軍所轄三個裝甲榴彈兵師中的兩個：希特勒近衛師（LAH）和帝國師（SSR），加上陸軍的大德意志裝甲榴彈兵師。黨衛裝甲軍軍長是六十三歲的豪賽爾將軍，他在俄國戰場上被彈片打瞎了右眼。這個硬漢子不打算讓弟兄在眾寡懸殊下白白犧牲，於十四日向兵團司令藍茲將軍要求突圍。當天的軍部作戰日誌這麼寫著：

> 卡爾可夫東方和東北方的敵人迅速增強，比例與我方達十四：二之比。敵方沿屈古耶夫路和弗爾彌斯克路攻擊前進，被我方最後預備隊所阻。南面機場一帶，敵軍深入達八英里，直至奧斯諾瓦。我軍掃蕩工作持續進行中，惟缺乏足夠兵力。沒有部隊可供援助東北方大德意志師方面發生的突破，所有具攻擊能力的單位都已經用往南面。三二〇步兵師尚未完全納入主防線，研判未來數天內，尚無擔任攻勢任務能力。
>
> 卡爾可夫市內有暴民攻擊兵士與車輛。由於部隊均已調上前線，故無力予以綏靖。全城包含鐵路、商店與彈藥堆棧，均按軍團命令予以有效爆破。整座城市在燃燒中。能夠作有系統

4 譯註：兵團是介於軍團和軍之間的非常設性單位，以指揮官之名為其番號。

撤退的可能性日益減少。研判卡爾可夫之戰略重要性已下降，請求元首准許更改死守到底之命令。

要想希特勒改變對卡爾可夫戰略重要性的判斷，簡直是不可能。藍茲將軍縱使同意豪賽爾的觀點，卻也只能重申希特勒的命令，要求打到最後一人、最後一刻。豪賽爾再度要求撤退，仍被藍茲峻拒。到十五日中午，俄軍的包圍圈只剩下東南角一個小缺口；一旦包圍圈合攏，黨衛裝甲軍和大德意志師的命運也就完了。

豪賽爾很清楚，違反「元首」命令的下場可能是槍斃，但決心自己扛下責任。十五日，他電告藍茲：「為避免部隊被圍及搶救物資起見，職將於一三〇〇時下令於城郊烏迪地區實施突圍作戰。對敵包圍圈之攻擊現進行中，於城西與西南正發生巷戰。」

不顧藍茲要求「卡爾可夫在任何狀況下均務必堅守」，豪賽爾向包圍圈外衝出。二十四小時後，負責殿後掩護的帝國師部隊，撤出已成火海的卡爾可夫市。蘇聯國旗重新在這座已成鬼域的城市上升起——該市三分之二的人口早已逃走，留下來的人在德軍十五個月的佔領期，又死了二十五萬：有些人死在奴工營，有些人死於凍餒。

從史達林和紅軍高層將領看來，德軍撤出卡爾可夫正代表他們已經全面敗退。興奮的史達林一心想著渡過聶伯河、一鼓作氣奪回整段南部戰線，宣稱：「把敵人大舉攆出蘇聯的行動開始了！」他現在最擔心的是天氣可能阻礙俄軍前進——俄羅斯平原上每年春秋兩次雨季，都會帶來大量的泥濘，足以使原本狀況就差的公路變得一場糊塗。二月十二日起，范屠亭的西南方面軍更進一步擴展攻勢。右翼由卡利托尼夫少將指揮的第六軍團，將在聶伯羅派脫夫斯克和札波羅結之間強渡聶伯河；在卡利托尼夫的左邊，卜波夫將軍的「前線機動兵團」，通過斯拉夫揚斯克，直逼德軍的第一裝甲軍團。

曼斯坦用一貫的冷靜注視著戰局發展。從他看來，史達林又一次過度高估自己，給德軍帶來了一個反攻的機會。他在地圖上標註俄軍的進攻方向，清楚顯示其意圖是想要向南攻，把德軍擠下黑海。一名參謀聽到元帥嘴裡喃喃自語：「那麼你的好運就來了。」

的確，紅軍的好運已隨著攻勢中的損失漸漸走到盡頭。過度延伸又要害重重的補給線，跟不上的戰術空軍支援，以及前進速度太快，都使俄軍的裝甲矛頭鋒銳磨鈍。西南方面軍在前進中因為戰損和故障，已經失去了一半的裝甲兵力，卜波夫的前線機動兵團，下轄四個戰車軍——第四親衛、第十八、第三和第十，在兩天戰鬥中就損失了九十輛戰車，現在只剩五十三輛還能作戰。高立可夫的弗洛奈士方面軍更慘，第三戰車軍團的八十八戰車旅和一一三戰車旅，打到只剩六輛戰車。[5]不過儘管如此，俄軍還是相信：以此實力要追亡逐北，消滅早就潰敗的敵人，已經很足夠了。[6]

5 譯註：俄軍一個戰車旅通常是七十輛戰車。
6 譯註：讀者須注意德蘇兩國在兵力編制上的不同，一般而言俄國單位的規模較小。

一九四三年一月到三月之間的局勢。蘇聯的反攻與曼斯坦的逆襲造成了庫斯克地區的龐大突出陣地。

希特勒現在有時間來「反悔」他二月六日和曼斯坦的「協議」了。他也在拉斯頓堡大本營的地圖上研究戰況——不過卻缺乏曼斯坦的戰略眼光。希特勒現在相信，當初給曼斯坦行動自由，正是造成南翼戰場崩潰的原因。十六日，他決定親自飛往曼斯坦的新司令部札波羅結去指揮作戰——司令部位於龐大的水力發電廠內，不久前才剛由德國ＡＥＧ公司重建完成。

當天，希特勒的機要祕書鮑曼在日記上寫：「現在我們的南段前線已算不上一條『戰線』了。在廣大的地區裡，我們只剩下一片真空。為了挽救極端艱困的局面，元首……將親身前往，只帶著一小群隨員護衛。」[7]

到了札波羅結，希特勒故態復萌，不允許任何撤退行動。藍茲將軍被撤職，兵團司令遺缺由肯夫將軍接任。他並且命令黨衛第一裝甲軍，立刻奪回卡爾可夫。曼斯坦原本打算利用卡利托尼夫第六軍團日益伸長的側翼，由此發動夾擊將之截斷，現在計畫也被擱置：一切等拿下卡爾可夫再說。

對於希特勒的胡亂命令，曼斯坦決定「等暴風雨自己停息」。兩天後（十八日）的第二次會議中，曼斯坦解釋：敵人前鋒向南與西南方伸得愈遠，對德軍的反擊就愈有利。范屠亭的西南方面軍現在正處在一個突出位置上，「右肩」被肯夫兵團所絆住；在俄軍范屠亭的左側，德軍第一和第四兩個裝甲軍團已經完成集中，準備反攻，其位置在頓內次河和聶伯河之間，隨時可以截斷范屠亭。曼斯坦又指

7 作者註：陸軍參謀長柴茲勒將軍、最高統帥部作戰廳長約德爾將軍、侍衛長施密特將軍、副官海威爾，以及「御醫」莫里爾教授。

出：俄軍現在已經遠離補給基地達兩百英里，其間的聯絡必須越過一大片「焦土」，因為德軍在撤退時，已爆破了橋樑、機場、鐵道，原本就很少的公路也被嚴重破壞。曼斯坦強調，現在正是在曠野上打擊俄國人的好時機，再拖下去地面即將解凍，又是一片泥濘。因此反擊作戰的優先性，應高於收復卡爾可夫。

曼斯坦的一番話使希特勒的決心產生了動搖。於是曼斯坦開始進行一項有計劃的冒險：他把裝甲兵力從米亞斯河防線中抽出，只留下何立德兵團的兩個步兵軍，去對抗俄軍的五個軍團。十八日，這條去年由頓河集團軍預先修築的防線被俄軍第三親衛機械化軍突穿，俄軍向西深入達十八英里，被一場意外的泥濘所阻，德軍才重新堵上了口子。此時札波羅結也已暴露在俄軍威脅之下，在范屠亭的前鋒和曼斯坦的司令部之間，德軍除了一些零零星星的防空單位以外，就只剩下集團軍總部的警衛連了。十九日，俄軍第二十五戰車軍的矛頭進到席奈尼柯弗，距札波羅結僅四十英里，聯繫集團軍與何立德兵團的鐵路也被切斷，「元首」所有心思都集中到擔心這件事上去了。

正當俄軍試探向札波羅結前進的同時，侍衛長施密特提醒希特勒，還得儘快與新上任的裝甲兵總監古德林上將會晤。當元首的Fw-200「兀鷹」式座機從機場升起，飛入灰色冬季天空的同時，遠處已傳來俄國戰車的砲聲。對曼斯坦來說，現在終於有充分的自由去調動部隊開始反擊了。

蘇聯的高層當局還沉醉在勝利喜悅中，對於不斷出現的危險信號絲毫不以為意。德軍裝甲和摩托化單位的西調，沒能逃過敵人的情報追蹤，卻被判定是由頓巴次工業區向聶伯河撤退的進一步證據。

一連串空中偵察報告都指出，德國裝甲兵在克拉斯諾格勒（黨衛第一裝甲軍）和克拉斯諾米斯科伊（第一與第四裝甲軍團）周圍集結，卻被認為只是用來掩護其他兵力的撤退。因此到二月二十日，曼斯坦的戰車像巨剪般同時切入范屠亭的左右翼時，整個俄軍都為之震驚。

黨衛第一裝甲軍向東南方攻擊，深深刺入卡利托尼夫的第六軍團暴露的側翼；第四裝甲軍團以四十八裝甲軍為矛頭向西北方進攻，直指帕夫羅格勒。卜波夫的前線機動兵團想向第六軍團靠攏，卻遭到德國第一裝甲軍團的第四十裝甲軍迎頭痛擊。

二十一日晚上，只剩下二十五輛戰車可用的卜波夫，向方面軍總司令范屠亭請求，後撤二十英里以建立防線。范屠亭拒絕所請，只重申要他「截斷敵人西撤的道路」，同時還要求在聶伯羅派脫夫斯克的聶伯河西岸上建立一個橋頭堡，同時將摩托化單位推進至札波羅結，並準備向南更進一步到梅利托普。當卡利托尼夫和卜波夫滿耳聽到的都是部隊被擊潰的消息時，范屠亭依然堅信：「敵人正在用最快的速度從頓巴次撤往聶伯河。」

不顧局勢逆轉，卡利托尼夫仍然固執地堅守命令。第二十五戰車軍的一個師衝到距札波羅結不到十英里，在那兒他們耗盡了油料，只得停頓下來。在這個師後面，軍屬其他單位分散在軍團的主體中，也已經油料告罄，成為克諾貝斯多夫將軍的德國第四十八裝甲軍的絕佳目標。該軍參謀長麥侖新少將事後寫道：

整個地區是一片開闊平原，少有阻礙。地上的溪流現在都還是凍著的。這兒的地形類似史達林格勒以西的地區，更像是北非的沙漠。俄軍向北撤退的縱隊在我們前面八到十二英里，清晰可見。在這種距離下，他們受到我方砲兵火力的有效籠罩。

正逃避四十八裝甲軍的俄軍，馬上又遭到德國黨衛軍的攻擊：帝國師和骷髏師（SST）平行前進，[8] 以二十五英里的時速奔馳在冰凍的草原上。戰車和裝甲車的縱隊追上了撤退的俄軍，把機槍火力射進載滿步兵的俄軍卡車中。一整連一整連的T－34戰車，因為沒有燃料而進退不得，現在都被轟成了碎片。在向南衝了二十英里之後，黨衛軍的戰車和砲兵調過來回頭包夾，沿路都是起火的殘骸，凡是還能動的俄國車輛都立刻被擊毀。德軍的裝甲步兵則在Ju－87「斯圖卡」俯衝轟炸機的支援下肅清整片地區，盡可能地擊斃或俘虜每一個敵人。

俄軍各單位一一受到重擊：當卡利托尼夫麾下各軍正陷入包圍時，卜波夫也被德軍第四十裝甲軍打退到巴芬柯弗。至於弗洛奈士方面軍方面，高立可夫司令體會到大勢不妙，於十一日晚上下令，第六十九軍團和第三戰車軍團停止向西往聶伯河前進，轉而攻擊卡爾可夫以南，正把卡利托尼夫的右翼「嚼碎」的德軍裝甲部隊。兩個軍團慢吞吞地向南齊頭並進，既缺彈藥又沒有足夠的裝甲兵力支援。尤有甚者，後方還送來幾千名臨時徵來湊數的新兵，大部分還穿著工人裝，連軍服都沒有——這些累贅使得南進的速度變得更慢。二十三日，他們被大德意志師（GD）痛擊，再也無力前進。

西南方面軍逐漸體會到，自己已陷入三面受敵的危局。司令部中不免充斥著不滿的聲音，不願再遵從莫斯科方面指示，抱怨他們過去一週被迫去進行無法達成的任務；還要不斷向上級發出自欺欺人的「捷報」，表示聶伯河「大獎」馬上就要到手，事實上它早已是天邊幻影。至於德軍方面，曼斯坦在分別擋住第六軍團和卜波夫兵團的攻勢之後，現在決定往東北前進，向頓內次河反攻。

二十四日，沒有援兵的卜波夫，只能湊出五十輛戰車去對抗向左翼殺來的四百輛德國戰車。范屠亭被史達林「命令你的左翼前進！」的嚴令所迫，在前一天下午十七時三十分，曾經發電給倒霉的卜波夫：「我要鄭重提醒你：給我用一切辦法把敵人在巴芬柯弗地區擋住，而且把他們消滅掉！要曉得我可是在幫你向『上頭』扛責任！」如今范屠亭不能不面對現實：卜波夫的兵團根本已被打爛，第六軍團的大部分已被包圍。二十五日，范屠亭下令停止所有攻勢，並向莫斯科報告自己的真實情況。他的損失狀況已經不容繼續掩飾——但還是沒有任何援助到來。修護戰車的兵工單位也被困在包圍圈裡，剩下一堆無法作戰的戰車，等待著兩個遲遲未到的機動修理廠。

二十八日中午，德軍第七裝甲師在依茲門南方到達了頓內次河，殲滅了卜波夫的殘餘部隊。從這兒到克拉斯諾米斯科伊的路上，滿佈著卜波夫兵團的殘骸，包括被毀的戰車、火砲、卡車，以及至少

---

8 作者註：該師剛從法國調來東線，加入黨衛第一裝甲軍。但它在波塔瓦遭遇了一場突如其來的解凍，結果在泥濘堆中耽擱了三天才開上戰場。

三千具屍體。第六軍團現在也已死到臨頭。為了拯救搖搖欲墜的卡利托尼夫，李巴科的第三戰車軍團從高立可夫的弗洛奈士方面軍抽出，奉命對德軍發動逆襲。當李巴科集結部隊準備進攻時，就被德軍裝甲部隊和第四航空軍團的俯衝轟炸機與地面攻擊機給逮著。不到四天，第三戰車軍團就被包圍，費盡九牛二虎之力才突圍逃到卡爾可夫西南方。第六軍團和同樣損失慘重的第一親衛軍團，此時也退到了安德里葉夫卡和克拉斯尼李曼間的頓內次河上。

冬季的酷寒氣候救了俄國人，使他們不至於全軍覆滅。士兵無法在露天或是沒有火爐的情況下過夜，使得德軍無法「收緊」這麼大的包圍口袋。同時，冰封的頓內次河也使得俄軍殘兵得以渡過，但裝備則被拋得精光。總計俄軍共有六個戰車軍、五個步兵師和六個獨立旅，在德軍這波攻勢中被消滅或重創。

失去了第六軍團和「前線機動兵團」之後，俄軍陣線上出現了一百二十英里寬的大缺口。曼斯坦決定發動第二波反攻，目標是收復卡爾可夫，三月九日上午九點二十分，第四裝甲軍團司令霍斯上將下令給黨衛裝甲軍的豪賽爾軍長，命他封鎖卡爾可夫的西、北面交通，並偵察市內狀況，伺機奪取該城。豪賽爾奉命後，將三個師分為兩路：希特勒近衛師和骷髏師向北，截斷卡爾可夫通往貝爾哥羅的去路，擊毀了俄軍第三戰車軍團的兩個戰車軍和三個步兵師；帝國師則由卡爾可夫的西、南面進攻，一開始只遭到輕微的抵抗。豪賽爾因而決定一鼓作氣攻下卡爾可夫，下令帝國師在西郊重新編組準備，骷髏師則在城外執行掃蕩。十一日，他命令近衛師和帝國師對城內進攻，並從骷髏師調出一個營助戰。經過三天激烈巷戰，雙方都死傷枕藉，近衛師的裝甲兵力先前即已損失頗重，現在更只剩下十四輛戰車。俄軍在巨大的公寓群中構築工事，並用下半車身埋入地下的T-34戰車作為碉堡，一直打到最後一個人。在城外，骷髏師在完成外圍掩護任務後，進向東南方的屈古耶夫，經歷激戰奪下跨越聶伯河上的重要橋樑，同時殲滅了俄軍第二十五親衛步兵師。

城內的最後一點守軍被圍在城區東郊的一座曳引機工廠裡，到三月十五日也被肅清。兩天後，霍斯命令豪賽爾在屈古耶夫北方重整部隊，準備進攻三十英里外、位於聶伯河上的貝爾哥羅。貝爾哥羅很快就被德軍攻下，使得庫斯克和整個中央段戰線，形成一大塊突出地區，暴露在德軍的威脅之下。如果這時克魯格元帥的中央集團軍能派出一支兵力向南，配合曼斯坦北進，庫斯克以西的俄軍就難逃圍殲厄運了。

現在俄軍沒有什麼部隊能擋得住霍斯軍團的繼續前進。十八日，第六十九軍團在貝爾哥羅退回頓內次河東岸。該軍團已經沒有戰車，火砲僅剩下一百門，每個師都不足一千人，其中三四〇步兵師更只剩兩百七十五人。不過克魯格此時卻不同意發兵配合，表示自己的第二軍團和第二裝甲軍團，剛歷經一場狠仗才把集團軍南翼局勢穩定住，現在沒有力量再發動攻勢。

同一時刻，蘇聯當局正盡力挽救庫斯克周圍地帶的危機，把二十一軍團派往貝爾哥羅北方，第一戰車軍團在奧波揚集結，六十四軍團調到頓內次河上。春季的泥濘接著到來，使得俄羅斯平原上呈現一個「空檔」，俄國人確保庫斯克的努力也終於成功。到三月結束時，雙方從米亞斯河到貝爾哥羅的戰線已經底定。貝爾哥羅以北，是俄軍巨大的庫斯克突出部，這塊面積約與英國的威爾斯相等的地區，現在等於一記可怕的鉤拳，向西插入德軍的戰線。

麥侖新少將簡要地敘述了曼斯坦在一九四三年二至三月間的成就。

在幾週內，他先是成功地策劃了一場撤退，然後要發動大規模的反攻，免除了我方被包圍的威脅，並且造成敵人慘重的損失，還藉此在塔干洛格到貝爾哥羅之間，重建了一條不彎曲的戰線。在雙方的師級單位數目上，敵人佔有八比一的優勢，因而這次作戰證明，只要有良好的領導和適切的戰術原則，德軍可以獲勝——而不該為了「不惜代價死守到底」的口號去白白送命。

再一次地，東線戰場德軍證實了他們強大的復原能力，以及在機動戰術方面的優勢，即使面對數量遠佔優勢的敵人也是一樣。兩萬三千具俄軍的屍體遺留在戰場上，被俘者只有約九千人，德軍還虜獲了六百一十五輛戰車和三百五十四門火砲。德國陸軍總部也從史達林格勒失陷和俄軍大規模進攻所帶來的震驚中恢復冷靜，開始籌劃本年度的夏季攻勢。

第二章

大獨裁者

三個月前，紅軍展開了收復史達林格勒的攻勢。

此後我軍就掌握了戰場的主動權……

在蘇聯前線上的實力平衡已經改變了。

——約瑟夫・史達林，一九四三年二月二十三日

我不了解：到底出了什麼事？

——阿道夫・希特勒，一九四三年三月

一九四三年三月十日，正當德軍第四裝甲軍團展開對卡爾可夫的反擊——這已經是自德軍侵入蘇俄以來，雙方對其第四次的爭奪戰。希特勒駕臨曼斯坦設在札波羅結的司令部。「元首」這次到來當然比二月的心情輕鬆得多，他在曼斯坦的騎士級鐵十字勳章上加授橡葉綴飾，並召集南戰場所有軍團及航空軍指揮官以上的高級將領進行會議。[1]

在會議中，希特勒開玩笑地把每一位出席的將領都稱作「元帥先生」，對一些人來說，不免想到最近獲頒這個頭銜的人正是倒霉的包拉斯。此外，希特勒大力盛讚曼斯坦，把另兩位集團軍總司令克萊斯特和克魯格都甩到一邊去，似乎戰爭只是這位南面集團軍總司令一個人打的。

希特勒對第四航空軍團司令李希霍芬元帥吐露，對軸心盟國表現的不滿。李希霍芬回憶：

「他再也不想聽到關於羅馬尼亞人或其他『堅強盟友』的事了。如果他依賴他們，最後還是得去收爛攤子，因為這些人根本不可靠。如果他只是幫助他們建立武裝而不用他們，那等於讓他們站在一旁乾瞪眼，他自己還是辛苦得半死。」

三天後，三月十三日，希特勒再度要求克魯格元帥，別忘記自己在一九四一年斯摩稜斯克大捷中的表現。[2]同一日，「元首」簽署了「第五號作戰命令」：要求當春季泥濘過去之後，克魯格和曼斯坦必須重新掌握戰場主動權。然後他搭機飛回拉斯頓堡。[3]

希特勒回到拉斯頓堡之後，並沒有在位於密林中、代號「狼穴」的指揮所裡住太久。二十三日傍晚，他的賓士座車領著一長列車隊離開「狼穴」，開往「山莊」。那是他的山地避難指揮所，位於南巴伐利亞的貝希特斯加登附近。希特勒在「山莊」一直待到五月九日，才又回到「狼穴」。

整個前線現在已經靜止下來，缺口被一一補上，大致恢復到一九四二年夏季攻勢之前的局面。不久以前，克魯格元帥在莫斯科的西方實行了「野牛」作戰，將第九軍團全部和第四軍團的一部分從勒熱夫突出部撤出，以便有足夠兵力防止俄軍在庫斯克以西實行突破。撤出的德軍在史巴斯狄姆揚斯克和杜科夫希契納之間，重建了一條堅強的防線。德軍在撤退時實施焦土政策，把一切農作物全部割走。當俄軍進入這片「真空地帶」，即使已經很小心，還是為德軍精心佈下的地雷與詭雷付出慘重傷亡。

儘管如此，整個戰局仍然很難讓希特勒稱心快意。一年就這樣過去，唯一的收穫只是冷酷的傷亡

1 譯註：德軍勳章分階如下，最低一級是「鐵十字」，通常又分兩級，第一級授予軍官，第二級授予士官及士兵；往上分別是日耳曼「金質十字」、「騎士級十字」，以及在騎士十字勳章上加掛綴飾。先是加掛橡葉，再加掛寶劍，最高一級加掛鑽石，二戰期間僅有二十七人獲得。

2 譯註：當時克魯格是第四軍團司令，隸屬中央集團軍波克元帥麾下。

3 作者註：在回程中發生了一次炸彈謀刺事件。兩名克魯格的參謀，崔斯寇少將和史拉布倫多夫少校，他們把英國製的硝酸炸藥裝在一個包裹裡，並且設定在半小時後爆炸。崔斯寇請希特勒的侍從參謀布蘭德上校把這「兩瓶法國干邑白蘭地酒」帶給他在拉斯頓堡的一位朋友。結果到了時間炸彈卻沒有爆炸，崔斯寇只好又從不知情的布蘭德那兒趕緊把包裹給拿了回來，發現是雷管出了毛病。一九四四年七月二十日，德軍軍官以炸彈謀刺希特勒失敗，崔斯寇為免被補，故意在前線上戰死；史拉布倫多夫則下獄並遭受苦刑，直到戰爭結束才獲釋。

數字。截至一九四三年二月，陸軍和黨衛軍在俄國戰場上戰死和失蹤已經超過一百萬人。納粹德國的宣傳部長戈培爾博士承認，只要一看到東線的地圖，就不禁有毛骨悚然之感；每當他想到那麼多土地已被敵人奪回去，而英美兩國的入侵威脅又在頭頂上揮之不去，就實在輕鬆不下來。至於希特勒自己，則不了解為何從一九四一年德蘇開戰以來，俄國人已付出數百萬人的損失，蘇聯卻還沒有崩潰。因此他相信，史達林一定已山窮水盡，把手頭的所有力量都用到底了。

當初希特勒雄心萬丈的「巴巴羅沙」征俄作戰，現在已經前途黯淡。他已經不再談和盟國之間的大戰略，只是不停地討論如何發展新型武器，認為它們可以使德國獲取技術優勢，以確保從一九三九年九月開戰以來的勝利。在「歐洲堡壘」的四周，希特勒開始興築防線：在西歐海岸上建立「大西洋長城」，在俄國建立「東線長城」，或稱「豹牆」，從列寧格勒一直到聶伯河。

事實上不管有沒有這些「牆」，戰爭的浪潮已經日益對德國不利。一九四三年三月，德國潛艇發起的「大西洋之戰」一度對同盟國造成危機：潛艇艦隊司令鄧尼茲元帥（編按：他已於該年初接任海軍總司令）的三組「狼群」，創下德國潛艇的最佳戰績紀錄，它們攻擊 SC122 和 HX229 兩個盟國運輸船團，擊沉九十艘商船中的二十二艘，外加一艘護航艦。總計在那個月，德國潛艇在北大西洋擊沉了一百零八艘船，總計四十七萬六千噸。英國海軍部形容：「新舊大陸間的交通，從未如此接近完全斷絕過。」

有一段時間，盟國的沉船數字是造船數字的兩倍。但是這段「好景」迅即過去。盟國在北愛爾蘭、冰島、紐芬蘭部署長程B-24「解放者」轟炸機，使大西洋中部上空的「空隙」得以消除，這些飛機攜帶Mk24輕型導向魚雷攻擊潛艇。盟國並以新造的護航航空母艦為核心，[4]搭配其他艦隻組成「反潛獵殺群」，一旦發現潛艇蹤跡就趕往追獵，使得負責護航的艦隻不必遠離船團。高頻無線電測向技術的出現，使得護航艦隻能夠追蹤潛艇的位置。這些護航艦上還裝置了「271型」厘米波雷達，能探測到海面上如潛艇指揮塔大小的物體，使德國潛艇慣在夜間浮出水面攻擊的戰術愈來愈不保險。德國潛艇與柏林總部間通訊的密碼也被破解，使得船團可以改變航向避過截擊，反潛部隊也能及時趕往最需要它們的地方。一旦尋獲了潛艇的蹤影，刺蝟砲（一種多管的反潛迫砲）可以一次將二十四枚裝有撞擊引信的彈頭，射入軍艦前方的水中。聲納可以持續追蹤潛艇的位置，直到它被擊中為止。

這是一場科技的戰爭，而德國海軍落到了下風。一九四三年五月，德國損失了四十三艘潛艇，下水只有十五艘，鄧尼茲下令緊急調回北大西洋中所有「狼群」，一方面「療傷止痛」，一方面也試圖尋找較安全的途徑。在他的回憶錄裡，鄧尼茲作下結語：「在此時，我們已經輸掉了大西洋之戰！」

在突尼西亞，隆美爾元帥的非洲集團軍也因缺乏補給而面臨失敗命運。三月四日時希特勒曾表示——無疑地當時仍處在對史達林格勒的內疚中：「是結束的時候了，該把非洲集團軍撤回來。」可是五天後，隆美爾趕到位於烏克蘭的維尼沙的元首大本營——憔悴不堪，還被當成是個「失敗主義者」

4 譯註：依據貨船船身設計建造的小型航艦，性能不及正規航艦，但成本低得多。

的隆美爾，花了三天試圖說服希特勒，從當年法國人在地中海岸上所建的馬內斯防線撤出，退入一條一百英里長的突尼斯周邊防線。希特勒雖然同意縮短戰線的長度，卻堅持必須堅守馬內斯防線。他向隆美爾保證，義大利「領袖」墨索里尼將會增加對集團軍轄下義大利第一軍團和德國第五裝甲軍團的援助，一個月至少十五萬噸。希特勒並且還為隆美爾的騎士級鐵十字勳章加綴鑽石，使他成為第一位獲此殊榮的陸軍軍官，但是卻免去了他集團軍總司令之職。為了避免打擊士氣，隆美爾卸任的消息並沒有公開。

隆美爾的繼任人是阿爾寧上將。阿爾寧也無法在馬內斯防線中撐下去，到四月中旬，已被圍困在突尼西亞的東北角。這時阿爾寧手下還有十萬名戰鬥人員，其中德國人佔六萬，戰車不到一百輛，卻得面對盟國三十萬大軍和一千四百輛戰車。五月十二日，軸心軍的抵抗終於結束，二十三萬人走進了聯軍的戰俘營，其中近半是德國人。希特勒再度拒絕去「收拾」一個已經勢不可為的戰場，結果是在地中海南岸又導演了一場史達林格勒大悲劇。

至於第三帝國的人民方面，「歐洲堡壘」沒能為他們在天上撐起一面保護盾，以遏止英美空軍不斷加強的轟炸。一九四三年一開始，就發生了一件使德國空軍臉上無光的戲劇性事件。一九四三年一月三日，三架皇家空軍的蚊式輕轟炸機奉命執行一場「搗蛋飛行」，它們在上午飛臨柏林市上空，打斷了戈培爾的公開演講。當天下午，空軍總司令、帝國大元帥戈林主持一場典禮時，蚊式機又飛來大鬧了一場。

這場不愉快事件是日後「魯爾區之戰」的先聲。三月五日，皇家空軍轟炸司令部司令哈里斯上將派出四百四十二架轟炸機，在三十五架領航機的導引下，夜襲魯爾區最大的工業都市埃森。英國轟炸機三分之一攜帶高爆炸彈，另外三分之二攜帶燒夷彈，分三波在四十分鐘內完成攻擊。英國人只損失了十四架飛機，但卻使克虜伯兵工企業受到嚴重損失，埃森市被毀面積達一百六十畝。轟炸司令部在「魯爾區之戰」中表現最佳的一仗，從五月二十九日晚上延續到翌日凌晨，七百一十九架飛機進攻吳波塔，摧毀了滿布建築物的巴門區達一千畝之多，炸死三千五百人。

在這場空襲的兩週前，五月十六日晚上，皇家空軍第六一七中隊的蘭卡斯特轟炸機，以特製的「跳躍」炸彈攻擊了供應魯爾區大部分發電來源的蒙恩與艾德兩座水壩。雖然對德國戰爭工業的損害其實不大，但這次攻擊卻是精確轟炸技術發展史上的重要里程碑，在心理上產生的振奮，更遠大於其實質效果。

在看到轟炸所造成的損失之後，戈培爾不敢對未來抱什麼期望，他在三月時私下承認：自己「害怕去想再過三個月德國會是什麼樣子」，以及「到明年春天，祖國的一大半將成廢墟」。

當然，德國空軍並沒有失去反擊力量。在延續到七月中旬的「魯爾區之戰」裡，皇家空軍轟炸司令部在德國上空損失了八百七十二架飛機。但是英國飛機的補充速度比損耗更快：七月底重轟炸機的數量，比展開魯爾區之戰時還多了三百架。類似情形也發生在美國人方面：一九四三年春天起，美國第八航空軍深入德國境內進行轟炸，在缺乏戰鬥機護航情況下蒙受慘重的損失，[5]到了十月，由於損失太重，不得不暫停任務。但年底隨著優秀的P－51「野馬」式戰鬥機加入，局勢頓時大為扭轉。P－51可以伴隨轟炸機進行攻擊任務，並且從德國空軍手中奪下了第三帝國的制空權。

雖然戈培爾並不是軍人，但他體會到以德國有限的造機能力、不足的燃料、日益嚴重的人力荒，加上空軍高層的拙劣領導，根本不可能保持對英、美、俄三個敵國的空中優勢。它們每一個的飛機產量都高於德國，美國更達好幾倍之多。空中的劣勢不但粉碎了原本勝利的狀況，更使德國無法建立一套成功的防禦戰略。德國的心臟地帶，以及其上的人口與工業，現在都暴露在敵人的持續空襲下，對民心士氣和戰時生產都造成傷害，並且成為日益惡化的循環。

一九四三年一月十三日，希特勒頒布命令：「一定要確實克服全面戰爭帶來的挑戰！」但是此刻的第三帝國，其實根本還談不上對戰爭全力以赴。一直到一九四二年底，政府的經濟計劃還是假設戰爭馬上就要結束，用於國內消費的生產值只比一九三八年低了百分之十二。一九四二年，在新任軍需部長斯皮爾的努力下，即使自一九三九年至四二年間，德國的戰爭工業從業人員減少了百分之十，但卻增加了百分之四十的產量。德國的戰爭經濟堪稱是集矛盾之大成：還有高達六百萬人在從事消費品的生產，一百五十萬婦女仍然在擔任女傭和廚子的工作。

在一月十三日同一天，希特勒命令一個三人委員會，包括最高統帥部參謀總長凱特爾元帥、元首機要祕書鮑曼、帝國總理大臣拉摩斯，研商如何在黨政軍三方面加強戰爭動員效率。二月十八日，戈培爾宣布了新政策。他在柏林體育場所作的一小時公開演講中，反覆強調這些為了因應「全面戰爭」

而訂的新措施：十六歲到六十五歲的男人、十七歲到四十五歲的婦女，一律編入戰時生產服務的行列。「希特勒青年團」成員將被派下鄉從事農作，或是擔任資源回收工作。監獄中的犯人也將進行戰時勞動。三百五十萬人將被納編登記，其中約七十萬人將在十二個月內投入工作。此外，所有與戰爭無關的商業活動都將關閉：包含夜間俱樂部、豪華酒吧與餐廳、流行服飾與珠寶店，以及郵票市場等等。儘管如此，納粹黨組織內各小山頭間彼此掣肘敵對所造成的腐化，仍使這個動員計劃中充滿了大量的無效率和浪費。

另一方面，德國的盟國們也開始設法逃避它們的責任。在希特勒「歐洲堡壘」中的外國人，不是被奴役的佔領區人民，就是愈來愈不熱心的盟邦，他們對於再到東線去為德國人賣命，毫無情願之意。義大利、匈牙利和羅馬尼亞的部隊在史達林格勒遭到狠狠的打擊，現在這些部隊的司令部都已由第一線撤出，試圖收集殘餘的散兵游勇。德國人更公開表示他們是「次等」部隊。有一次，墨索里尼要求希特勒為俄國前線上的七十萬義大利部隊提供德國武器；希特勒卻根據其觀察表示：這樣做恐怕毫無用處，因為義軍只要一有機會就會向敵人投降。希特勒還形容：「他們甚至連『防禦性』的任務都幹不來。」甚至連公認英勇善戰的芬蘭部隊，現在也表示要將配屬在德國第二十山地軍中，在莫曼斯克前線作戰的五個營撤回。

5 譯註：英國人向來在夜間轟炸，通常只能攻擊城市等大面積目標。美國人為了尋求炸射效果，一直採行白晝攻擊。

芬蘭、匈牙利、羅馬尼亞三個國家的位置，正好在蘇聯西進的路徑上，如果紅軍開始反攻，它們就馬上成為第一線。匈牙利總理卡萊已經透過土耳其、瑞士、梵蒂岡等國，和英、美密謀和平。在西班牙首都馬德里和土耳其首都安卡拉，羅馬尼亞官員和盟國私通款曲。希特勒透過德國駐外的情報組織，也曉得這些不老實舉動，這一年四月十二日在貝格霍夫，羅馬尼亞總理安東尼斯古元帥試圖對希特勒作出一些威脅性要求時，希特勒毫不客氣地提醒他：「我們可是在同一條船上，任何人想自己跳出去的下場就是淹死！」幾天後，同樣的對話又出現在希特勒與匈牙利攝政赫希的會談上。

受到這種潰敗最大影響的還是義大利「領袖」本尼多．墨索里尼。雖然同為「軸心」的發起國，但義大利從來就不曾是德國的平等盟邦，現在它更成了「一根斷了的蘆葦」。在史達林格勒，原先有二十萬人的義大利第八軍團近乎全滅；在突尼西亞，另外二十萬義國官兵成為聯軍俘虜。北非的喪失更象徵聯軍隨時可以渡海，進攻西西里和義大利本土。現在「領袖」的將星已在天上搖搖欲墜，許多義大利高級將領發現，他們效忠的應是王室而非法西斯黨，並且考慮對此有所行動。希特勒很清楚墨索里尼已經罩不住狀況。三月十四日，他告訴將領們：

「在義大利，我們只能依賴『領袖』，但現在他有被拉下台或架空的危險。」這種危險已是無法逃避的，正如約翰．吉根所指出：「要義大利成為德國的堅實盟友，一直存在個最大障礙，就是義大利人對敵人並沒有什麼敵意——對他們來說，這些敵人只是希特勒為他們選的。」

一九四二年十二月，墨索里尼派女婿——外交部長齊亞諾伯爵到「狼穴」提出一份方案，建議和蘇聯單獨媾和，如此軸心國就可以全力對抗英美。十二月七日，希特勒與墨索里尼在薩爾斯堡會晤。在會議之前，希特勒曾要陸軍參謀長柴茲勒，在會上向「領袖」報告東線戰場的最新全般狀況——這是以往戰無不勝的「快樂時光」時常做的事，但是柴茲勒不同意，認為義大利人不可靠。

墨索里尼地位已經岌岌可危，急需援手的他在會議上不強調德義兩國遭到的壓力，只是反覆重申希特勒要對老夥伴保持忠誠。當他再一次提出與蘇聯單獨議和的構想時，希特勒並不對分化同盟國抱持什麼幻想。他一再向「領袖」強調「絕不投降」，在冗長的演說裡還提出腓特烈大帝的往事，[6]以及一些沒有價值的承諾，例如宣稱將提供義大利海軍更多燃油等等。

隨著希特勒對地中海地區的關心度提高，他也就更要求在此方面的「寸土必爭」原則。在突尼斯陷落後，希特勒開始在地圖上研究聯軍可能的登陸地點。最高統帥部斷定必然是在西西里，希特勒卻認為或許是薩丁尼亞，甚至巴爾幹半島也有可能，尤其是希臘南部的伯羅奔尼撒地區，或是土耳其西南方的多得喀尼群島。

為誤導德國的判斷，盟軍精心設計了一個代號「餅餡」的欺敵計劃：四月三十日，一具假冒的皇家海軍軍官屍體被沖上西班牙海灘，手腕上用手銬連著一只公事包，裡面裝著關於登陸南歐的假計

6 譯註：一七五六至一七六三年的「七年戰爭」中，腓特烈一度瀕臨失敗，幾乎自殺。後來俄國沙皇突然去世，俄軍解圍，普魯士遂得救，最後成為戰勝國。

畫。德國情報組織很快就把這些情報弄到手，當中指出：盟國將先對西西里發動一場佯攻，以掩護對真實目標薩丁尼亞的企圖，再下一步則是在義大利北部與巴爾幹登陸。

在這時，希特勒又展現了無法搞清楚重點的神經質個性。為了將敵人拒於第三帝國的疆界之外，因此德軍必須防守義大利。希特勒倒不怎麼擔心義大利人繼續留在戰爭中的意願，他根據對歷史的觀察作出結論：「義大利人從來沒有輸過一場戰爭，不管發生什麼，他們最後一定站在勝利的一邊。」義大利要靠由科西嘉、薩丁尼亞、西西里三個島組成的防線來加以據守。同樣地，要確保巴爾幹半島不受到聯軍入侵，就要在克里特、羅得斯，以及其他幾十個東地中海小島部署重兵。希特勒解釋這條島嶼防線有兩大功能：一是使英國人無法穿越達達尼爾海峽進入黑海，避免他們由此援助俄國人；二是可以威脅土耳其，使它不敢加入同盟國對德宣戰。在地中海區也像和在東線一樣，希特勒最注重的還是「守住前線上任何一樣東西」。雖然他喜歡以腓特烈大帝自比，卻忘記了這位普魯士名君最重要的箴言之一：「凡是想守住每樣東西的人，最後一樣也守不住。」

如果天底下還有比軸心盟邦更不受希特勒信任的人，那就是他麾下的將領們了。在史達林格勒投降之後，他宣稱：「再也不會有人在這場戰爭中被封為元帥了。我們將到戰爭結束後才加封他們，我可不打算做那種當蛋還沒孵出來就數雞隻數目的事。」[7]

戈培爾在一九四三年五月九日的日記裡，反映了希特勒對將軍們的「覺醒」：

「他覺得被將軍們搞得受夠了，想像不到世界上還有什麼比把他們一腳踢開更好的事。照他的意見，所有將領們都是『災難性』的。當然，有時候這些話太為尖刻，似乎流於偏見、不公平，雖然整體而言這非常切合實情……他說，所有的將領都說謊，所有的將領都不忠，所有的將領都反對納粹主義，所有的將領都是反動份子……他根本不能倚靠他們，他們總是令他失望。」

這種對軍方的「覺悟」，使希特勒在一九三八年二月採取了控制軍方的第一步行動：他打破傳統，宣布自己將擔任實質性的三軍統帥。[8]一九四一年十二月，希特勒又將陸軍總司令布勞齊區元帥免職，自己兼任陸軍總司令。他告訴柴茲勒的前任、陸軍參謀長哈爾德上將：「任何人都可以勝任在戰爭中指揮作戰這種小事……此後我決定親自接管部隊的指揮。」

這個行動的結果，使得原本依制度必須負責指揮東線作戰的陸軍總部，如今變得徒具虛名。從此以後，任何俄國戰場上的作戰行動，一直低到營級，都要根據「元首」的決定來執行。

希特勒統治國家一向採取「分而治之」，鼓勵不同領域間的爭執不和，藉此樹立他的個人權威。

7 作者註：事實上，在包拉斯之後希特勒又封了四位元帥：李希霖芬、摩德爾、舒奈爾、格萊姆。
8 譯註：以往是由國防部長負責。

這個原則使用到軍事方面，後果就是各指揮單位間缺乏合作。陸軍總部的主管範圍現在僅限於東線，其參謀們已經淪為希特勒個人意志的執行工具。至於最高統帥部，也從來沒能扮演各軍種聯合最高指揮機構的角色，至於它由約德爾上將所領導的參謀群，其功能也和陸總參謀本部一樣的糟。[9]

約德爾試圖向陸軍總部爭取作戰控制，結果只造成了德軍高層指揮體系間的矛盾。約德爾的角色等於只是希特勒的行政官，他以往又缺乏擔任指揮官的經歷，軍職生涯主要耗在處理行政事務上。約德爾的重要性，在於他是整場大戰期間最接近希特勒的一位軍人，每天向希特勒簡報，並和他商量那些將由元首簽署發佈的作戰命令與計劃。約德爾對希特勒絕對忠誠，這種忠誠掩蓋了他對一九四二年以後戰局發展狀況的憂心。由於約德爾的聽話，希特勒告訴戈林：他認為約德爾是「一個極佳、極可靠的工作者，具有優秀的參謀本部軍官訓練」。

如果說約德爾的當紅，對陸軍總部是一種「刺激」，那他的上司——最高統帥部總長凱特爾元帥——簡直就等於是無比的侮辱。凱特爾對作戰指導沒有影響力，他的地位等於只是橡皮圖章，負責滿懷信心地替元首發布命令，被希特勒形容是「忠犬」。在希特勒情緒欠佳時，曾經對凱特爾作出評價：「這個人的腦袋只適合去做一個劇場看門人。」墨索里尼的印象則是，凱特爾似乎非常喜歡扮演自己現在的角色。年輕的參謀軍官則背地裡稱他為「聽差」或「點頭驢子」，因為他永遠同意「元首」的意見。最高統帥部的作戰廳副廳長華里蒙特將軍回憶起凱特爾參加「元首」每日會報時的情形：「他總是在希特勒滔滔不絕的講話中，迫不及待地用言語或表情表示贊成，連希特勒的一段話結束或暫停都不能等。」

從一九四一年冬天起，希特勒成為直接的統帥，控制德國所有的空中、海上及地面兵力——以及命運。他透過兩套分離且彼此不和的參謀系統，指揮每個戰區的戰場行動，而且他要直接控制每一名軍官，從尉官到元帥都一樣。一九四二年夏天，希特勒把陸軍人事部門由最高統帥部轄下移出，交由侍衛長，也是他的衷心崇拜者之一的施密特將軍掌管。

如此一來，希特勒可以宣告，打倒他最討厭的舊普魯士軍官階級的千秋大業，終於已告成功。在一九四二年九月三十日的一次廣播演講中，他告訴德國人民：勝利已經到來，被打敗的不只是敵人，還有參謀本部軍官的銀領章飾條和長褲上紅帶所代表的「舊世界」軍事傳統。他的「無階級」新社會，是屬於勇敢而忠誠的國社黨人。曾有過一些不算太認真的建議，要希特勒把最高統帥部與陸軍總部合併，現在被甩到一邊去了。同樣地，曼斯坦曾建議設立一名「東線戰場總司令」（無疑地等於推薦他自己）也未獲准。華里蒙特對這種合併兩個機構的提議，抱持悲觀的態度：

「把這兩個機構合併，由一個人來掌管，這是和希特勒的想法完全相反的。因為他的原則永遠是把權力分割……希特勒不要統一，他喜好割裂，任何關於『統合』的事情，都須集中

9 作者註：最高統帥部也無法控制海軍和空軍總部，它們的高層首腦可直接向希特勒報告。

到他一個人身上。」

當希特勒自認是軍事天才腓特烈大帝再世時，在另一邊，約瑟夫・史達林，蘇聯的最高統帥、國防部長、人民委員會主席，同樣也是一位「全知全能」的領導者。[10]

史達林同樣也把各種大小權力一把抓。他從掌權起就致力於主宰整個蘇聯的戰爭機器，在紅軍中建立他的威權。史達林對軍方的興趣，可能來自他在十月革命後的內戰期間中，擔任紅軍第一騎兵軍團政委的個人經歷。不過儘管如此，當希特勒揮軍攻入蘇聯的頭幾天，史達林似乎差點精神崩潰。等到他恢復理智，馬上把戰爭控制權牢牢抓在手中，以免從一九三〇年代開始以自己為中心建立的軍事體系被別人攘奪。一九四一年六月，史達林組織了一個「國防委員會」，主管所有與戰爭有關的政治、軍事、經濟事務，其他成員還有外交部長莫洛托夫、黨務方面得力助手馬林可夫、自一九二五至一九四〇年間擔任國防部長的弗羅希羅夫元帥，以及祕密警察「國家內政委員會」（NKVD）的頭子貝利亞。

國防委員會議定的軍事政策，由「大本營」擔任執行，成為蘇聯所有武裝力量的最高指揮單位。大本營擬定作戰計劃，透過附屬其下的參謀本部，直接組織各戰場戰略行動的準備與執行。大本營經常派出代表到第一線，這些「監軍」負責協調計劃、監督命令執行情況，以及各個前線的行動統合工作。

史達林將大本營視為「高級指揮官們的政治局」，由他們討論後再加入技術專家的意見，最後由史達林作出最後決定，儘管在外表上這種指揮方式就像在學院裡，事實上身為國防部長的史達林，還是擁有無所限制的最上大權。為了避免戰爭爆發時的那種危機再度出現，史達林的辦法是不斷地保持部下對他的恐懼。一九四一年十月，邱吉爾曾派伊斯美將軍訪問莫斯科，伊斯美返國後報告：當史達林進入一個房間，「每個人突然像凍住一樣地靜下來，將軍們眼中呈現出像是被捕獲的獵物般的神色，明白顯示他們一直處於恐懼中。看到這些原本勇敢的人們突然變得像奴才般卑躬屈膝，真令人感到作嘔。」

對史達林麾下的指揮官來說，恐懼已經深深侵蝕他們的靈魂深處。失敗的懲罰往往是進勞改營，甚至被處死，不過也還有一些重要的例外，其中最有名的一個就是朱可夫元帥，他在一九四二年八月出任紅軍副統帥。

朱可夫在第一次世界大戰爆發時加入帝俄陸軍。他參加了一九一七年的共產黨革命，成為紅軍的第一批成員，在內戰期間和入侵波蘭時，指揮騎兵作戰。朱可夫後來成為裝甲兵專家，曾在佛朗茲軍事學院擔任教官。一九三〇年代初期希特勒和史達林在軍事上合作時，朱可夫曾被派往德國進修。更重要的是，他設法逃過了三〇年代末期史達林對紅軍的血腥大整肅。一九三九年，朱可夫擔任遠東軍

10 作者註：史達林在一九四一年八月八日祕密地成為「最高統帥」，但在公開場合仍只用「國防部長」名義。

司令，當地的俄軍和日本關東軍在沿著滿洲的邊界上時有糾紛。五月，雙方衝突正式爆發，日軍發兵侵入形同蘇聯附庸的外蒙古。根據蘇聯與外蒙間的共同防禦條約，史達林下令出兵，在喀爾喀河會戰中，俄軍包圍了日本第六軍，並使之受到重創。九月十六日，日俄雙方簽訂了停火協定。[11]

雖然有高達二十五萬以上的軍力投入這場戰爭，但它在西方世界卻鮮為人知，因為大家的注意力都被希特勒入侵波蘭所吸引。儘管如此，這場戰役仍對日本的戰略考量產生了重大影響，使他們再也不敢對蘇聯採取軍事行動，即使一九四一年秋天希特勒的「巴巴羅沙」作戰看來馬上就要成功時也一樣。朱可夫在這場衝突中獲勝，與其說是靠著他的慧眼，不如說是實力優勢。他投入了五百輛以上的戰車，並展現一貫的「嚴厲作風」——這個詞實在是對「殘忍無情」和「只顧達成目標不理會部下死活」的一種蘇維埃式含蓄說法。

巴格朗揚將軍（後來升了元帥）一九二五年曾在列寧格勒的高級騎兵學校與朱可夫一起受訓，在一九四五年大戰結束時，擔任第一波羅的海方面軍總司令。巴格朗揚在一九四〇年曾對朱可夫作過一段生動描述，當時他正擔任基輔特別軍區的司令官：

「喬治・康斯坦第諾維契（Georgi Konstantinovich，朱可夫的名字）沒有多大改變。他還是和以往一樣結實，頭髮少了一點兒，臉上的線條紋路也更深了一些，使外表看來更為嚴肅。雖然這十五年來他的成就超越了所有老同學，但我絲毫不以為怪。在所有戰前那段日子火速竄升的將領當中，他無疑是最聰明和最有天賦的，我們一同於列寧格勒受訓時，他就展現出與眾不同，不僅是向目標邁進時具有真正的『鋼鐵意志』，[12]也在於他的思想富有創見，在測驗中他常會提出一些其他人原先壓根兒沒想到的意見，使我們大表敬佩；他所作的決定總是激起最多的爭論，而他常能以絕佳的運輯來為它們辯護……他對部下雖然嚴厲，但由於出眾的心靈與智慧，很少流於野蠻，而當時一些指揮官們卻以此聞名。只有對那些沒出息的人，他才是一個恐怖人物。」

戰場上的成功，使朱可夫於一九四一年一月被擢升為參謀總長。七月時他因主張放棄基輔而被史達林撤職，但到九月又被任命去阻擋德軍對列寧格勒的進攻——這場圍城戰最後延續了九百天之久。十月他被調回破碎的西戰線中段，阻止德軍向莫斯科發起的新攻勢。[13]

11 譯註：位於外蒙與興安省交界處，我國與日本方面稱此役為諾門汗事件。
12 作者註：另一個「殘忍無情」的蘇聯軍用同義詞。
13 譯註：這裡牽涉到希特勒與他的將軍們在戰略看法上的歧異：希特勒主張把主力用於兩側，先奪下列寧格勒與烏克蘭穀倉，將軍們則認為應集中兵力於中央，先一舉拿下莫斯科。陸總部雖然不敢公然違逆「元首」的旨意，但卻把一半的裝甲兵力集中在波克元帥的中央集團軍。在斯摩稜斯克大捷後，希特勒便把裝甲兵力分別調往南、北方，使得中央集團軍未能一鼓作氣直搗莫斯科。結果雖然德軍在南方的基輔會戰中大獲全勝，但卻失去了寶貴的時間，等到他們再把兵力調回中部戰線發動攻擊時已經是十月，無法克服「冬將軍」的障礙。

在全力投注增援之下，朱可夫擋住了德軍。並且趁著俄國的嚴冬發動反攻，在春季泥濘到來前，他已把戰線向西回推兩百英里。在莫斯科保衛戰中，朱可夫充分展現他的用兵特色——對敵人意圖的準確判斷，在前線巨大壓力下搜刮零星力量作為後備，以及把預備隊控制到最後關頭才用上的堅強意志力。在這場會戰中，他有三十個剛從西伯利亞調來的師，他一直到判定敵人已把最後一分力量都用上之後，才把這些生力軍投入戰場。

朱可夫的表現再一次使史達林印象深刻。一九四二年八月被任命為紅軍副統帥，擔任這個職務一直到大戰結束。根據蘇聯官方戰史說法，藉著任命一位副統帥，史達林引進了「一個戰略層次的新領導模式」，而朱可夫和他於一九四二年六月新上任的參謀長法希里夫斯基將軍（到戰爭結束時升為元帥）「被賦予大權，對戰鬥部隊擁有控制的能力」。事實上，雖然任命了朱可夫為副手，史達林仍堅持對作戰指揮的控制，即使這位副手是一位在戰爭中磨練出來的軍事專家，在前一年才以「救火」任務證明了自己的價值，還是無法例外。對史達林而言，這種任命也代表他對將領們無上的控制權。

朱可夫和法希里夫斯基使得俄軍的高層指揮機構得以統合。在對史達林格勒的反攻作戰中，朱可夫不僅監督計劃的擬定和執行，負責指揮空軍的諾維可夫將軍和砲兵、裝甲兵的各首腦將領——他們本來都是國防委員會中的要角——更被派到他和法希里夫斯基麾下接受指揮。一九四二年，紅軍的砲兵、戰車與機械化部隊，以及空軍，成為一個彼此合作的協調系統，它們的主管們成為前線指揮官和副國防部長。當時這個系統仍以一個臨時組織的名義運作，到一九四三年五月，朱可夫和法希里夫斯基分別被任命為第一與第二副國防部長，成為指揮和參謀系統的頭號人物，系統才正式永久化。

就一個指揮官而言，朱可夫的地位已經到了史達林所容許的最大限度。根據伊斯美將軍的記載，朱可夫從未在史達林面前顯出過怯懦的樣子。在庫斯克之戰率領第六十一軍團的貝洛夫將軍在回憶錄中曾提到，一九四一年一場史達林參加的會議中，朱可夫令人印象深刻的表現。儘管這些文字中必然包含史達林死後的「反史達林化」傾向，還是可以看出朱可夫對史達林的重要性，以及他在當時環境中的角色。

> 朱可夫向史達林介紹我，史達林站在辦公室中央。現在每當回想往事，我總是自動想起那令我驚訝困惑第一印象的每個細節。那些年來，許多描述史達林的文字都說他強壯、睿智、天縱英明——這些話幾乎已成了他的代名詞。我從一九三三年後就沒親眼見過他，發現這些年來他的改變甚大。在我面前的是一個矮小，一臉疲憊的人，八年來外表像是老了二十歲。他的眼神裡沒有以往的力量，聲調中的自信也已消失。不過更令我訝異的卻是朱可夫，他用強硬的口氣發表銳利的言辭，活像是朱可夫成了領袖，而史達林完全接受了這件事實一樣。有時他的臉上還會閃過一絲困窘的表情。

在一九四二年，史達林和希特勒都曾試圖以行動證明自己的最高統帥權威，結果都幾乎造成毀滅性的下場。一九四二年七月二十八日，史達林也「追隨」希特勒，下令「不准後退一步」。這道命令發給所有的紅軍官兵，尤其是史達林格勒戰場地段。但他事實上還是得默認一些緊急狀況下的撤退。在本月稍早，俄軍又面臨像去年般被圍殲的危機。法希里夫斯基努力說服了史達林，告訴他再死抱「全力固守」命令的話，馬上就可能面臨戰略破產。提摩盛科元帥在頓河—頓內次河走廊內的大批部隊，因此才得以撤退逃生。

九月十三日，史達林和法希里夫斯基和朱可夫——這時他全權指揮史達林格勒方面的戰事——在克里姆林宮舉行會商。朱可夫和法希里夫斯基主張在伏爾加河下游發動大規模的寬正面包圍戰，以擊毀包拉斯的德軍第六軍團。史達林一開始表示反對，認為無法調集足夠兵力進行這樣的大包圍，主張採取較窄的攻擊正面。兩位將軍保證，可在四十五天內將部隊調集裝備完成，史達林才收回了異議。他告訴兩人：「第一要務」就是確保史達林格勒不得落入敵人手中。

一九四二年秋天以後，史達林開始學習控制自己的過度自信和急躁，這是損失了數百萬人和成千上萬輛戰車所換來的教訓。換了其他國家，絕不可能在虛擲這麼多人員物資後還能倖存。法希里夫斯基寫道：

「（就史達林學習成為一位軍事領袖而言），史達林格勒會戰是一個重要的轉捩點。他不僅開始了解軍事戰略，也對作戰藝術有所體認。結果是他在作戰的各項工作中發揮了強大的影響力。」

希特勒和史達林各自發展出配合習性的指揮模式：當希特勒和將領間陷入經常性的緊張關係時，史達林卻能善用從戰爭爆發以來嶄露頭角的軍事人才，而不影響自己對軍權的控制。希特勒是半吊子和空想家的致命組合，在每場作戰上都要強加自己的看法；史達林則傾向於聽取與事件最相關者的報告，然後再考量作決定。通常他核可的計劃都已經過「大本營」審慎研究，例如前述史達林格勒的例子。如此一來，多數人的觀點就變成史達林的觀點，也鼓勵手下指揮官們敢於提出意見，並作理性的討論。

不過史達林還是牢牢控制最後決定權：即使將軍們剛在戰鬥中證實了自己的能力，他可以同意或推翻他們的意見。在前線上，朱可夫、法希里夫斯基與其他「大本營」成員，雖然擁有相當大的權力，但這是建立在史達林的「恩准」之下。一旦需要的話，「最高統帥」與其副手之間的權力大小差異，可以像元帥和二等兵的差異一樣大。

曾經有觀察家指出：希特勒和史達林兩人在獨裁統治上並不是「敵人」。他們都欣賞對方的殘酷，也相互學習手法，對彼此都保有一種「尊敬」。

有趣的是在戰爭期間，兩個人的工作方式極類似，都是在夜間「偷偷摸摸」處理公務。從征俄戰役開始，希特勒的大部分時間就待在東普魯士密林中的「狼穴」。在倒刺鐵絲網和地雷陣包圍中，希特勒進入了一種「自閉」狀態，每天在由地圖桌和軍事會議所組成的不見天日世界裡活動。

「狼穴」冬寒夏熱的氣候，更強化了「元首」的衰弱和憂慮。墨索里尼的外交部長齊亞諾發覺「狼穴」的氣氛令人消沉：「看不到一點點色彩，碰不著一個有生氣的人。像蟻窩的房間裡，人們擠著抽菸、吃東西和喋喋不休。空氣中滿是廚房、制服和皮靴的味道。」

人們在「狼穴」來來去去，等待、抽菸，偶爾當希特勒牽著雌亞爾薩斯犬「布朗黛」走過時，猛然立正無聲。這裡的氣氛足以使一個人離理性愈來愈遠。在史達林格勒慘敗後，希特勒雖然擺出一副嚴格自制的面目，想掩飾他愈來愈嚴重的沮喪和日益惡化的健康。但是這個假面具絲毫不奏效，一陣子沒見過希特勒的人，再看到他時都被嚇了一大跳。古德林將軍一九四三年二月二十日在烏克蘭維尼沙覲見希特勒，當時他剛被任命為裝甲兵總監。古德林發覺希特勒和兩人上次見面（一九四一年十二月）時大為不同：「他的左手顫抖，背也駝了，目光呆滯，眼睛凸出，缺乏以往的神采，雙頰泛紅。他變得更激動、容易情緒失控，在暴怒下作出錯誤的決定。」

儘管如此，希特勒仍日復一日地重複令人麻木的單調生活。他起床非常晚，每天中午和軍事首腦們召開會報，一開就是兩三個小時。在通風不良又擁擠的會議室中，只有希特勒坐著，有時也幫肥胖的戈林準備一把裝飾華麗的凳子。站在地圖桌四周及落地桌燈旁的，是希特勒的副官、最高統帥部和陸軍總部的參謀、以及「元首」派在空軍、海軍、黨軍，以及希姆萊的「內政部」的聯絡官。軍需部長斯皮爾回憶這些人：「基本上，他們是有著英俊面孔的年輕人，大部分佩著校官的階級章。」凱特爾、約德爾和柴茲勒站在他們之中。整場會議除了希特勒的聲音之外，就是眾人私下的低語。

東線情況總是第一個被提出來討論。這時希特勒就會將戰略大地圖攤在桌上開始研究，這些地圖共有四張，每一張都是五呎寬八呎長，上面標註著整條戰線由北到南，所有前一天的戰術動作——甚至連巡邏也不例外。斯皮爾雖是軍事門外漢，卻也「驚異於希特勒的這種（指揮）方式：他聽取報告、決定行動、把各個師在地圖上向前或向後移動，或是討論一些枝微末節」。

隨著戰事進行。希特勒喜好自說自話的傾向也日益嚴重，往往使會議無法對事情作理性的討論。華里蒙特將軍回憶：

「緊急的問題與討論中的方案，都被這些無窮無盡的話給淹沒。希特勒不管事情內容是新是舊、是重要或不重要，通通都攪在一塊兒。他常在會議急著要下決定時卻停止討論，打長途電話給前線指揮官，希望他們告訴他的局勢，比哈爾德向他報告的來得好。」

哈爾德上將是柴茲勒的前任，一九三八年起擔任陸軍參謀長，一九四二年九月二十四日一場與希特勒的爭吵後辭職，原因是他反對希特勒同時在兩個前線上推進，[14]最後這種戰略導致了史達林格勒

14 譯註：A集團軍向南攻擊高加索，B集團軍向東攻擊史達林格勒。

的悲劇。

各種技術專家也被例行性地應召出席會報，接受「發問、聽訓和警告」。希特勒相信專家在場有利於目標的達成與協調，但他又常突然跳離話題，連珠砲似地指責高級將領戰略失當。曼斯坦的觀察是：「他對敵人最新式武器的功效有驚人的了解，而且可以滔滔不絕背出一大串敵我雙方的軍需生產數字，這也是他想岔開任何不喜歡議題最常用的方式。」華里蒙特與斯皮爾都認為，這些會報所耗去的時間，包括會報的進行與準備，都是無意義的浪費。

會報後，午餐在一張長桌子上進行。通常約德爾坐在「元首」左手邊，而右邊則是「客人」——例如戈林或斯皮爾——的座位。副官們則圍桌而坐，聽著希特勒反覆不斷、如同夢魘的老調。不過在史達林格勒之後，希特勒就較常一個人吃他寒酸的蔬菜餐。[15] 午餐之後又是各種會議，其間希特勒會抽出時間和女祕書們共進點心。他認為這可以為她們提供「親切的氣氛」，不過通常沒什麼效果。到深夜最後一場會議結束，希特勒又會把這些被他魔力所迷住的「觀眾」們找來，一直聊天到黎明。他對他們大罵邱吉爾（「酒精中毒的牛屎！」）、羅斯福（「神經失常的白痴！」），以及自己的將軍們（例如曼斯坦是「尿壺戰略家」），或者是沒有固定目標的東拉西扯，這些閒談的內容天馬行空，但往往是荒誕或敗德的。例如冰河期的大災禍、現代藝術的「污點」、列寧格勒圍城中守軍吃人肉的行為、處理德國境內暴動的最好方法（「一次槍斃幾千人」），以及對蘇聯共產制度某些部分的好感——他們從不會被「人道主義者的嘮嘮叨叨」左右。

一位每天參加這種馬拉松式開會生活的祕書，在一九四一年七月寫道：「我必須把頭兒講的話都記下來。永遠都是開不完的會，會議完了以後，你已經既累又煩，什麼都寫不動了。」再過了一段日子，陪伴有失眠症的「元首」簡直成了令人無法忍受的事。到了天明，緊張的一天才鬆弛下來，古德林回憶：「希特勒會躺下來小睡一會兒，最晚到九點半，他就會因為清潔女工的掃地聲而醒過來。」[16]

史達林一日的工作方式也很類似。像希特勒一樣，每天流程始於中午的電話簡報，和參謀們討論前一晚的戰況。負責報告的軍官一面陳述，一面從一幅地圖走到另一幅地圖前，一條十碼長的電話線拖在身後。史達林透過電話聽取報告，同時對照辦公室內每五天就更新一次的地圖。他先處理最重要前線上的問題，通常「重要」是依據當地的指揮官有無大規模的行動，而非部隊人數與番號的多寡。有時他也會打斷簡報，向某一個前線下達特別的命令。

第二次簡報於下午四點鐘召開。有時也用電話，但通常由作戰廳長安托諾夫將軍負責報告。安托諾夫自一九四二年十月起擔任這個職位，由於法希里夫斯基常到前線去指揮戰鬥，所以安托諾夫常代理參謀總長。他是效率十足的優異參謀軍官，先前擔任高加索方面軍的參謀長。之前的幾任作戰廳長

15 譯註：希特勒與希姆萊這兩位殺人魔王都是素食者。
16 譯註：這一段記載可能是較早期的狀況。至少到一九四四年以後，希特勒要到中午以後才會起床，而且沒人敢去提早叫醒他！這導致一九四四年六月六日盟軍入侵諾曼第時，因為希特勒還在睡夢中，使德軍裝甲兵力錯過及時發動逆襲的時機。

來去頻繁，毫無作為，安托諾夫卻在這個位子上大為發揮。他為了思考全般戰局，特別把首次出席「大本營」會議的時間延了一星期，等到一週後，他已經準備妥當。為使決策流程變得更流暢合理，他把提交史達林的簽呈用三種顏色檔案夾分類：紅色是緊急事件；藍色是較不急迫的事件；綠色則是人員的敘獎、晉升與任命——這一點特別可以看出當時安托諾夫可觀的權力。

午夜過後不久，最後一次會報召開。地點是史達林在莫斯科市外的別墅，或是克里姆林宮內的指揮所。要進入史達林的房間，得先穿過他的祕書波斯克雷拜西夫的辦公室，以及一個由NKVD派出的衛隊長崗哨。再進去，在圓屋頂底下是明亮的橡木牆板，掛著蘇弗羅夫、庫圖佐夫、馬克思、恩格斯的畫像。史達林、「大本營」、「國防委員會」與政治局的成員，在此聽取安托諾夫與他的作戰處長西提門科的報告。[17]在回憶錄裡，西提門科將軍回憶：

「在房間中，史達林左手邊離牆壁有一條小過道的地方，有一張長方桌子。我們把地圖攤在桌上，[18]一一報告各戰區的情況，有重要事件發生的地區先報告。報告並沒有講稿，因為我們都已記下內容，並把它們標註在地圖上。在桌子後面的地板上，立著一個龐大的地球儀。」

通常出席午夜會報的是各軍種或各項業務的負責人：費多倫科（裝甲兵）、弗羅諾夫（砲兵）、亞可夫列夫（砲兵管理部門）、諾維可夫（空軍）、克魯列夫（後勤）、皮里希普金（通信）、弗羅比夫（工兵）。

這場會報通常費時三小時，會中史達林在列寧的面部塑像前來回踱步，雙手靠在背後，不時將菸斗舉到嘴邊吸一口。會議的最後，當史達林裁決了「大本營」所有的決定和命令，便由西提門科記錄、核對，交給幾碼外波斯克雷拜西夫的通訊中心發到各前線。

史達林控制軍權的方法除了大本營派到各前線的「監軍」之外，也將平民出身的人員派入軍事蘇維埃，使他們成為政戰軍官，跟在部隊指揮官旁。例如被派到南部方面軍的政委是赫魯雪夫中將（後來的蘇共總書記），他的責任是確保克里姆林宮的命令被切實執行，並且回報部隊中高級軍官與共產黨員的忠誠度，還要配合NKVD部隊把守在戰線後方，以防擅自撤退。赫魯雪夫在回憶錄中指出，史達林要他特別留意方面軍司令馬林諾夫斯基的行為。史達林並沒有見過馬林諾夫斯基，而他懷疑其政治忠誠度。馬林諾夫斯基在一次大戰時是沙皇派往法國助戰遠征軍的一員，同時是在「白區」加入紅軍。而不久前南部方面軍轄下第二親衛軍團司令部有一名叫拉林的軍官自殺，[19]他在遺書中說：「列

17 作者註：在蘇聯參謀本部中，是二十四小時不停的作業，而前文中的安托諾夫，值班的時間是早上六點到中午，而西提門科則是從下午兩點到六點。

18 作者註：這些地圖的比例尺是二十萬分之一，上面標註師以上的單位，有時甚至到團級單位。

19 譯註：紅軍的「親衛」單位通常裝備、待遇都較佳，但他們是一般單位在建功後特別頒賜的榮譽頭銜，而非如德國的黨衛軍般另成一個系統。

寧萬歲！」更使史達林猜疑。[20]史達林對赫魯雪夫說：「當你回到方面軍，你最好牢牢盯著他。我要你也密切注意第二親衛軍團部的情形。檢查他所有的命令和決定，到哪兒都跟著他。」赫魯雪夫遵命照辦：「我必須每天每小時監視馬林諾夫斯基。甚至連他上床睡覺都得確定他是否真進入夢鄉。我不喜歡這樣。」但是他還是去做了。雖然赫魯雪夫在回憶錄中聲稱，曾親自擋下了好幾次史達林命令所帶來的災難性下場，他還是很清楚，自己只能把賭注下在史達林這邊。

情形就像是惡魔用一根線繫在史達林的心靈上，沒人曉得什麼時候惡魔會突然抽動那條線，結果使他立刻陷入狂暴的情緒。但除此之外史達林的脾氣和自制力都控制得很好，總之，他是個令人難以抵抗的人。

20 作者註：不過到戰爭結束時，馬林諾夫斯基升為元帥，並指揮貝加爾方面軍。

第三章

消失的大軍

死亡的數字不斷上升，負傷的數字高得嚇人。在我的人員名冊裡，黑色的叉叉一個接著一個，我身旁的夥伴非死即傷。

——德軍第十八裝甲師隨軍牧師，一九四二年七月九日在希特勒原本的構想中，一九四一年六月進攻蘇聯，是他一連串「閃擊戰」的終曲。但到一九四三年夏天，東戰場已經把德國大部分的戰爭力量都吸進去，在東線共有一百六十八個師（三百一十萬人），其中有黨衛軍六個師、十二個「空軍野戰師」、三千輛戰車。在其他戰區有七十五個師（一百四十萬人），其中有五個黨衛軍師和十個空軍野戰師，以及一千三百輛戰車。在盟軍入侵威脅籠罩下的法國，共有四十四個野戰師，大部分都裝備窳劣；八百六十輛戰車有一半是當年虜獲的法國貨。至於現在情況更吃緊的義大利，德軍只有七個師和五百七十輛戰車。

曼斯坦成功的反攻不能掩蓋東線德軍實力江河日下的事實。[1]最高統帥部經濟部門的主管湯瑪斯將軍評估：從征俄戰爭爆發到史達林格勒會戰前，德軍的損失等於五十個配備完全的師；而光是一場史達林格勒之戰，德軍的損失就等於四十五個師。一九四三年三月前方戰線「靜止」下來時，整個東線共缺員四十七萬人。

因為連續激戰，第一線單位已元氣大傷。以第十八裝甲師為例，該師創建於一九四〇年秋天，在征俄作戰開始時，共有一萬七千一百七十四人，其中包含四百名軍官及行政人員，配屬在古德林上將的第二裝甲兵團之下。在前三個星期，它就損失了百分之六十的戰車。七月十一日，師長擔心人員裝備損失會達無法補充的地步，「要不是我們拚命死戰求生，早就已經如此了。」一九四一年八月，第十八裝甲師重行整補，但到十一月，又把所有的戰車都打光。十二月六日俄軍發動反攻時，該師的實力只剩下百分之五十的人員和百分之二十五的車輛。隨軍牧師在日記裡寫道：「這已經不是原來那個師了，四周的面孔都是新來的。當有人問起某人到哪兒去的問題時，答案都是一樣的，不是『死了』就是『受傷了』。多數步兵連的連長都是新人，大部分的老兵都不在了。」在一九四二年時，該師都待在茵斯德拉地區，[2]在七月德軍夏季攻勢的頭四天，就傷亡了一千四百零六人。根據牧師記載，其中一個被打得最慘的團的團長，靜靜站在一長列墳墓前面，說：「那邊躺著我的老部下，事實上我們也該躺在那兒，那樣一切就都結束了。」

在一九四一年九月，十八裝甲師的戰鬥實力是九千六百一十六人（二百九十三名軍官），到一九四三年四月，縮減到三千九百零六人（一百二十四名軍官）。大量消耗的結果是，極高比率的幹部是缺乏經驗的軍官，以及剛從士兵升上來的士官。一個彌補匱乏的方法是使用俄國人組成的「志願軍」，擔任後方交通線上的任務。一九四二年十二月，只有不到四百人在十八師裡服役，隨著新的「強制補充」政策頒布，數字馬上暴增為四倍。到一九四三年仲夏時，共有一千六百五十九名「志願軍」在該師各「俄羅斯後勤志願連」服役，此外還有一千零六人擔任構築工事及地方保安等工作。他們之中絕大多數，都不是真正的「志願」。

到了一九四三年春季，高漲的傷亡數字和後備資源的不足，已使受損各師無法恢復其應有的實

1 譯註：見第一章。
2 譯註：在莫斯科西方。

力。合理的解決之道是將這些師合併，讓各單位的前線戰鬥人員和後方支援人員維持合理比例，也有助將有經驗的軍士官、技術人才、車輛、裝備和馬匹等資源，作最有效的運用。[3]但是希特勒基於對數目字的瘋狂偏好，不允許這個合理的政策。「元首」關心師級單位的數目，而非它們的實力。因此，每個在史達林格勒損失的師都予以重建，外加在突尼西亞喪失的六個師。一九四二年七月開始的一年內，陸軍、黨衛軍和空軍共增加了五十五個師，其中二十二個「空軍野戰師」更是集短視之大成，這正是希特勒所鼓勵的「各行其是」的表現。空軍若將多餘人員納入陸軍現有各師，將會比較有效率，但希特勒接受了戈林的抗議：「不該讓國社黨的好青年們穿陸軍的灰色（該字有「反動」之意）制服！」

於是，這些額外的空軍野戰師又給了希特勒一次「修理」將軍們的機會，但它們卻是人力浪費的象徵，始終都稱不上有效作戰兵力。到一九四三年十月，最高統帥部終於同意將空軍野戰師交由陸軍調度，但它們仍是戰力低下的部隊。

一九四三年三月的最大危機是裝甲兵力的慘狀。一九四三年一月底，東線只剩下四百九十五輛戰車可以作戰，其中大多數是三號和四號戰車，雖然改良了火砲和裝甲，仍然不如俄軍的T－34／76戰車。從一九四一年六月以來，德國損失近八千輛戰車；一九四三年前三個月就損失兩千五百二十九輛，佔一九四二年戰車總產量的百分之五十九。由於戰車的質和量都不如人，因此影響裝甲部隊的士氣。官兵飽受戰鬥倦怠所苦，一九四三年初大德意志師的一名作戰官報告：「師內厭戰心態極為嚴重，冷漠倦怠的情緒氾濫，無法遏止。」——而大德意志師已經是最精銳的菁英單位。

造成裝甲部隊戰力低落的禍首還是希特勒，由於他對科技問題特別著迷，老是提出意見干涉，使整個生產採購作業一塌糊塗。俄製T－34戰車於一九四一年秋天大量出現在東戰場上，使德軍為之震驚。古德林後來寫道：「到那時為止我們都還擁有戰車優勢，但此後局面就逆轉了。」一九四一年冬天，一位德國戰車車長如此描述T－34所造成的影響：

「天下最可怕之事，莫過於在戰鬥中發現敵人的戰車比你的更強。數目倒不是問題，我們早已習於以寡擊眾；敵人戰車性能比我們好，那才是最恐怖的。你猛催油門，但引擎的反應就是不夠快；那些俄國戰車靈活到在近距離時，它們可以用比你轉動砲塔還快的速度爬上斜坡、跨過溝壕。在一片喧鬧中你還是可以聽到砲彈命中裝甲的聲音。通常我們的戰車中彈時，先是一聲深深長長的爆炸，然後是汽油被引爆的轟然巨響。感謝上帝，因為那聲音太大，使我們聽不到戰車乘員的尖叫聲。」

3 作者註：相較於德國自詡的裝甲先鋒，德國陸軍依賴馬匹作為部隊動力佔比高達百分之八十。東部戰線配有二五〇萬匹馬，平均每天有一千匹馬死亡。為了獲得填補所需獸力，德國建立了一個橫跨整個歐洲佔領區的龐大補給體系。

T－34的傾斜式裝甲、優異的速度和運動性，造成了戰車設計觀念的重大革命。一開始，德國曾經認真考慮過，除了普設無線電機與動力旋轉砲塔等小改良外，完全照抄仿造T－34，但是設計師們予以回絕。一方面這種行為太傷害他們的自尊，要生產T－34所用柴油引擎的鋁製零件，也有技術上的困難。在打消了抄襲念頭後，德國決定繼續生產已於一九四二年八月起出廠的六號「虎式」重戰車（六十噸），另外再開發一種較輕（四十五噸）的五號「豹式」戰車，性能必須足以和T－34媲美。

虎式戰車的發展緣起於一九三七年，德國軍方提出「重型突破戰車」的需求，從此展開了它命運多舛的發展史。一九四一年遭遇T－34之後，四年前的舊案又被重提，結果是發展一種重型戰車，裝置一門八十八公釐高初速砲，這門威力驚人的主砲可以三百六十度全向轉動，堅厚的裝甲可以抵禦現在及未來的所有戰防武器。保時捷與亨榭爾兩家工廠，分別就此提出了競標案。

費迪南．保時捷博士，是一位優秀的汽車設計家，也是希特勒的好友。他最著名的作品是傳奇車款金龜車，以及參加格蘭披治大賽的各種賽車。但是保時捷博士也像「元首」一樣，夢想家的成份多於腳踏實地。他提出的虎式戰車案採取打破傳統設計，以內燃機驅動發電機，再以電力行駛。這個構想雖然不得陸軍武獲單位的青睞，但毫不退縮的保時捷又向希特勒遊說，發展一種重達一百八十噸的超大型「鼠式」戰車，這正好滿足「元首」對奇特兵器日益火熱的偏執狂。

同時，保時捷也因應砲兵的緊急需求，開發一種有效的驅逐戰車，以及支援步兵用的突擊砲，藉以淘汰過時的三十七公釐或五十公釐拖曳式戰防砲，它們碰上T－34時一點用也沒有。第一代的驅逐戰車[4]「貂鼠」在一九四二年服役，是將一門七十五公釐戰防砲裝在舊有的二號戰車或捷克製38－T戰車的底盤上，以裝甲圍成開頂式的戰鬥室來保護乘員。希特勒認定，驅逐戰車在生產上比一般戰車快且便宜，是提升裝甲兵力突飛猛進的捷徑。同時，砲兵方面也熱烈支持它們的生產，但他們基於本身利益，堅持要把這些兵器的控制權留在自己手中。

現在保時捷有機會從虎式戰車競標失敗中爭回一席之地。他向希特勒鼓吹一種以他的「虎式」底盤發展的驅逐戰車，這種驅逐戰車後來以「費迪南」或「象式」而聞名。「象式」的主砲是一門長管八十八公釐砲，[5]裝在車體後方突起的方型上層結構中，車體正面裝甲厚達兩百公釐。從第一眼看來，「象式」的確是隻可怕的巨獸，但比「貂鼠」卻昂貴得多。它也和「貂鼠」一樣，因為沒有旋轉砲塔，因此主砲射界狹窄，任務融通性較差。「象式」更大的問題是缺乏機槍副武裝，在一九四三年七月初的庫斯克之戰，證明是一大致命缺點。

保時捷大搞政治手段，使得亨榭爾的「虎式」生產作業反而受到干擾。一九四二年八、九月間，虎式戰車初次在戰場亮相，其實還未完全發展成熟，希特勒卻像是剛收到玩具火車作生日禮物的小男孩，急著把新武器給用上，不願等它們數量較多時再一起投入戰場。結果，第一小批虎式被派到列寧

4 譯註：應為戰車驅逐車，後詳。
5 譯註：這門砲因砲管較長，故比虎式戰車的同口徑砲威力更大。

格勒附近的泥濘森林，在鬆軟土質上作戰。當它們排成一列，在森林中道路上搖搖擺擺行進時，就被埋伏的俄國戰防砲一輛接一輛給收拾掉了。

儘管第一次表現令人失望，但虎式仍不失為全世界最具威力的戰車。它的八十八公釐主砲和裝載九十二發砲彈量遠勝T－34，裝甲雖不像豹式戰車有傾斜設計，但是前方厚達一百公釐，側面也有八十公釐。這卻也使虎式戰車的速度緩慢，越野行進時速只有十二英里，續航力只有六十英里，齒輪箱因負荷過大經常需要檢修。到一九四二年十一月，它的生產才達到每月二十五輛。

這些新武器除了要和敵人對抗，還得通過另一個大障礙——希特勒的想法。當事實證明德國武器型號需要標準化的同時，希特勒這位「偉大的軍事半吊子」還沉溺在更多幻想中，例如將「象式」改裝一門二一〇公釐臼砲，專為街市作戰而設計的「衝擊虎」驅逐戰車，將八百公釐口徑「古斯塔夫」鐵道列車砲轉換為反戰車用途。一切幻想中最荒唐的是，一千噸級的「陸上砲艦」提案，堪稱希特勒對巨型兵器愛好的極致表現。這些形形色色的構想都開始製造模型，結果如古德林將軍所說：「……無窮無盡的原型武器，每一種都需要大量的零件。結果在戰場上修理戰車變得根本不可能。」在此同時，蘇聯卻集中實力，大量製造T－34。

上述因素導致德軍在戰場上面臨嚴重的戰車數量劣勢。當德國於一九三五年剛成立裝甲師時，每師編制有四個戰車營，戰車總數約四百輛。到一九四三年初，每個師只剩下三個營，其中一個營還是驅逐戰車。有一些事情又使問題更複雜，例如舊式的二號戰車已非得退出前線不可，以及新造戰車常保留給新成立單位，而不優先補充舊有單位，許多師長因而不願把需要大修的車輛後送，造成許多戰車「卡」在師級單位無法修復。結果是各裝甲師的戰車實力很少超過一百輛，一般平均數在七十至八十輛之間。裝甲兵和砲兵對兵器的歸屬權上也有爭執，使得砲兵取消了預定撥給摩托化步兵和黨衛軍的驅逐戰車。[6]

黨衛軍的興起是由於希特勒對陸軍愈來愈不信任。到了一九四四年，黨衛軍擴增至三十八個師，希特勒將他們視為中古時代「條頓騎士團」的繼承人，以及國社主義精神的表現。黨衛軍在一九四一年六月擴充至十五萬人（五個師），它們在戰場上雖然受陸軍節制，與陸軍各師一起作戰，但是黨衛軍的裝甲師卻比陸軍夥伴們擁有更「豪華」的裝備。黨衛軍一個精銳的裝甲榴彈兵師，例如希特勒近衛師，其裝甲實力並不下於正規陸軍的裝甲師。[7]

希特勒也體認到裝甲部隊的問題。一九四三年二月，他任命古德林上將為裝甲兵總監，負責「督導前線裝甲部隊的未來發展，俾使裝甲兵力成為致勝的決定性武器」。

6 譯註：「貂鼠」在德軍中並不稱作「驅逐戰車」，而是「戰車驅逐車」。兩者差異在於前者具有全密封的戰鬥室，配屬於裝甲兵，主要是用作普通戰車的代替品（因其無旋轉砲塔，生產較易，且可裝置較大的主砲）；後者則屬砲兵，車頂無裝甲保護，取代原先的拖曳式戰防砲。此外，砲兵又有「突擊砲」，擁有全裝甲車身和一門榴彈砲，主要是伴隨步兵攻堅用。

7 作者註：裝甲榴彈兵師的地位，原本約等於正規陸軍的摩托化步兵師，主要用來作一般裝甲師的輔助。但是隨著戰事進行，這種界限慢慢就被打亂，尤其黨衛軍單位的裝甲兵力被不斷加強。以「近衛師」而言，它在一九四二年升格為裝甲榴彈兵師，擁有兩個戰車營，一個是虎式戰車，另一個是四號戰車；兩個裝甲榴彈兵團，以及機動化的戰防砲與突擊砲單位。

古德林是德軍的裝甲作戰頭號理論家與實行者。他在一九四一年耶誕節時，因為擅自撤退莫斯科前線上一處遭俄軍反擊的暴露地區，被希特勒從第二裝甲軍團司令任上解職。由於心臟不佳，古德林此後一直在陸軍總部的後備人員「池塘」中投閒置散，直到他被召到維尼沙接任裝甲兵總監，主管各裝甲師（含裝甲榴彈兵師）的組織、訓練、人事和裝備。

古德林在二月二十日覲見希特勒，對「元首」一臉病容大吃一驚，不過他也很高興自己所寫關於裝甲兵戰術的著作，已在高級指揮官間廣為流傳。「元首」對他熱切歡迎，一如兩週前對曼斯坦的讚揚。希特勒說：「從一九四一年以來我們的路就分開了。我們之間有好多令我後悔的誤解，我需要你。」

在與凱特爾和後備軍總司令弗羅姆討論後，希特勒於二月二十八日簽署任命令，古德林恢復現役，出任新成立的裝甲兵總監。他可以越過最高統帥部向希特勒直接報告，只須向後備軍總部與陸軍參謀長「諮詢意見」。空軍和黨衛軍的裝甲單位也在其管轄之下，古德林獲得第三帝國境內所有裝甲兵力的獨立控制權和完全責任。對於原已存在相互掣肘問題的最高統帥部和陸軍總部，等於又多了一個直接向希特勒負責的「對手」。

古德林本人很清楚這些高層機構間的衝突，雖然他的回憶錄中並未指出。其實自己被任命為裝甲兵總監，只是加深問題而非解決問題。三月三日，古德林拜訪戈培爾，向這位宣傳部長提及「領導的混亂」，以及希特勒愈來愈愛管無關緊要小事的問題。古德林說：「應該有人對『元首』提出忠告，讓他任命一位參謀總長作助手。這個人應該了解如何作為一個指揮官，並且比凱特爾元帥更適合擔負這個重任。」

古德林繼續點出來意。戈培爾身為「元首」的親信，而且是平民身分，而非他最討厭的將軍，應該可以說服希特勒重新審度局勢。戈培爾接到古德林拋來的燙手山芋，只好表示這的確是個「大問題」，他會盡力去解決。如果碰上合適時機，他會提出建議，使希特勒「以一個較合適的方式重組領導」。當然，戈培爾始終沒有找到「合適的時機」。

同時，古德林和陸軍總部間也有其問題——後者一向對一個獨立的裝甲兵沒有好感。古德林就任時就提出一份聲明，界定「裝甲兵」的範圍，將突擊砲也包括進去。砲兵卻修改了這個定義，只肯把最近剛開始生產的重突擊砲劃歸裝甲兵。由於砲兵死抓著突擊砲不肯放手，使各裝甲師中急待解決的資源浪費問題無法解決，尤其此時突擊砲的數量日增，已經占一個裝甲師中戰鬥車輛的三分之一。

古德林在此時犯了一個「戰術」錯誤，先將一份重整裝甲兵力組織的計劃大綱提交希特勒的侍從辦公室。他原本希望能在三月九日元首主持的會報中討論，結果當他到達拉斯頓堡，發覺一大群充滿敵意的最高統帥部和陸軍總部人員已經在等待他上門。

「這些先生們每一個都抨擊我的計劃，尤其是我強調必須把突擊砲納入裝甲兵總監部轄下，以及用突擊砲來取代步兵師戰防營中過時的、由半履帶車拖曳的戰防砲。」

古德林努力辯解，但根本沒人願意聽他講話。希特勒身邊的高級幕僚們認為，突擊砲是唯一能使砲手贏得騎士十字勳章的兵器，因此必須留給砲兵。對古德林來說，「致命一擊」來自希特勒，他用充滿同情的眼光看著古德林，說：「你瞧，他們都反對。所以我不能批准你的方案。」歷經四小時的爭吵，古德林離開會議室，砰地一跤跌倒在地上——所幸當時正好有一場短暫的燈火管制，沒有別人看見他的糗樣子。[8]

8 作者註：古德林的問題又因為他和中央集團軍總司令克魯格元帥間的齟齬而更形嚴重。他們兩人於一九四一年冬天在俄國發生激烈的衝突。一九四三年五月，克魯格第二次要求希特勒准許他與古德林舉行決鬥。希特勒雖然暫時平息掉這場風波，但庫斯克作戰從計劃到發起攻擊之間，德軍的高層指揮官之間還是問題重重。

第四章

紅軍崛起

我們的將領一直在犯同樣的錯誤。他們總是高估俄國人的實力。根據所有的第一線報告，敵方的人力資源已經不足。他們已經被削弱，他們已經失血過多。但是想也知道沒人會接受這些報告。看看俄國軍官的訓練是如此差，連一場攻勢都組織不好，我們對這一點早有認知。俄國人的行動不管路途長短都很容易擋住，他們已經油盡燈枯了。這時我們只要多投進幾個師的生力軍，一切就都搞定了。

——希特勒，一九四二年十一月十九日

真正的戰鬥才剛開始。

——史達林，一九四三年二月二十三日

根據納粹主義的意識形態，東線戰爭的對象是非我族類的野蠻人。對希特勒而言，進攻蘇聯是他畢生志業的頂峰，德國要建立霸業，必須在東方獲致「生存空間」，藉著這片土地的農業工業資源，把德國推上世界強權的地位。早在中世紀，日耳曼民族就在波羅的海地區殖民，並且向東往俄羅斯拓展，所以他們二十世紀的子孫應該以更大的規模繼續祖先的志業。德國的東境應該拓展到從白海沿岸的阿干折到俄國南部阿斯特拉汗一線為止。

在這個過程中，蘇聯的「猶太—布爾什維克」政府當然必須消滅，連帶這片土地上的人口，不管是斯拉夫裔還是亞洲裔，都該被納為奴隸或放逐到蠻荒邊疆去。這是一場殖民戰爭，跟上個世紀一樣，只是這次是要盡全力去消滅歐洲的一個大國。

從希特勒稱呼俄國人民為「次人」，就可以知道他發動的這場戰爭中，包含了多少輕蔑和鄙視。這種情緒要回溯到日耳曼民族的共同記憶中，對於再次遭遇蒙古入侵，使歐洲籠罩在「亞洲浪潮」下的恐懼。要想打敗這種敵人，唯一的方法就是「滅絕」。一九四一年三月三十日，希特勒在總理府發表了一篇兩個半鐘頭的演說，對約兩百五十名軍官闡釋即將到來戰爭的本質。陸軍參謀長哈爾德在日記裡記下它的內容。

> 我們在俄國的任務是：消滅他們的武力、摧毀他們的政體……這是兩種意識形態間的鬥爭。毀滅布爾什維克主義，等於為了自衛而殺人。我們必須要拋棄「同志」這種想法，共產

黨徒在以往和以後，都不是我們的同志。[1]這件隨而來的是一場毀滅性的搏鬥……這是一場對抗煽動騷亂毒素思想的鬥爭。不必考慮法庭審判的問題，部隊指揮官要曉得什麼事是切身的、應該就地解決的，他必須要引導部隊進入（前述的）鬥爭……俄軍的政委應該被就地處決……這場戰爭將與在西方的戰爭非常不同。在東方，嚴酷就是對未來的仁慈。指揮官們必須要求部屬不得多所顧忌。

希特勒殘忍無情的命令被直接傳到最前線。在「巴巴羅沙」作戰開始時，第六軍團司令賴赫勞元帥發布了一份命令，稍後它的副本被傳到東線所有的部隊。

討伐猶太—布爾什維克主義之戰的目標，就是完全摧毀敵人力量的源頭，並且把亞洲人餘毒完全逐出歐洲文化之外。在東戰場上的每個士兵，除了身為戰士之外，也要是個絕不留情的種族主義者，也是個報復過去加諸於日耳曼人獸行的復仇者……因此每個戰士都要了解嚴酷措施的重要性，把他們當作是次等人類……只有如此，我們才能從歷史中討回正義，才能使日耳曼民族從此免於猶太人和亞洲人的威脅。

1 譯註：前一年德、蘇才簽訂互不侵犯條約。

因為敵人在種族和文化上的低下，正如披著人皮的魔鬼，威脅著日耳曼人的種族純潔，所以德軍可以不顧平常戰爭中應守的戒律。另一個證明德軍「野蠻化」的證據，是一九四一年六月六日的「政委命令」，其中特別指出：紅軍的政委是「亞洲式戰爭思想的始作俑者……不管是在戰鬥中被俘，或被俘時有所抗拒，均應立刻槍斃。」這個消息又在最高統帥部出版發給各部隊的《軍聞通訊》雙週刊裡予以重申：[2]

「任何一個看過蘇軍政委的人，就能了解布爾什維克黨徒的嘴臉。此處根本不必什麼理論性的解釋。如果我們說這些人——他們大多是猶太人——是野獸的話，那就構成對所有動物的侮辱。他們是魔鬼的化身，對高尚的人類滿懷瘋狂怨恨。從這些政委的舉止，可以反映出『次人』們對高貴人類的反叛企圖。」

不可免的，這種對政委採取暴行的認可，會導致另一種野蠻行為——任意屠殺俄國戰俘。德國高層軍官對這種行為的複雜反應，可以從一九四一年六月二十五日第四十七裝甲軍軍長李美爾遜將軍的命令中看出，當時戰爭才開始三天。

我看到把戰俘和平民無情殺害的事發生。對一個俄國士兵而言，當他身穿制服，歷經勇敢的戰鬥而被俘後，他就有權接受正當的對待。我們要把人民從布爾什維克主義的枷鎖下解救出來，我們也需要他們的勞力……這種行為並不與元首嚴懲游擊隊和共黨政委的命令相牴觸。

但是要想把仇恨對象局限於「猶太—亞洲人」的政委，而不及於一般「次人」蘇聯士兵，實務上不可能做到。屠殺事件繼續發生，五天後，李美爾遜提出嚴重警告：

這是謀殺。德國國防軍是在和布爾什維克主義作戰，而非和蘇聯人民為敵。我們要使和平、溫情和秩序重返這片被猶太人與其罪惡集團荼毒的土地上。元首的訓令要求，嚴懲布爾什維克主義和任何形式的游擊戰行為。我們必須謹慎地將這些人從俄國人民中挑出來，任何槍斃行為都必須有軍官的命令方得執行……像這種景象的描述一定會很快在敵軍中流傳：無數的士兵屍體躺在路旁，每個人都被近距離射穿腦袋，他們沒有武器、兩手高舉。

2 作者註：*Mitteilungen für die Truppe*（*Information for Troops*）由統帥部宣傳部門所發行，每師有一百八十份，軍官團有另一份類似的專屬宣傳出版品。

這種試圖違背不人道指示的行為，並沒能發揮多大效果。數以萬計的俄國戰俘在被移往後方的路上，因為缺乏有組織的運送計劃而死去。在俄國的嚴冬裡，他們被迫徒步行走極長距離，或是像牛群一樣被塞在無頂篷的貨車廂裡。一九四一年七月三十日，十六軍團發佈一項命令，禁止各單位利用回程的運兵列車後送戰俘，因為他們有「污染」車廂之虞。從「巴巴羅沙」作戰開始，大量戰俘就形成嚴重的後勤問題，而最高領導階層的態度卻可以戈林為代表：他以嘲笑性口吻表示，如果有「數以百萬計、創紀錄的多」的俄國人死掉，將是一大益事。

由於事先缺乏計劃，再加上許多故意的忽視，使大批俄國戰俘死於疾病或飢餓。許多人的衣物被缺乏禦寒裝備的德國兵搶走，大批大批地被寒冬凍死。當改善戰俘狀況的命令發下時，所需的物資通常早就用到一般平民方面去了。

對任何處於戰爭中的人民，「和平、溫情和有秩序」都是無法想像的畫面，尤其是那些流亡的難民，隨時要面對被當作「游擊隊」或「破壞份子」而開槍的危險。德軍雖然建立了人口登記制度，但就和後來美軍在越南一樣，並不能提供部隊對抗游擊隊的保障。

留在原地的農民，更須無助地面對德軍的「焦土」戰術和反游擊隊清剿。一九四一年底至一九四二年初的俄軍冬季反攻中，德軍第十八裝甲師在後撤時創造了一連串的「沙漠」：成年男子都被押往後方，婦女小孩被趕入陣地，在俄軍即將進攻的方向上「遊蕩」，除衣服之外沒有任何可以保護自己的東西；所有房子都予以焚毀；把牛羊屍體拋入井中污染水源；所有的機器和經濟性資產一律破壞。如果下鄉清剿游擊隊，帶來的破壞大致相同。

一九四三年五月中旬，第十八裝甲師從前線被抽出，更名為第三一八步兵師，它與一些「志願軍」單位被派往布里安斯克南方的森林區，清剿當地約三千五百名游擊隊。在這場代號「吉普賽男爵」的作戰中，自十五到六十五歲的男人都被視為戰俘逮捕，其他不適於服軍役的居民，則在發給兩星期的配給後，全部逐出該地區，所有的村莊都被燒掉。紅軍的軍官與政委被交由情報單位審訊，一般士兵、共產黨員及猶太人則被命令擔任德軍的引路人，或被派去清除地雷。在這場歷時兩週的行動中，將近一萬六千名平民被趕出當地，許多人死於凍餒，或是被親衛隊的「特遣團」所殺害。這支部隊專門在戰線後方的佔領區內，搜捕猶太人和其他非亞利安裔人。[3]

「吉普賽男爵」行動的結果是：七百個人被處死或監禁，兩百零七個「營地」與兩千三百九十個「作戰據點」被毀——絕大多數是民宅。而這只是一次例行性的行動。尤有甚者，該師在報告上居然表示：「顯而易見地，本次行動將大大有助於我軍在佔領區內對民眾的宣傳……」這實在是一種瘋狂的邏輯，很難想像「正面效果」究竟何在。

德軍的暴行——不只是黨軍，正規陸軍也在內——激起了俄軍的報復。當德軍從史達林格勒走往

3 作者註：根據該部隊D分隊指揮官奧林多夫在紐倫堡大審時供稱，光是東線戰爭的第一年，他的部隊就處決了九萬人，包括男人、女人和小孩。

集中營時，一路受到那些一九四一年飽嚐德國人苦頭的俄國人的殘酷對待。一位德國士兵在史達林格勒投降，並且活到了戰後。這位匿名的士兵回憶他被俘後前往俘虜營途中的恐怖遭遇。

「我們的最後一點東西也被掠奪一空，連背包和毛毯都被偷走，勳章和階級也在詛咒聲中被撕下搶走。數以千計的人在毫無慈悲的敵人強迫下開始行軍……到了黃昏，我們到達一個叫耶思夫科的地方的廢墟，就在風雪中過夜。第二天，我們啟程前往杜波夫卡，在耶思夫科留下數千名弟兄的屍體。德國士兵一批批在俄國大草原上，因為沒有食物和遮蔽物而死去。」[4]

在他們走往俘虜營的途中，痢疾、霍亂、斑疹傷寒和饑荒盛行，一死就是上千人。在俘虜們被送往貝科托夫卡集中營的路上，光是在一個集合點就留下了一萬七千具死屍。衰弱到無法跟上隊伍的戰俘，立刻被衛兵擊斃，這一切都在蘇聯軍官的監督下進行。到了貝科托夫卡，德國俘虜們發現：

「我們的俘虜營是一大片用鐵絲網圍起來的地方，其中老百姓都被移走了。剛到的人都被眼前景象所震驚：在兩層樓房裡面和開闊地上，都堆滿了屍體——總之，整個營柵內到處都是。他們是稍早在史達林格勒南面口袋中被俘的，在這兒因為疾病死去，死屍的數目估計有四萬兩千人……」

蘇聯的戰爭方式同樣也為它自己的人民帶來苦楚。一名德國士兵在家信中記下了一件驅使人民去清掃雷陣，以供裝甲部隊前進的故事。

「我看到敵人的攻勢以密集的人群前進，肩並肩走過我軍佈下的雷陣。這些人是平民或犯軍法的囚犯，他們像機器人般前進，只有在地雷爆炸，把周圍的人炸死或炸傷時，行列才會混亂。他們似乎不知畏縮和恐懼為何物，而我們注意到有些人被槍彈打死，開槍的是一小群軍官或政委，緊緊跟在隊伍後面。」

對蘇聯而言，這並不算是一幅殘酷的畫面。士兵和人民都像機器人一樣，只是無情「浪潮」的一部分，這個浪潮在前進時摧毀一切抵擋它的東西。一名德國第六軍團的步兵憶及一九四一年秋季基輔會戰時，蘇聯第三十七軍團試圖衝出包圍圈的情景。

4 作者註：蘇聯紅軍並沒有配發毛毯給士兵，即使在炎熱的夏天他們也得穿著大衣睡覺。

「蘇軍的突擊……是藉著大批大批的人，他們沒有確實的目標，只是想靠人數壓倒我們。人牆從我們團的左邊延伸到右邊，重重疊疊，然後以密集隊形無情地向前進……到了距離六百公尺時，我們開始射擊，把第一波的敵人都殺光了，只剩下一個倖存者，還愣愣地向前走。這真是難以置信、可怕、殘忍不仁。」

希特勒對俄軍這種不人道行為的評論，照他對西班牙大使艾斯皮諾沙所說：東線戰爭是一場「徹徹底底的大屠殺」，一波又一波的俄國步兵成為「絞肉」。至於從一個士兵的觀點看來，例如前述這位德國第六軍團士兵的結論是：

「這場攻擊是在如此笨拙的指揮下進行，我簡直難以置信這會出自一支職業化的現代軍隊，它也使許多軍官相信，紅軍和沙皇時代的軍隊沒什麼不同，都是一樣的老骨董。」

在戰爭開始時的俄軍缺乏良好的領導，但他們卻蠻勇十足。前黨衛軍骷髏師師長賽門將軍回憶：「俄國步兵總是拚到最後一口氣……甚至戰車被擊中起火，乘員還在裡面繼續開砲。受傷或失去意識的人撲向武器，就像他們沒事一樣。」

而在陣地防禦戰方面，俄軍是難纏的對手。他們憑藉著對土地的本能尋求掩蔽，使進攻者簡直難以找到他們。賽門將軍形容俄軍簡單而有效的防禦體系。

「他們經常不用正式的戰壕，而是挖掘深而窄的洞穴，僅容兩三名步兵。機槍的設置很有技巧，一個連裡常有四、五十個狙擊手，分配到最好的位置。壕溝中有各式迫擊砲，往往搭配火焰噴射器，經常是用遙控操作，使我們的進攻部隊陷入一片火海。準備逆襲的戰車掩藏得很好，它們常埋伏在掘出的坑洞中，到處都是。防線以鐵絲網與地雷區擴充縱深，這種設計適用在各種地表環境。」

另一件讓賽門印象深刻的事情是，俄國人在戰場上表現得訓練有素。德軍往往安然開進一個看來已被放棄的村落，才驚覺闖進敵人堅強防線的中央。俄軍以一整個團守一個村，全部都以最有技巧的方式隱蔽起來。不過賽門也注意到，如果德軍進攻方向不是當初俄軍所設想，那麼這種埋伏就會馬上瓦解。麥命新將軍也提到，不穩定和易變正是俄軍表現的特徵。

「說不準俄國人下一步會怎麼做，他們總是在兩個極端之間搖擺……部隊素質不穩定程度之大，就好比他們遼闊的國土一樣。他們的毅力和忍耐超乎想像，難以置信的勇敢，有時候卻又會變成毫無骨氣的懦夫。有好多次，俄軍以無比的英勇打退了德軍的進攻，之後卻因德軍一次小型突擊，就頓時驚惶失措。他們可能聽到第一聲槍響就陣容大亂，但是在第二天的作戰中，同一支部隊又表現出驚人的堅強。」

俄國士兵不畏季節與環境，長於滲透敵軍陣線，能在低於西方軍隊認為最起碼的補給情況之下生存。隨著戰爭的持續，紅軍的裝備不斷改善，成為原先低估他們的德國人的可怕敵手。德軍給俄國士兵取了一個諢號「伊凡」。「伊凡」是有技巧而耐力強的士兵，拿著制式的莫辛納干七點六二公釐步槍、兩到三顆手榴彈、PPSH衝鋒槍。他是蘇聯戰爭機器的基本零件，完完全全是「大本營」掌控的一個籌碼。在一九四三年夏季之前，步兵單位都僅發給十天的彈藥就派往前線，幾乎沒人考慮過再補給的問題。紅軍習慣讓單位打到「見底」後再予以重建，根據戰況激烈程度看來，這些單位還撐不到十天彈藥量用完的時候。

在一九四一年的災難性大損失後，紅軍作了一次全面性重組，其中最明顯例子就是戰車部隊。在一九三〇年代，蘇聯是發展大規模裝甲武力的先驅，並組成了好幾個機械化軍。這主要歸功於參謀總長屠哈齊夫斯基元帥的戰略眼光，屠哈齊夫斯基出身帝俄陸軍，是一名極佳的專業人才，但是一九三七年六月十一日，他和另外七名將軍在史達林為抓緊軍權而展開的第一波整肅行動中被槍決。到一九三八年秋，處決名單已包含當時五名元帥中的三名、十五名軍團司令中的十三名、一百九十五名師長中的一百一十名、四百零六名旅長中的一百八十六名。大整肅結果是使權力集中到一群軍事思想反動者身上，例如史達林的老友、國防部長弗羅希羅夫元帥。弗羅希羅夫把屠哈齊夫斯基的改革完全倒轉，不顧西班牙內戰的教訓，以及紅軍一九三九至一九四〇年芬蘭戰役的差勁表現，取消了機械化軍。[5]

朱可夫根據自己在喀爾喀河的親身經驗，以及法蘭西之戰的教訓，對裝甲兵力的使用有另一種不同看法。朱可夫上台後立刻重新成立裝甲師，不過計劃尚在執行中，「巴巴羅沙」作戰就已爆發。到一九四一年底，所有紅軍的大型裝甲單位都已被擊滅，或者因損失過重而取消番號，只剩下一些旅、團、營級單位，擔任支援步兵的任務。所以當一九四一年十二月俄軍在莫斯科周圍發動反攻時，各方面軍與軍團都缺乏戰車，因此無法大規模對敵包圍。「大本營」因此作下結論：如果紅軍不大量增加戰車／機械化軍（或軍團）的話，就不可能在作戰中占到上風，不應墨守先前把戰車以小單位分割使用的方式。

一九四二年夏季，新組成的裝甲單位及時投入戰場，但在南方前線的戰鬥中，又被德軍輕易打垮，原因是軍官多半出身步兵，不懂得裝甲兵力的使用之道。相對於德軍的優異戰術素養，僵化的俄軍戰術又使裝甲兵力發展打出問號。主管裝甲部隊組織的費多倫科元帥，本身也不是大規模使用裝甲兵力

5 作者註：到一九四〇年夏天，弗羅希羅夫的權勢開始下滑，當年五月他被提摩盛科所取代，轉任較無實權的國防部副主席。從德蘇之戰爆發起，他就是國防委員會的一員，但在負責指揮西北前線時，無力抵擋德軍對列寧格勒的進攻，由朱可夫取代他的位置。由於弗羅希羅夫是史達林的老同志，一向忠心耿耿，因此沒有遭到處分，但在後來的戰爭中，他只擔任參謀或高級副官的角色。

的衷心支持者，所幸此時不少有經驗有能力的軍級指揮官不斷力陳，才使俄軍沒有再走上回頭路。

在俄國裝甲兵界快速崛起的兩位將領是卡圖可夫和羅特米斯托夫。卡圖可夫在一九四一年十月時，擔任第四戰車旅旅長，在摩特森斯克地區的防衛戰中，成功遲滯古德林達一星期之久。羅特米斯托夫身材瘦小、八字鬍可憐兮兮的下垂，再加上圓眼鏡，看來像是個誤跑到戰場上的教書匠（在大戰爆發前，他的確是史達林軍事學院的教官，講授機械化與摩托化課程）。事實上，羅特米斯托夫擁有敏銳心靈和旺盛企圖心，更是裝甲的狂熱支持者。一九四二年春天，大本營決定組成十二個戰車軍和兩個戰車軍團。四月，羅特米斯托夫奉命組建第七戰車軍，七月編入第五戰車軍團。在弗洛奈士、史達林格勒和羅斯托夫等地的戰鬥中，羅特米斯托夫開始建立自己的風格：高度敏捷、有力、直接、主動的戰術運動。當時的第五戰車軍團和一般步兵軍團實力相差無幾：擁有兩個戰車軍、六個步兵師、一個騎兵軍、一個獨立戰車旅、一個機車團以及砲兵。6

羅特米斯托夫認為將戰車與步兵混合使用，根本是一大錯誤，應該發展全戰車式的戰車軍團，由一、兩個戰車軍加一個機械化軍組成。雖然呼籲未為高層所接受，但由於羅特米斯托夫的才氣縱橫，以及德蘇之間關乎生死存亡的搏鬥持續進行，使得在平時會被認為是「危險個人主義」的主張得以實現。一九四三年初，史達林接受費多倫科的建議，成立了五個「完全」的戰車軍團。其中第一與第五親衛戰車軍團分別由卡圖可夫和羅特米斯托夫指揮。

戰車軍團的主力是T－34／76戰車，一般士兵暱稱它為「三四式」。它是一種基本設計極佳的武器，在大戰期間並沒有作太大的改造。不過T－34可不是一種考慮乘員舒適的武器。首先它沒有無線電，砲塔也不能提供車長全向視野，但不損及它成為偉大兵器的威名。乘員四人：駕駛與機槍手坐在車體前方，其中後者負責操作一挺氣體制退式的七點六二公釐狄提亞列夫式機槍；狹窄的砲塔裡有裝填手和車長（兼砲手），負責裝填和擊發主砲。他們的座位裝在由砲塔環伸出的一根鐵管上，由於椅子固定在砲塔環上，不跟著砲塔轉動，一旦T－34轉動砲塔，兩人就得扭來閃去，避免被主砲給擠著。

一旦進入戰鬥，因為駕駛的前方視野侷促，車長必須透過車內麥克風指揮行進方向，命令裝填手在砲管內裝上所需彈種，低頭透過望遠鏡瞄準目標、調整砲身角度、測距、發射——還要保持身體別擋在那門七十六點二公釐主砲的十四吋後座行程之內，幾乎沒有時間去留意身旁其他戰車正在幹什麼。主砲擊發是以手動扳機而非腳踏板，總算有助已經工作過量的車長減少負擔，能在砲塔裡撐久一點兒。另一件麻煩事是砲塔的電動旋轉系統常常故障，但是手動旋轉曲柄的位置嚴重設計不良，車長必須用蹲姿去搖曲柄，右手得繞到身體另一邊，轉動沉重的砲塔同時，還得將眼睛湊在望遠鏡覘孔的橡皮製護眼罩上。

6 作者註：理論上，一個獨立戰車旅有一個下轄三個營的戰車團，一個由卡車載運的機槍營、及戰防與迫擊砲連各一。事實上這樣一個旅通常只有將近五十輛戰車，分為兩個各二十三輛的營。在戰爭初期，這種單位較適合俄軍指揮官去學習在戰鬥中掌握裝甲兵力的技巧，也較適合被迅速派往填補陣線上的空隙。

裝填手也有自己的困擾。T－34裝有七十七發砲彈，通常包括十九發穿甲彈，五十三發高爆彈，五發榴霰彈。但只有戰鬥室左側艙壁架子上的六枚，以及右側架上的三枚，可以直接就手。其他六十八枚砲彈分裝在八個金屬箱裡，壓在砲塔的橡皮踏墊底下。換言之，發射幾砲後就非得暫停一陣子。裝填手必須掀開地板和墊子，在狹窄空間中與彈藥箱奮戰一場，才能補充砲彈。每當開砲，還得面對一個額外冒險，他得把滾燙的彈殼從砲管中退出，掉到地板上一大堆廢彈殼中。

T－34改良自美製克利斯提式設計的懸吊系統，其優異表現足以掩蓋上述的各項缺點。T－34即使在泥濘地面上仍能高速行駛，寬履帶設計使接地壓力減至最低。堅固、能克服各種氣候的柴油引擎，使T－34擁有極佳的馬力／重量比，航程一百八十六英里，是德製虎式和豹式戰車的三倍，這在廣闊的俄國大地上尤其重要。傾斜裝甲有效增強了防護力，搭配長砲身、高初速的七十六點二公釐砲，更使T－34在火力、機動力和防護力上達到平衡。而且它適於大量生產，在戰場上維修也很方便。T－34／76和一九四三年冬起大量生產的改良型T－34／85，成為蘇聯贏得戰爭的主力。

T－34佔蘇聯戰車總產量的百分之六十八。在戰場上，T－34由KV－1重戰車擔任支援，這種戰車是以弗羅希羅夫元帥的姓名縮寫命名，裝有與T－34同款的主砲。一九四二年夏天，較輕較快的改良型KV－1S投入戰場。一九四三年夏，強化裝甲與火力的KV－85也服役。[7] 由KV－1的底盤還發展出SU－152突擊砲，據說它是柯特林設計局參考一輛於一九四三年二月在列寧格勒前線虜獲的虎式戰車後，只花了二十五天就設計出來的。SU－152在裝甲堅厚的車身前方裝有一門威力強大的一五二公釐榴彈砲，一九四三年三月開始生產。很快就證明足以擊潰虎式和象式戰車，因此博得「動物獵殺者」的綽號。

在裝備的單一性上，雙方有著明顯的對比。一個德國裝甲師常擁有多達十二種的戰鬥車輛，外加二十種其他各型車輛。俄軍的機械化單位只靠兩種，一是T－34，另一種是美製道奇卡車。到一九四三年夏天，蘇聯已經接收了十四萬輛。美國依據租借法案提供大批卡車，使蘇聯可以集中全力只生產前線戰鬥裝備。史達林曾對邱吉爾表示，自己需要卡車更甚於戰車。德軍第十七裝甲師師長森格爾將軍曾參加解救史達林格勒之圍的任務，他注意到，

「俄國人的原則是充分利用他們所能弄到的最好裝備。它們只有幾種型號，盡可能簡化生產，因而獲致碩大無匹的產量……俄國戰車的維修作業也很好，較大規模修理的速度比不上德軍，但是一般維護極有效率，並且他們有大量訓練有素的技工。事實上，我們招募了愈來愈多的俄國工人，進入我們的戰車維修單位。」

7 譯註：使用八十五公釐主砲，與T－34／85相同。

曼陶菲爾將軍是德軍一位傑出的戰術家，於一九四三年八月接掌第七裝甲師。[8] 他也讚揚俄軍的戰場拖救和修護作業：「他們從未和部隊分開……緊跟在戰車後面，高明地進行拖救和搶修。因此我下令：一定要保持將敵戰車籠罩在我方火網下。」曼陶菲爾並不欣賞俄軍使用戰車的戰術，他覺得「缺乏靈活性，也缺乏適當的人員，而二者正是作戰機動能力和應變能力的基礎」。森格爾的觀察也支持這種說法：「俄軍的戰車戰術很簡單，他們非常倚靠事前操演，如此就不必太要求個人的創新與判斷。」因此一旦戰局變得流動性，超出原本預期時，俄軍裝甲部隊即使擁有數量優勢，也常被經驗豐富的德軍擊滅。一名德軍第六裝甲師的戰車兵寫道：「機動性是我們一大長處。就像一大群野牛在行動上不及在一旁窺伺的黑豹——而我們是黑豹。」

一位德國參謀軍官回憶起一九四二年的戰車戰，嚴厲批評俄國裝甲部隊在戰術上的愚昧不知變通。

「他們以緊密隊形在主戰鬥中摸索前進，行動遲疑而且毫無計劃。自己人的前進方向常彼此衝突，經常冒冒失失地闖到我們的戰防砲前面。或者當他們穿透我方防線以後，卻不儘速向內深入，只是在原地乾等。因此即使是被孤立了的德軍戰防砲……也能在一個鐘頭裡擊毀超過三十輛敵人坦克。」

從一九四三年二至三月的戰鬥中，卜波夫「前線機動兵團」與李巴科的第三戰車軍團的下場可以證明，俄國裝甲部隊有待學習的東西還非常多。

一件弔詭的事是：紅軍在戰爭的高潮中（一九四二年十月十六日），費多倫科元帥根據痛苦的經驗，制定了一份關於戰車使用的新訓令：戰車這種「閃擊戰」的主角，又失去了一九四〇至一九四一年間所獲得的，作為一種獨立贏得戰爭的武器的地位。在一九四〇年夏天的西線戰役中，驚惶失措的法國步兵甚至只要聽說有敵人戰車，立刻就向後潰逃，但如今有經驗的步兵卻能在面對戰車時堅守崗位。逐漸地，戰車的前進必須靠砲兵和特別訓練的步兵（裝甲榴彈兵）支援。防禦陣地的步兵要對付的除了戰車，還有裝甲榴彈兵與砲兵；為了擊退敵人，步兵得靠他們自己的戰防武器，以及友軍的戰車、砲兵與空軍支援。戰車的地位已從戰略中的獨立個體，退回整個戰術性武器系統的一部分，它的效果是次第摧毀敵人的抵抗，而不再是像劍一樣，單獨插穿敵人的正面。

紅軍步兵的反戰車裝備堪稱世界一流，和他們拚死保衛家邦的意志非常相稱。到一九四三年六月，部隊已經配發了一百五十萬把戰防槍，[9]也開始接收新式RPG－43反坦克火箭彈，它從一根短

8 譯註：曼陶菲爾是二次大戰德國「閃擊英雄」中的後起之秀。他曾在東線與北非作戰，一九四四年初接任大德意志師師長，戰功彪炳。同年底破格擢升為第五裝甲軍團司令，參加十二月德軍在西線的最後反攻。戰後曾擔任西德國會議員，協助重新建軍，也曾受聘到美國西點軍校擔任客座。

9 譯註：發射穿甲彈的大口徑步槍，可以對付輕裝甲車。

鋼管內射出一發成形裝藥彈頭，和德製「鐵拳」火箭很類似，威力足以擊毀一輛中型坦克。

一名全副武裝的紅軍士兵的裝備總重是六十磅，到冬天這個數字增為七十七磅。除了自己的武器彈藥，他還常常得去幫忙搬運砲彈。俄軍最佳的反戰車武器是以強韌著稱的七十六公釐戰防砲，它的初速極高，意味著發射與擊中目標的聲音間隔極短，因此在德軍中獲得「轟隆一聲」的諢號。

如同裝甲兵一般，俄國砲兵在大戰中也歷經了一場革命。其中最重要的發展是「強幹弱枝」，在高層建立極強大的預備隊。這始於一九四一年的冬天，當時蘇聯已喪失了大部分的砲兵實力，弗羅諾夫將軍說服史達林把現存各師砲兵的大半實力抽出，建立一支直屬中央的砲兵預備隊。到一九四三年，原本每個師的兩個砲兵團只剩一個。節餘下的火砲組成獨立的砲兵團、師、軍、軍團，最多可轄八十個砲兵營，由大本營直接控制，視需要派往各前線。如此一來提供了相當的作戰彈性，加上希特勒寸土必爭原則的「幫助」，使紅軍可在非重點地區只安排少數兵力，把預備隊集中在重要的地點，發動有系統的猛轟。在實行史達林格勒的「砲兵攻勢」時，[10]大本營在每公里正面上擺了三百門火砲。到戰爭末期的柏林攻防戰，每公里的火砲數量更達六百七十門。將如此大量的砲兵投入戰場，當然非常耗時費事，一九四二年下半起成立了十六個「突破砲兵師」，每師有三百五十六門砲，超出一般砲兵師（一百六十八門）一倍以上，專門用於一旦突破敵方防線，能夠配合快速推進以擴張戰果。到了一九四三年四月，「突破砲兵軍」也成立，為了同樣理由，戰防砲的最大單位也由團擴大為旅。

迫擊砲的地位也很重要，它們在紅軍中被隸屬於砲兵而非步兵。一九四一年，「迫擊砲生產委員會」成立，鑑於大本營打算建立的砲兵預備隊需要相當時間，因此先大量生產迫擊砲以因應空檔。一九四二年十一月，「親衛迫砲旅」成立，除了迫擊砲也配屬「卡秋莎」多管火箭。「卡秋莎」裝在重型卡車上，一次可以射出四十八枚尾翼穩定式火箭彈，射程三英里半。它發射時的尖嘯聲最令德國人喪膽，形容它是「史達林管風琴」。一九四二年結束時，紅軍共成立了四個多管火箭師，每個師有八十輛「卡秋莎」發射車，一次可以投擲出三千八百四十個彈頭，等於兩百三十噸高爆炸藥。在史達林格勒之戰，紅軍共投入了一百一十五個團的「卡秋莎」。一名德國守軍憶及它們所造成的效果：「老俄學到了把它們一整團地集中用在戰場上的特定地區。它的尾焰把天空染成暗紅色，接著成千上百個彈頭在我們四周爆開。」

在史達林格勒圍城的煉獄外，一支新的紅軍升起，「綴滿了各種榮譽」。史達林嘗到勝利滋味後，對職業軍人的信心大為提升。一九四三年一月十八日，朱可夫被升為「蘇聯元帥」，是第一位在大戰中晉升元帥的將領。同一天，俄共中央委員會頒布新通過的兵科元帥制度，弗羅諾夫就升為「砲兵元帥」。三月時空軍的「鐵人」諾維可夫將軍升為「航空元帥」。[11] 二月，法希里夫斯基也受封元

10 作者註：這個名詞出現在一九四二年一月，號稱是史達林「在世界軍事藝術史上頭一次提出」。意指當步兵和裝甲兵的整場攻勢中，砲兵全程都提供強大、主動的支援。

11 譯註：兵科元帥只頒給「一般兵科」（步、騎、政戰等）以外的將領，同年十月又增加了「兵科上級元帥」。至於一般兵科在此一階層則有「大將」一級，再上去直接就是一般的「蘇聯元帥」。在大戰期中，還沒有由兵科上級元帥升為蘇聯元帥的例子。

帥，只花了二十個月就從少將升到元帥。三位戰場指揮官升為大將，包括馬林諾夫斯基、羅柯索夫斯基、范屠亭。[12]至於史達林本人，也在「無法推辭」的情況下，應政治局要求接受了元帥頭銜，現在他對於紅軍的元氣恢復充滿了信心。此後如「史達林式戰略」、「史達林學派軍事思想」與「史達林的軍事天才」一類語句，就充斥在蘇俄的新聞與宣傳中。

紅軍的軍官現在又開始享受「新」待遇。下級向上級敬禮，過去一度被廢止，現在又重新成為嚴厲執行的規定。新設計的蘇弗羅夫勳章、庫圖佐夫勳章、奈夫斯基勳章，不但代表帝俄時期勳獎制度的恢復，[13]而且只限頒授給軍官。同時，階級識別章也予以恢復，那些金色和銀色，一九一七年時曾被士兵不屑地從帝俄軍官肩上拔下的肩章現在又掛上了。這項政策是因為在一九四二年有一項方案，建議為紅軍中表現優異的「親衛」團（這是一個沙皇時代名詞），配發階級章及不同樣式的制服以資鼓勵。史達林在權衡之後，認為如此會造成「兩個軍隊」，有漠視一般部隊之嫌，於是決定全面恢復佩掛肩章，軍官們大表歡迎。

一九四三年一月六日，最高蘇維埃下令恢復肩章制度，同時要求英國軍援紅色及金色的綬帶。正在「大西洋之戰」中苦鬥，連節約物資都還來不及的英國人，一開始實在不太想去理會這個「胡鬧」的要求，但對紅軍而言這卻是一個分水嶺。一個德國東線老兵記得：原本軍服非常花俏的德軍，隨著戰事延長而「減少配件，變成基本而簡單的裝束」，很諷刺地，「老俄卻在打扮自己……當咱們的軍官逐漸民主、和士兵們打成一片，至少在第一線單位是如此；而他們的軍官卻擺出一套只有古代才看得到的貴族花樣。」他的話並不能算誇張。軍官才能進入的俱樂部，以及嚴格劃分高低級軍官的餐廳開始營業；一九四三年一項關於軍官的「禮儀規範」更規定，一定階級以上的軍官在旅行時不得搭乘大眾運輸工具或手拿紙包——這是沙皇時代的禮節。

史達林為了獲取軍人的支持，將共產革命時的平等主義「復辟」為強調階級的軍事「正統」，正如同他把東正教教會當成他「偉大愛國戰爭」對抗德國人的努力的一部分——現在他在公眾面前祈求「俄羅斯聖母」，而不是「黨」。

共產黨組織在軍中的影響力也下降了。一九四二年十月，「雙指揮」制度廢除。在原本制度下，部隊掌管政治思想的政委和指揮官共同分享大權。[14]現在的政委有一個新稱呼「政戰副指揮官」，他仍然擁有可觀的權力，可以透過獨立管道上報，但管理的業務限於政治教育、宣傳與福利。政委的基本服役單位是營級，不再能干涉指揮官的作戰決定。許多有作戰經驗的政委，現在也轉任一般指揮職。表面上「軍」壓過了「黨」，事實上在高層指揮官與「軍事蘇維埃」的政工成員間，還是存在著相當緊張的關係。高爾多夫等將領，在被同僚鼓勵下要求史達林，取消軍事蘇維埃，建立以民族主義為號

12 作者註：他曾在一九三七年因史達林的整肅而下獄三年。
13 譯註：三人都是帝俄時代的名將。
14 作者註：政委制度是在內戰期間開始施行的，目的是監督那些忠貞度有問題的前帝俄軍官。這個制度於一九四〇年一度取消，次年六月又恢復。

召的「純」俄羅斯軍隊。此舉當然對史達林這位新科元帥來說是太遙遠了，他只是表面上取消黨代表，背地裡仍藉著NKVD祕密警察牢牢控制紅軍。

軍官雖然再度享有特權，但是嚴酷程度冠於西方世界的刑罰，卻足以抵消掉軍官們的福利。沒人能保證自己是否能免於死刑審判，最有名的處決個案是巴夫洛夫上將，他是德蘇之戰爆發時的西部方面軍總司令。一九四二年秋天，「行刑營」組成，對象包括軍官與一般士兵。軍官如果作戰表現不力，悲劇就會降臨到他頭上。

由於對嚴酷處分的畏懼，導致紅軍指揮官嚴重欠缺戰術靈活性。戰後，美國的布萊德雷將軍曾評論：當美軍和俄軍在易北河上會師，相較之下，美軍一個中尉所被賦予的權力，比俄軍一個師長還大。只有方面軍總司令以上，才能偶然表現個人的主動性，較低的軍團、軍、師都只是大本營的「人質」，被各種上級的計劃和指示綁得死死。如果一個行動不是在上級詳細指示下進行的，那麼即使是一名將軍，也得為此負責任。

儘管有一九四一年的大圍殲戰，加上德軍一九四二年夏季的勝利，以及曼斯坦在史達林格勒之後的成功反撲，希特勒還是沒把史達林無情地倒進戰爭機器裡的俄國人力給毀光。在一九四一年六月到一九四二年十一月之間，紅軍的前線兵力由兩百九十萬增為六百一十萬。一九四三年三月，緊抓住稻草不放的希特勒還叫囂說，蘇聯的人力已經耗到了谷底，但隨著時間流轉，他也只好承認事實並非如此。

只有人力而沒有工業基礎去提供裝備，那麼人力也是沒有意義的。當一九四〇年十二月德國開始制定「巴巴羅沙」計劃時，摧毀蘇聯的工業基礎就是重要目標之一。當德軍到達阿干折－阿斯特拉汗的目標線（這條線通常被稱為「A－A線」）時，百分之八十的俄國工業將會落入德國手中。但是一九四一年八月希特勒作了一個致命的決定，把攻擊重心由中央移至南方，意圖奪取頓巴次工業區。雖然這個戰略目標獲得了一定程度的成功，對蘇聯的煤鐵生產造成潛在性的傷害。一九四一年冬天，蘇聯的煤鐵產量分別減少了百分之六十三與百分之五十八。但這也使得由莫斯科到上伏爾加地區的工業區，得以逃過德軍的攻勢。一九四一年十二月，德軍從莫斯科城下退走，蘇聯仍然保有這塊中央工業區，再加上烏拉山工業區與西伯利亞西部的庫斯內次盆地工業區，足供讓史達林得以決定戰爭勝敗的資源。

從德國戰車於一九四一年六月二十二日衝過邊界那天起，一個由經濟專家米高揚所領導的特別委員會，便開始將重工業及各種儲存物資，從歐俄中西部遷往大後方，一直到德國戰車無法到達、甚至德國空軍的中型轟炸機都無法空襲的地方。

工業東移的計劃其實在戰前就提出，原本的目的是藉發展烏拉山以東地區的工業，以和傳統的工業地帶求得平衡。由於先前就有規劃，因此俄國人在戰爭爆發後，能將遷移計劃中的工廠「轉嫁」到東方去。一九四一年七月初，南烏克蘭的馬利普的裝甲鋼板廠，遷往烏拉山東部的新興工業中心馬格尼吐哥斯克（另譯「鋼城」）。卡爾可夫的大戰車廠，現在也遷入車里雅賓斯克曳引機廠的廠址內，還併入原先列寧格勒的基洛夫戰車廠的一部分，這使得車里雅賓斯克以「坦克格勒」的綽號而聲名大噪。從最後一批工程師蹣跚地沿著鐵軌撤出卡爾可夫，僅僅十週以後，車里雅賓斯克的首批二十五輛T-34便從生產線上駛出。

從統計數字可以看出這種努力的成績。在戰爭爆發的頭三個月內，俄國的鐵路運送了兩百五十萬軍隊到前線，將一千五百二十三座工廠向東撤退。四百五十五座工廠在烏拉山地區重建，兩百一十座在西伯利亞西部，兩百座在伏爾加河地帶，超過兩百五十座在哈薩克和中亞。有時工廠的搬遷是在敵火之下進行，有時俄國人還來不及把設備搬上車就被德國人趕上。古德林回憶一九四一年十月三日第四裝甲師攻下奧勒爾的情景。

「我們攻下這座城完全出乎敵人意料，當戰車開進城內時，街上的電車都還在行駛。俄國人精心準備工業設施的搬遷，但他們還來不及實施。從工廠到車站的街上，擺滿了拆解的機器，還有裝著工具和原料的大木板箱。」

由於嚴重的交通瓶頸和延誤，預定向東遷移的二十六座化學工廠，最後僅八座能在十二月初以前搬到目的地，其中只有四座能夠投入生產。

隨著工廠遷往後方的工人也吃足了苦頭。一座由烏克蘭遷到斯弗德羅夫斯克市郊的工廠，只花了兩星期就蓋起兩座巨大的廠房。一九四二年九月十八日的《真理報》記載：

「當斯弗德羅夫斯克的人民收到史達林同志的命令時已經是冬天了，史達林同志要求建築兩座大廠房，以供南方遷來的兵工廠使用。載運著人員與機器的列車已經在路上……烏拉山地區的人民帶著鏟子、棍棒、十字鎬趕到工地；他們之中有學生、打字員、會計、店員、家庭主婦、藝術家、教師。土地被西伯利亞吹來的寒流凍得像石頭一樣硬，連斧頭和十字鎬都劈不開。在弧光燈的照耀下，群眾們徹夜進行開挖。他們敲碎石頭和凍結的土塊，打好了房子的地基……大家的手腳都被冰霜凍腫了，但是沒有一個人停下來。工程的藍圖與表格就攤在箱子上，暴風雪就在大夥兒的頭上颳著。幾百輛卡車不斷地把建築材料送來……到第十二天，覆著一層白雪的機器開始搬進廠房。為了使機器不結凍，旁邊一直點著火盆……兩天之後，這座兵工廠就展開了生產作業。」

儘管有這些英雄式故事，但是整個蘇聯的戰爭生產還是為之大跌。到一九四一年年底，鋼鐵產量下降了百分之五十八，整個工業總產值剩下一半。飛機的產量少了三分之二。鋼鐵、鎳、鋁、銅、錫，樣樣缺乏。失去頓巴次工業區的化學工業，更使彈藥補給產生問題。一九四一年下半，前線完全靠以往儲存的彈藥支撐，到十二月時，彈藥的生產比部隊的需求還少百分之四十。

即使到一九四五年，蘇聯的煤鐵生產數字還是沒回到一九四〇年的水準。一九四四年，德國的煤產量比蘇聯多出一億六千萬噸，鋼鐵多出二千三百萬噸。[15]不過以一九四二年而言，藉著戰前儲存的大量物資，蘇聯在軍火生產上還是凌駕德國。俄國人生產了兩萬四千四百輛的戰車與裝甲車，德國人只造了四千八百輛。俄國人生產了兩萬一千七百架飛機，德國只有一萬四千七百架；俄國人造了四百萬支步槍，而德國僅有一百四十萬支。

等到蘇聯的戰前儲備耗盡，美國租借法案就適時填補了空洞。雖然史達林對英美提供的戰車和大部分的飛機都不表欣賞，但是美國對蘇聯戰爭工業近乎無盡的支援，卻確保了蘇聯的生存。到一九四五年五月歐洲戰場告一段落，美國已經透過海運，提供蘇聯一千六百四十萬噸物資，項目遍及各個與戰爭有關方面。例如兩千輛火車頭和五十四萬噸鐵軌，比蘇聯一九二八至一九三九年間鋪設的鐵路還長得多；價值一億五千萬的機器和一百萬噸的鋼鐵（一九四三年夏季時的數字）；一九四一至一九四四年間蘇聯所需銅的四分之三；一千三百萬雙防寒軍靴；以及飛機用的高級汽油。

食物的需求也很迫切，一九四一年蘇聯所失去的土地上，包含百分之三十八的農作與百分之四十的牲畜。即使在敵軍未侵入的地區，由於曳引機大量被抽調去牽引火砲，農業產量也因而下降。從經濟大恐慌之後復甦的美國農業，提供了五百萬噸的糧食給蘇聯，等於在整場戰爭期間每天提供半磅濃縮口糧給每個紅軍士兵。為幫助醫院中的傷兵早日復元，還特別運送了一萬兩千噸的奶油。

當一九四三年的夏季來臨時，法希里夫斯基告訴圖布金將軍（後來升了元帥），以他看來，蘇聯的士兵在「質和量」上都已超越敵人。他相信「大本營」已有能力發動大規模的攻勢，而部隊的訓練已能使一九四一年和一九四二年夏季的大混亂不致重演。正統的軍事理論已經付諸實行，史達林所建立的戰爭原則中最重要的「後方安定」，現在更是無庸置疑。

存活和恢復所付出的代價是可怕的，而且還在不斷上升。蘇聯的一大塊國土仍在殘忍敵人的掠奪之下，剩下的部分也被政府為了贏得戰爭而竭力壓榨。壯丁離開田地與工廠到前線去，由老人、婦女和小孩接替，在最微薄的口糧下近乎刑罰地辛苦工作。典型的蘇維埃式高科技與原始生活方式的極端對比，科學家在莫斯科開始研究原子彈，集體農場農民卻仍用中世紀的方法在田裡耕作。無疑地，蘇聯的高層抱著一個信念：絕對不能輸掉戰爭。此時他們的德國對手卻看著勝利消失在地平線的彼端。

隨著一九四三年三月泥濘季節來臨，曼斯坦的反攻也告一段落，東戰場上出現一片風平浪靜。這是一場暴風雨的前奏，雙方都在趁機休息、整編，動員數以百萬計的人員和最新的武器，準備投入夏季的決定性一擊。

---

15 作者註：煤產量：德國兩億八千一百萬噸，蘇聯一億兩千一首萬噸；鋼鐵產量：德國三千五百二十萬噸，蘇聯一千兩百三十萬噸。

第五章

紅軍崛起

古德林：「我的元首，你到底為什麼今年一定要在東線發動攻勢呢？」

希特勒：「你說得對。每當我想到這場攻勢就覺得反胃。」

一九四三年六月的德蘇戰線，北端起自列寧格勒、一月間從拉多加湖南岸打開的狹窄走廊，南端盡頭在亞速海北岸的塔干羅格附近。戰線從列寧格勒向南穿過「老俄羅斯」地區，到莫斯科西方四百英里的威利奇盧基，然後轉向東南，從奧勒爾南方折而向西，深入長達八十英里，構成庫斯克突出部的「右肩」。突出部面積約為半個英格蘭大小，「左肩」環繞貝爾哥羅，然後戰線沿著頓內次河直至亞速海，如果把北方與芬蘭交界的兩百英里戰線與南方A集團軍在塔曼半島的橋頭堡也算進去——它隔著克赤海峽掩護克里米亞半島——整條東戰線長達一千七百英里。

在這條線上，最吸引雙方高層注意的地方，就是庫斯克突出部，位置正好插在德軍中央集團軍與南面集團軍之間。這塊地區的大部分地形是平緩的丘陵，許多小河從寬淺的溪谷中流過，河岸上開著蘭花，以及大片向日葵田，夾雜著星羅棋布的小農莊。在這塊地區的北部，許多村莊有著非常鄉村風味的名字，例如庫思爾（Kusl，母雞）、布提里卡（Butlika，奶油）、賽卡（Sayka，麵包捲）等。最大的城鎮波尼里（Ponyri），以盛產蘋果而著名。

一九四三年春季，這片農業區已經飽經戰火摧殘。德軍在被迫撤退時，一如往常採取焦土政策。集體農場的作坊被燒掉、機具全部掠奪一空。當地在一九四〇年有四十萬匹馬，現在只剩不到兩萬，而且都是差勁到幹不了活的駑馬。許多集體農場現在連一匹馬或一頭牛都沒有。唯一對外運送補給的路線，是從庫斯克到卡斯托諾伊的單軌鐵路，六十二座橋樑被爆破，所有機車頭調頭轉盤和其他調車設施都已毀掉，位在庫斯克的鐵路調車場則整個被炸光。

庫斯克市座落在突出地區的中央，是莫斯科通往雅爾達鐵公路上的重要轉運站。它是俄羅斯最古老的城市之一，首次見於文獻記載是一〇三二年，一度被克里米亞的韃靼人所摧毀，到一五八六年才重建。隨著韃靼威脅減弱、俄國人向南拓殖，庫斯克在中世紀的邊防重鎮地位逐漸減退，但它仍是附近一帶的中心都市，雖然談不上全國性的重要都市，但也不是鄉下。不過因為先前德軍的轟炸，市區已經嚴重損毀。此地最有名的奇觀是所謂「庫斯克地磁異常」現象，因為當地蘊藏的磁鐵礦，使羅盤無法使用。

當播種季節來到時，這片俄羅斯丘陵的南端地區成了另一種「磁鐵」，吸引了數以千計的鋼鐵進入，包括戰車、火砲、飛機。蘇聯把一個又一個軍「種」在當地，就在德國轟炸機從頭頂飛過的當兒進行。為迎接即將到來的一場大戰，沙質土壤裡還種下另一種更致命的「作物」，就是數百萬顆地雷。

對德軍而言，庫斯克突出部是個「危機」——既是危險又是機會。由於俄軍大量將部隊開入這個地區，同時威脅到德軍兩個集團軍。但是如果德軍能把它「割除」，就可一舉讓俄軍在人員和物資上遭受慘重損失，如此一來，德軍便可以發動新攻勢，直指莫斯科或南方的草原地區。

如何除去庫斯克突出部，是一九四三年春季德軍高層最關心的問題。一向敏銳的曼斯坦，稍早就提出了一份解決方案。儘管曼斯坦才在收復卡爾可夫的反攻中大勝，但他知道現在德軍實力不復當初，無法再作像前兩年那樣的大規模進攻。「似乎現在可能做的事是，在德國有適當的領導下，讓蘇聯消耗到不願繼續犧牲下去，如此他們就會接受現狀（展開和談）。」[1]

曼斯坦了解，想達到這個目標不能單靠防守戰略。德軍沒法在波羅的海到黑海的每一點都集結重兵固守，也沒有太多時間去爭取一個「打平」的機會。聯軍遲早會在西歐登陸，因此任何在戰略性防禦觀念內的行動，都要搶在之前進行，否則就得一邊應付西方威脅，一邊面對俄軍新攻勢。曼斯坦的結論是：唯一希望就是「在『限定目標』的打擊中，給予敵人狠狠一擊，削弱其力量到決定性的程度，主要藉著大量俘虜敵人來達成。如此所爭取到的戰術彈性，將使我方仍居上風的官兵素質，可以得到最大發揮」。

奪回卡爾可夫以後，曼斯坦向希特勒提出兩種方案：第一案是等待俄軍先動手發動攻勢，可想見他們一定會在烏克蘭南部動手，企圖把德軍截斷，殲滅在黑海北岸上。對於德軍的反擊，曼斯坦稱之為「反手拍」，大體上就是他在今年初誘敵深入再反攻的翻版。德軍應該先撤出頓內次盆地，等到俄軍北側翼過度伸展，再從基輔地區向南方反攻，將敵擊毀。

另一個「正手拍」方案，則是從庫斯克突出部的南北兩頭，發動一場向心式攻擊將其切斷，將俄軍的裝甲預備隊掃數擊滅，然後席捲俄軍在南烏克蘭方面的戰線。曼斯坦強調，如果採取「正手拍」攻擊，一定要儘早實行，必須在紅軍從冬季作戰的損失恢復以前動手，最遲不能拖過五月初。

雖然曼斯坦認為「反手拍」在作戰上更富彈性，但面對從來不願放棄任何土地的希特勒，果然還是被否決。陸軍參謀長柴茲勒上將也支持希特勒，認為直接攻擊庫斯克所冒風險比較小，不必事先犧牲大片土地，而且「對於預備力量的動用也較少」。

在這場攻擊庫斯克的「戰略拔河」中，柴茲勒的角色日益重要。他的竄升快速，於一九四二年九月繼哈爾德上將擔任陸軍參謀長，直到一九四四年七月被古德林替代為止；那時他已經心力交瘁，近乎精神崩潰邊緣。希特勒為了彰顯對他的不滿，甚至禁止他再穿著軍服。

柴茲勒出身新教牧師家庭，在第一次大戰中是一名步兵副官，一九三四年被調往裝甲部隊。一九三八年，官拜中校的柴茲勒是最高統帥部的一名計劃參謀，在華里蒙特手下工作，參與過佔領捷克的行動設計。一九三九年升為上校，在波蘭和法國戰役中也擔任參謀工作。由於他對裝甲部隊後勤業務處理良好，被任命為克萊斯特將軍的第一裝甲軍團參謀長。[2]克萊斯特發現，在征俄戰役前半年那種急速前進的情況下，沒有別人能比柴茲勒在維持部隊組織上有更好的表現。

一九四二年初，柴茲勒少將被調往法國，出任西線德軍總司令倫德斯特元帥的參謀長。在這個「冷門」地段，柴茲勒的十足活力和著名的急性子還是為他贏得「火球將軍」的綽號。一九四二年擊退英

---

1 作者註：根據德國方面的資料，在一九四一年被俘的蘇聯官兵共有三百三十五萬人，其中超過兩百萬人在一九四二年二月以前死亡。到戰爭結束為止，俄軍一共有五百七十五萬人被俘。一九四四年五月時，俄國戰俘的死亡數字已達三百二十萬，最後總死亡人數可能高達四百七十萬。而根據蘇聯參謀本部發布文件，紅軍正規部隊在大戰中共死亡八百六十萬人，包含戰死、因傷致死、疾病與意外、失蹤，及被俘未歸。一千八百萬人負傷——許多人不只一次——包括戰傷、凍傷與患病。同一份文件還指出，至少還有一千九百萬的蘇聯平民死於戰火。

2 譯註：在波蘭和法國戰役期間，柴茲勒先擔任第六十步兵團團長，然後是第二十二軍的參謀長。

軍和加拿大軍對第厄普的突襲，更使得他聲名大噪、前途看好。柴茲勒長久以來就是「元首」的崇拜者，他設法結識侍衛長施密特，兩人成為好友，在第厄普之役後不久，柴茲勒的機會就來了。希特勒和哈爾德爭吵後表示，他要「找個像柴茲勒那傢伙一樣的人」來取代哈爾德。結果，九月二十四日哈爾德被解職，柴茲勒接任陸軍參謀長，並晉升為步兵二級上將。

在辦公室的門口，甫上任的柴茲勒就接到凱特爾令人喪氣的「忠告」：「絕對不要違逆元首，絕對不要提醒他應該有不同看法；絕對不要告訴他那些可以證明你對他錯的事；絕對不要告訴他傷亡數字——你必須幫助他分擔精神上的負荷。」柴茲勒用一貫的直率回答：「如果一個人發動一場戰爭，他就得要去承擔事情的結果。」

柴茲勒得要準備夠多的精力，才能對付希特勒和他身邊的黨政軍高層人物。從多數這些資深高官眼中看去，這位四十七歲的「火球將軍」不過是元首的奴才罷了。儘管如此，柴茲勒不說廢話的坦率作風卻贏得戈培爾的讚賞，他在一九四二年十二月二十日的日記中寫下：「柴茲勒使高層行事風格出現新氣象，他把無關宏旨的事都清理掉了。這使元首免於被一堆枝微末節和不需他決定的事所打擾。」

不幸的是，在緊要關頭上許多事情還是由元首作主。一九四二年十一月二十一日，曼斯坦試圖說服希特勒，准許包拉斯率第六軍團從史達林格勒突圍，結果失敗。事實上在十一月十九日，俄軍從史達林格勒南北兩翼發動反攻時，柴茲勒就和希特勒吵了一架，他力主將第六軍團後撤，卻只使希特勒更堅持守在伏爾加河上。柴茲勒也對戈林保證第六軍團可以倚賴空軍運補的說法大表不滿，他和空軍參謀總長顏雄尼克上將都認為這種承諾是空中樓閣。十一月二十四日，柴茲勒對希特勒和戈林說：「空軍不可能辦到。」戈林開始咆哮，說空軍絕對可以搞定一切。柴茲勒火氣爆發，吼回去：「鬼扯！」希特勒插話阻止二人爭吵，但仍忠實地支持戈林的立場。此後，當事實證明柴茲勒的先見之明時，事情發展就充分反映了凱特爾當初的警告：副參謀長布勒孟楚特將軍觀察，從此元首就對柴茲勒「保持距離」了。

儘管有這許多挫折，柴茲勒還是不畏懼於把自己的意見向希特勒表白。有一次希特勒開玩笑地對身邊一群馬屁精們說：「我手下元帥們的眼光就和馬桶蓋一樣窄。」第二天柴茲勒向希特勒要求私下談話，然後他毫不客氣地說：「作為一個陸軍將領，我必須對您用來描述我們的元帥們的用語表示異議。希望下次當我在場時，請不要講這種話。」碰到如此直接了當的表達，希特勒也只能握著他的手說：「謝謝。」

總之，柴茲勒一方面扮演希特勒的幕僚，另一方面還得和他「鬥爭」。他在戰後曾經描述他可憐的工作。

「陸軍參謀長只有建議權，他不能指揮東戰場上的行動……這是由希特勒自己掌管的。他連最基本的命令也要自己簽署。有時候他更堅持己見——特別是他注意到我的意見與他不同時。在幾個例子中，我曾拒絕副署他的命令，希望它們可以因此不被執行。遇到令他心煩的

一九四三年初夏的東線，俄軍陣線在奧勒爾以南向西伸出，構成了庫斯克突出部。

事，他的辦法就是把它扔到一邊，再也不提。」

有一件事是柴茲勒可以維護住自己權力的，就是他對最高統帥部毫無信心。柴茲勒早年曾力主國防軍應有統一指揮體系，因此他的上台使最高統帥部認為，從此可以和陸軍總部建立起較密切合作。但柴茲勒很快就表達，不願讓最高統帥部插手管東戰場，他禁止陸總作戰處向最高統帥部提供資訊。照華里蒙特看來，柴茲勒「在東戰場上垂下一道帷幕，使得最高統帥部的作戰部門更無法對戰局有全般的了解。」

柴茲勒在其他地方也表現出「不合作」性格。他拒絕將西線國外情報處的主管權，移交給最高統帥部，雖然目前西線實在是後者的業務。柴茲勒上任對德國高層體系間既存的隔閡，所帶來的影響是負面多於正面。凱特爾認為柴茲勒「愈來愈傾向於把我們從東戰場的決策中排除出去……他害怕我們會影響元首——這是一個既錯誤又目光狹窄的觀點。」

一九四三年春季，由於希特勒在史達林格勒戰後持續的信心不足，使柴茲勒得以有較大的發揮空間。也由於這一陣子希特勒干涉減少，使曼斯坦在發動反攻時不致受到太多的掣肘。現在，柴茲勒有機會使他的庫斯克攻勢成形了。

四月初，四十八裝甲軍參謀長麥命新少將被召到位於魯騰（在距拉斯頓堡一小時車程的森林中）的陸軍總部，向柴茲勒匯報。麥命新報告該軍在最近戰鬥中的情況後，柴茲勒告訴麥命新，他即將發動一場大攻勢，四十八裝甲軍要扮演重要的角色。

四月十一日，柴茲勒向希特勒提出一份備忘錄，主張對庫斯克突出部發動一次鉗形攻勢，這是自一九四一年六月以來屢試不爽的戰法。在突出部北側，第九軍團由強大裝甲兵力增援，從奧勒爾南方發起攻勢，經過波尼里直達庫斯克；在南側，主力是第四裝甲軍團，由肯夫兵團掩護其右翼，從卡爾可夫以北進攻，經由奧波揚到庫斯克，與第九軍團會師。被截斷退路的俄軍部隊將被德軍粉碎，預計可獲得大批俘虜，在德國戰爭工業體系裡擔任奴工。另外在奪回庫斯克之後，由於戰線縮短，可望抽出部分兵力調往西歐，以因應英美兩國的入侵威脅。

柴茲勒提醒希特勒對以往勝利的回憶。一九四二年五月，提摩盛科元帥利用同樣也被德軍三面環繞的伊茲門突出部，發動一次大規模反攻。但俄軍攻擊剛開始，德國南面集團軍總司令波克元帥，立即在希特勒和哈爾德的指導下進行反攻。德軍從兩側攻入，切斷了突出部。北路是包拉斯的第六軍團，南路是克萊斯特的第一裝甲軍團。俄軍準備發動攻勢用的兩個方面軍，被德軍殲滅大半。現在庫斯克又提供了一個類似的成功機會。

柴茲勒有信心，只要十到十二個裝甲師加上步兵支援，就可以達成這場代號「衛城」的作戰行動，不過希特勒覺得裝甲兵力應該更為加強才行。從古德林被任命為裝甲兵總監，可以了解「元首」已經體會到裝甲兵力的不足，他認為唯有大量投入虎式和豹式戰車，才能重建東戰場上的戰略平衡。柴茲勒抗辯說，曼斯坦也只用了五個裝甲師就奪回了卡爾可夫，希特勒回答他：關鍵在於有虎式戰車，它們被編成約三十輛戰車的獨立戰車營，每一個營都「抵得上一個普通裝甲師」。但是，虎式戰車每月只能造出二十五輛。豹式戰車的月產量也在五十輛上下徘徊，而且一直有機械方面毛病——引擎和傳動系統不足以負荷車重、冷卻系統不良、引擎容易起火。雖然就發展潛力而言，豹式優於T－34，最起碼也是平手，但是比起俄國對手，豹式的設計還是複雜昂貴得多。「元首」對豹式充滿信心，他訂下一個雄心萬丈的目標——每月生產六百輛。

「衛城」作戰計劃的具體面貌在四月十一日「第六號作戰命令」中被勾勒出來，希特勒於十五日簽署這份命令。

我決定將「衛城」作戰當作今年度攻勢第一要務，只要天氣許可就執行。本作戰具有決定性的重要地位。作戰實施必須迅速、絕不留情。它能使我方贏得今年春夏兩季主動權，任何準備工作皆須以最謹慎和最急迫態度進行——最好的組織、最好的部隊、最好的指揮官，各師必須分發到大量的彈藥。每名官兵都要了解此次作戰的重要性，庫斯克的勝利將會照耀全世界。我命令：

一、本次作戰目標是以最銳利、協調、無情、快速的方式，將庫斯克地區的敵軍予以圍殲。兩個軍團分別自貝爾哥羅及奧勒爾以南的地區發動攻勢，合作打擊消滅敵軍。這次作戰將使我方的戰線縮短，可以抽調出多餘部隊用在任何地方。新戰線預計將在尼柴卡—克羅查（城市本身不包含在內）—史科羅諾伊—提姆—西齊格里索斯納（本身不含在內）以東的地區。

二、(1)保持奇襲性至關緊要，要使敵人無法確定我方發動攻擊時機。

(2)攻擊部隊集中的正面應儘量狹窄，並配屬大量戰車、砲兵、火箭、迫擊砲等火力支援，務必在一擊之下突破敵陣線並摧毀其戰力。

(3)後續部隊必須儘快前進，在先頭部隊兩側掩護，俾使後者可以全力向前。

(4)在將敵軍四面包圍後，應立刻將其擊滅，不讓其有喘息機會。

(5)攻擊必須維持相當的速度，以避免敵與我失去接觸，或從其他戰場抽調強大預備隊增援。

(6)我方可藉著快速建立一條新防線以節餘兵力，尤其是機動性單位。它們可在適當時機再投入下一階段作戰。

三、南面集團軍將以密集兵力從貝爾哥羅與托馬羅夫卡之間躍出，沿普利列皮—奧波揚之線突破，在庫斯克以東與中央集團軍的攻擊部隊會師。為了屏障此攻勢的東側，我軍必須儘快推進至尼柴卡—克羅查—史科羅諾伊—提姆之線……為了屏障攻勢的西側，當主力部隊合圍之際，也要派出次要兵力向包圍圈前進。

四、中央集團軍的攻擊兵力將從特羅斯拿與馬洛強格斯克以北之間躍出……沿伐提茲—維瑞提諾佛之線突破，將主力集中於東翼，在庫斯克以東與南面集團軍會師。中央集團軍在特羅斯拿以西到南面集團軍地境之間的部隊，[3]在我軍展開攻勢後，將以局部攻擊以牽制敵之打擊兵力，並相機攻入包圍圈。必須持續進行空中與地面偵察，以避免被敵方脫逃，然後我軍將立刻自全線發起總攻。

五、兩集團軍在進行部署時，應盡一切可能達到欺敵目的，不使其獲得我方意圖。自四月二十八日起，攻勢可在陸軍總部命令頒佈後六天內發動。最早的攻擊發起日為五月三日。第一線部隊的運動只能利用夜間，於最嚴密掩蔽下進行……

六、（略）

七、為了維持機密性，本計劃的傳佈應僅以必須得知者為限。任務簡報應至最後一刻方始進行，且內容僅為立刻執行之下一階段。必須確保計劃的任何部分，皆不因大意及疏忽而外洩。對於敵人的情報工作，應加強我方的反情報作業以因應之……

八、由於本次作戰的規模比以往作戰而言較小，故攻擊部隊應將一切無需要之車輛與輜重留置後方……每位指揮官必須確定，只攜帶與戰鬥有關的裝備。所有將領對此必須嚴

3 譯註：第二軍團。

格掌握。交通管制務須嚴密，在前進中不得有任何退後舉動……

九、（略）

十、空軍必須在決定性要點集中投注力量。地面部隊與空軍指揮體系之間，必須立刻開始進行協調，特別注意應保持機密。

十一、為確保本次攻勢的成功，必須避免敵軍在南面集團軍與中央集團軍的其他前線獲致突破，以破壞「衛城」作戰，或迫使我攻擊部隊提前撤回。在本月底之前，其他地段必須完成防禦作戰之準備。在此方面，必須用一切方法以確定防線安全，容易被裝甲部隊攻入的地點，須妥善作好反戰車作戰之準備，各地區的儲備必須完成，並藉據點間詳細偵察以了解敵之意圖。

十二、本次作戰之終極目標如下：

(1)將南面集團軍與中央集團軍之戰鬥地境界線前移至科諾托普（南面集團軍）—庫斯克（南面集團軍）—杜哥伊（中央集團軍）之線。

(2)第二軍團司令部及其所轄之三個軍部、九個師與其他部隊（尚未確定），自中央集團軍改隸南面集團軍。

(3)從中央集團軍在庫斯克西北，抽出三個步兵師供陸軍總部調度。

(4)使大部分裝甲兵力得以撤出第一線，以供其他戰場之用……

十三、各集團軍司令部將使用三十萬分之一地圖，報告所採取之攻擊或防禦步驟……

簽署：阿道夫・希特勒

確認：陸軍總部中將作戰處長郝辛格

「第六號作戰命令」將攻擊日期留供柴茲勒決定，只提及「最早日期」為五月三日——正好在曼斯坦建議發起攻擊的最後時限上。希特勒不願決定日期的原因，是他急著等豹式戰車能夠送上前線，結果就和以往政軍生涯中好幾次前例一樣，在必須作出重要決定時，他反而遲疑不前。

當元首還在貝格霍夫沉思「衛城」作戰時，德軍高層指揮官間已分成兩派：一派支持這個計劃，儘管各自的熱切程度不同；另一派則極度懷疑它是否為明智之舉。反對派以最高統帥部的作戰廳長約德爾為首，他現在還為陸總部把最高統帥部從東戰場「排擠」出去而惱火不已。約德爾認為：目前地中海地區情勢緊張，還把所有後備兵力投在「衛城」作戰上，是極危險的事。

柴茲勒反駁，現在東線德軍實力已經太弱，不能夠「坐以待敵」，而必須爭取主動權。以華里蒙特的觀點而言，柴茲勒不能過問西線行動，因而也不關心長遠的問題，「努力爭取一個完全屬於『他的』攻勢，並且還向希特勒抱怨約德爾總是干涉他的職責」。如此一來，地中海與東線兩個戰場間的關係，就處在高層領導間相互指責的波濤之下。

這時希特勒的想法又變了。在「第六號作戰命令」頒下幾天後，他又打電話給柴茲勒，認為原本的鉗形攻勢幾乎一定會被敵人料中，不如改讓兩個集團軍共同在庫斯克突出部的中央正面上發動突擊。柴茲勒大吃一驚，他於四月二十一日帶著「元首」最喜歡的戰略圖表飛往貝希特斯加登晉見希特勒，說服他改變心意。如此一來，「衛城」作戰的發動又被耽擱了。

其他的人也有不同意見。指揮第九軍團的是摩德爾上將（後來升為元帥），他在德蘇之戰開始時，還是第三裝甲師師長，由於優異表現而被快速拔擢，先升為裝甲軍軍長，一九四二年冬季接任軍團司令。摩德爾講話粗聲粗氣、活力充沛，是一位「士兵的將軍」，也是希特勒的崇拜者。他本來相信，第九軍團可在兩天內突破俄軍防線，但在研究過庫斯克地區的空偵照片後，發覺敵人的防禦縱深超乎預期，因而認為需要更多戰車和多一天的時間。摩德爾的報告使得高層大為緊張，特別把他召到貝格霍夫進行報告和研討。十二個月後，希特勒曾提及，摩德爾要求的「多一天」，以及這所代表攻擊部隊將會遭遇的慘重損失，都使他思之不寒而慄。他決定延緩「衛城」的攻擊發起日。首先延至五月五日，後來又改為九日。

在日期這件事上，古德林也加入了爭執。這位新任的裝甲兵總監自三月底上任以來，就馬不停蹄奔走各地。他訪問許多東戰場上的前線單位，在希特勒近衛師和大德意志師的巡視中，了解到虎式戰車的戰術與技術問題；他與軍需部長斯皮爾會面，商量如何提高虎式戰車產量。他參加一次由空軍參謀總長顏雄尼克上將主持的簡報，發現這位將軍「非常疲憊，情緒極為低落」。和施密特侍衛長討論北非地區日益惡化的局勢，他也主張立刻將有經驗的戰車乘員與技工抽調出來，但未獲通過。四月二十九日，在貝格霍夫的另一次會議中，他與凱特爾、斯皮爾及最高統帥部陸軍部門主管畢勒將軍討論裝甲部隊的組織與裝備問題。[4]古德林主張把駐西西里的虎式戰車單位調回以保衛義大利本土，未獲同意。他到巴黎與西線總司令倫德斯特元帥會談，並視察「大西洋長城」的防務。古德林的法國之行被希特勒的一封電報打斷，命他趕回慕尼黑進行一場會談。

古德林在五月三日見到希特勒，他堅持將「衛城」作戰延後，以使虎式戰車各種嚴重的技術缺陷能夠改善，而戰車產量也可增至斯皮爾的目標：五月，一千一百四十輛；六月，一千零五輛；七月，一千零七十一輛。同時，五月份也可以測試剛服役的豹式戰車、象式驅逐戰車與黃蜂式自走砲（在四號戰車底盤上加裝一門一五〇公釐榴砲）。事實上，古德林在會議上根本就是大發脾氣，要求暫緩發動這次他本來就不贊成的攻勢。照古德林看來，德國在這一年內真正該做的事，是儲備裝甲實力，以因應聯軍在西方的入侵。

始終不能下決定的希特勒，在第二天召開了一場更大的會議，主要出席者有曼斯坦、克魯格、柴茲勒、摩德爾、古德林與斯皮爾。希特勒先花了四十五分鐘介紹東戰場的全般狀況、柴茲勒的進攻計

4 作者註：畢勒的職位正代表著德軍高層機構間職權的混淆不清。畢勒也可以跳過他的頂頭上司凱特爾直接向希特勒報告。

劃、摩德爾的保留意見。古德林後來寫下從摩德爾的空中偵察中所得的結論。

「在我方兩個集團軍預定發動攻勢的地區，俄國人布置了縱深極強的防務。他們已將大批機械化兵力從突出部前緣後撤，由於預期到我方將採取鉗形攻勢，在我方可能發動突破地區，已部署超乎平常數量的砲兵與反戰車武器。摩德爾作下了正確的結論：敵人已經算準我們將要發動這場攻勢，我方已經失去「攻其未料」的優勢，因此應該徹底打消這個念頭。」

希特勒首先發言，他表示他被摩德爾的話深深打動，不過這場攻勢已經是既定政策了。曼斯坦接著要求發言，他抱持觀望態度（照古德林看來，是在為自己打算），認為如果在四月進攻大有希望，而現在就不一定了。曼斯坦說，必須在第一波攻擊中再加進兩個配備齊全的步兵師，否則就不該發動。希特勒回答，已經沒有更多的師可以抽調，並且問曼斯坦，在如此情況下的立場為何？古德林回憶：曼斯坦並沒有給元首任何肯定的答覆。

再來被諮詢意見的克魯格，熱烈支持柴茲勒的計劃。古德林馬上接口，宣稱「衛城」根本是沒有目標的作戰。

「我們才剛剛把東線部隊重新整備好。如果我們實行這個計劃，必然會損失大量的戰車，在一九四三年結束前都無法彌補回來。反之，我們應該將新造戰車放在西線，作為對抗聯軍登陸的機動預備兵力——他們一定會在一九四四年登陸。」

古德林又把話題轉回柴茲勒寄予厚望的豹式戰車。他再次聲明，發展過程遭遇的種種問題，必然會影響豹式的生產，沒法保證趕得上攻勢發動。在這一點上他有斯皮爾的堅決支持。其他的人都支持柴茲勒的計劃，並反對再把時間延後，以免俄軍繼續強化庫斯克地區已經很堅固的防務。不過，這場三個小時長的會議結論還是「延期」：希特勒決定將攻勢發起日期改到六月中旬。

六天後，古德林又被希特勒召到柏林，去參加一場關於豹式戰車生產的無聊討論。在會中，古德林抓著希特勒的手，懇請他放棄「衛城」計劃，強調「衛城」只會耽誤西線防禦的準備，而不可能得到划算的後果。到最後，古德林簡直像哀求般地問：「你到底為什麼今年一定要在東線發動攻擊呢？」一直在旁焦慮地轉來轉去的凱特爾，這時插嘴回答：「為了政治性理由，我們一定要攻擊。」古德林繼續努力，他用不顧一切的口吻說：「有幾個人曉得庫斯克在哪兒？我們拿下它與否，全世界都不會關心……究竟我們今年在東線發動攻勢的目的是什麼？」這時希特勒表示，每當想到「衛城」的風險時，他也不禁反胃。古德林立刻說：「對呀。你對這件事的反應是正確的，讓它去吧！」不過希特勒最後表示，還是決定支持柴茲勒。

凱特爾所說的「政治性理由」非關軍事實況，而是德國必須打一場勝仗來激勵各軸心盟國日益低落的士氣。五月十日，北非突尼斯的橋頭堡被攻破，德義聯軍三天後全部投降。地中海情勢使希特勒大為緊張，墨索里尼愈來愈控制不住他手下早已厭戰的官員。

五月八日，希特勒接獲一份報告，指出在西班牙海岸發現一具英國軍官的屍體，身旁攜有聯軍入侵巴爾幹的計劃——就是英國人特別安排的「餅餡」行動。德軍高層間對這份計劃的可信度看法分歧。最高統帥部和軍事情報局局長卡納里斯上將都相信這份由英國蒙巴頓上將手下的「馬丁少校」銬在手腕上的皮箱內取得的文件。希特勒雖然一開始感到懷疑，但是當盟軍擺出威脅伯羅奔尼撒等地的態勢後，他也相信盟國的目標是巴爾幹。以往就篤信敵人會在巴爾幹登陸的希特勒，完完全全上了英國人的當，因而重新安排已經布置好的兵力。六月初，古德林努力阻止最高統帥部把第一裝甲師調到希臘去防禦聯軍的入侵。該師剛剛補充足額，並且擁有全軍第一個豹式戰車營。在古德林力爭之下，豹式戰車總算以車身太寬，不適合當地狹窄道路與橋樑的理由而留下，而「我們很快就會在俄國急著要用」的第一裝甲師其他單位，還是被派往希臘去了。

這是典型希特勒式猶豫不決作風的表現。他對失去突尼西亞感到沮喪，也擔心敵人對義大利日益升高的威脅。如果連巴爾幹半島也丟了，那麼他就連最後的盟國（儘管它們其實意志不堅）也沒了，還會失去羅馬尼亞的石油、鋁土、鉻與銅，這些物資都是維繫戰爭工業於不墜的命脈。當希特勒不斷搭飛機來往於柏林、拉斯頓堡與上薩爾斯堡間時，緊張正在嚴重侵蝕他的身心。到五月中旬，私人醫生莫里爾博士——這位肥胖的蒙古大夫被侍從人員戲稱「帝國注射大師」——必須用份量愈來愈重的通便劑，來對付他的便祕症。在這段期間，曾有一段對他身體狀況的觀察紀錄留下來，寫這段話的人是希維林中將。

「我按照指定的方式報告，希特勒走向我，像是被沉重的擔子壓得背脊傴僂，拖著遲緩疲憊的步伐……希特勒完全不行了，在他發楞的時侯，我看見他沒有光彩的眼中閃著不自然的藍色……無庸置疑，那種眼睛絕對是病人才會有的。也許已經有人不只一次告訴過他這件事了。」

五月十五日，希特勒召集將領進行了一次祕密會議。他在會議中強調義大利和匈牙利的關鍵地位，重申他對墨索里尼的信任，再度表明他對這位義大利獨裁者個人安危的憂慮，他還強調必須要阻止敵人在「帝國」疆域上開闢第二戰場的企圖。將領們對他所提的第一要務並不懷疑，隨著義大利方面愈來愈緊張，需要從東線抽出至少八個裝甲師和五個步兵師；匈牙利可能也得派兵佔領。希特勒最後作了一個令人大吃一驚的結論，宣稱為彌補抽走部隊帶來的空隙，只好縮短戰線，因此不排除在東線改採轉進式戰略，包括撤離奧勒爾突出部及頓內次地區。這兩個地方正是他二月與曼斯坦會面時，說什麼也不肯放棄的。速度也是執行此種計劃的要素，因為那些在史達林格勒被殲後重建的師，至少還要兩個月才能完成戰備。

五月十五日的會議至少在兩點上意義非凡：第一，希特勒至少在暫時，清楚地放棄了以往「寸土必爭」的執著，並開始考慮曼斯坦提出的戰略守勢方案。第二，他決心支持一個已經不再靠得住的盟國，甚至優於「衛城」作戰的執行。柴茲勒的計劃實行與否，依然是懸而未決。

如果德國軍界高層能曉得，俄國人是如何準備庫斯克地區的防務，摩德爾的疑慮就很可能會導致對「衛城」作戰作重新的評估了。但是德國情報單位對「山的那一邊」[5]了解的卻不夠多，這使德國人深感困擾。相反地，蘇聯卻對「衛城」計劃的各個細節知之甚詳，因為不斷有人提供情報給他們。俄國人雖然不知道這項情報的真正來源，卻把它當作是最重要情報來源，給予完全的信賴。這些情報來自破解德國通訊密碼的英國代號「極端」（Ultra）的情報網，完成這項工作的是位於布萊德利公園的「政府密碼與暗號學校」——這要算是英國人在戰時最傑出的科技成就之一。

「極端」情報網的來源是德國三軍使用的「謎」（Enigma）式機械密碼系統，它於一九三五年被德軍採用作為標準裝備。「謎」密碼機外觀很像一般手提打字機，內部構造卻複雜得多。當一個鍵被按下時，內部的齒輪系統會把輸入字母轉換成另一個字母輸出，這種替換沒有邏輯可循，在兩百兆次之內不會重複。德國人對「謎」密碼機處理過的訊息安全性信心十足，因為外表看不出什麼可以辨識的模式，根本就無法破解。

他們錯了。一九三〇年代，波蘭與法國的情報單位就已開始鑽研「謎」密碼機的祕密。一九三九年七月，他們把研究成果提供給英國，英國人在希特勒侵入波蘭前兩週，才弄到一台「謎」密碼機。

在布萊德利公園，英國密碼專家全心針對它的主要弱點，就是操作者必須在每項訊息前加上一串重複的相同字母，藉此發現了一些模式。布萊德利的優秀數學家們因而得以破解這些訊息，明瞭它們的意義。最後，一旦截獲使用「謎」式系統的訊息，「極端」就可以即時破解。但是德國人直到戰爭結束，都還不曉得自己的密碼早就被破解了。

為了保護「極端」安全無虞，其情報只傳給適當且經嚴格篩選過的對象。英國從一九四二年初起與美國分享這項祕密，稍後才傳給蘇聯，但並不說明消息從何而來。而在較早的一九四一年六月，英國人曾藉由「極端」研判出的敵情，兩次警告史達林「巴巴羅沙」作戰已經迫在眉睫。六月十二日，英國外相艾登與聯合情報委員會主席卡文迪．班廷克，交給蘇聯駐英大使邁斯基關於德軍攻擊計劃的詳細證據，並指出入侵將於六月二十二日發動，但史達林不相信。差不多同時，蘇聯在瑞士情報網的第二號人物富特也提出相同的警告，內容還包括了德軍的戰鬥序列、攻擊目標、作戰發起日期，史達林還是不肯採信。

富特是一名雙面諜，他在戰前就被英國丹希中將領導的祕密「Z」組織吸收。英國人希望藉此了

5 譯註：The other side of the hill，出自英國著名將領威靈頓公爵的說法，他經常在行軍途中喜歡與部屬猜測每座山的另一邊的地形來消磨時光。威靈頓屢屢猜中，部屬大感驚訝，公爵答道：「你知道為什麼嗎？為了猜測山另一邊的情況，我付出了一生的精力。」威靈頓的「山的那一邊」後來被延用到軍事上，形容擁有更為寬廣的感知能力，從而知道「山的那一邊」正在發生什麼事情，了解對手究竟在想些什麼。這是將官在推斷時應當具備的想像力，也成了情報功能的代名詞。

解及滲透蘇聯在瑞士的諜報活動。由於中立國地位，瑞士成為間諜的樂土，各敵對政權的代理人也常選在此地偷偷會面。富特負責將英國人透過「極端」得到的情報告訴史達林，而他自始至終都沒有透露消息是怎樣來的。

富特並非將「極端」情報遞送出去的唯一管道。另一位為英國人在瑞士工作的雙面諜杜本多佛，是國際聯盟旗下國際勞工組織中一個共黨小組的組長。英國人把某些挑選過的情報，透過幾個代理人提供給他，包括日內瓦英國領事館的領事法瑞爾，或是賽德拉斯克，後者任職於捷克流亡政府效率卓著的情報單位，與英國同行有密切的合作。

杜本多佛和賽德拉斯克都將情報交給羅斯勒，他是一位德國移民，在洛桑開設一家反法西斯出版社。羅斯勒在一九三三年，也就是希特勒上台的那年遷居瑞士，仍與德國境內一些反納粹的高層人士密切往來，從此得知許多德國軍政發展的情報，提供給瑞士諜報單位。許多此類情報流入蘇聯在瑞士的情報網，被送回莫斯科。羅斯勒的代號是「露西」（Lucy），「露西」已經成為蘇聯在瑞士情報網的樞紐。不過「露西」和其他情報大師不同的是，那些使莫斯科印象深刻的情報並非直接來自拉斯頓堡，而是來自布萊德利公園三號屋。「露西」只是英國人將「極端」所得情報交給俄國人，而不讓對方知曉來源的方法之一。德國人一直不知道「露西」的真實身份，雖然到一九四四年時瑞士當局在知悉羅斯勒的一些活動之後，將他置於保護之下。俄國人從頭到尾也不曉得，在足智多謀的富特操盤之下，他們在瑞士的所有活動都被英國人所控制。

「衛城」計劃反反覆覆的準備過程，正好為布萊德利公園的專家提供了絕佳的解密環境。隨著準備時間愈來愈長，高層之間爭執愈來愈多，就有更多的電訊被英國人截獲、破解、作為情報使用。「露西」在先前曼斯坦發動反攻時沒能派上用場，因為德軍許多關鍵性決定都是曼斯坦在集團軍部自行下達的，因此「露西」沒有什麼消息可以提供給俄國人，這次卻能將德國高層的一舉一動通知莫斯科。四月八日，富特的上司拉多將下列消息通知莫斯科：「德軍高層指揮之間的意見不合，已使對庫斯克的進攻延至五月初。」而「第六號作戰命令」的各項細節，包括它為了吸引俄國人注意而對高加索發動的佯攻——「豹」作戰，也都被傳給了莫斯科。四月二十日，當希特勒慶祝五十四歲生日時，拉多向莫斯科報告了「衛城」再度延後的消息，並指出新的攻擊日期將是六月十二日。五月七日，莫斯科方面擔心希特勒又改變心意，要求「露西」提供德國方面最新計劃的情報。九日，拉多發了一份長電訊，詳述敵方高層的意圖，以及斯皮爾向希特勒保證，到五月三十一日將有三百二十四輛豹式戰車可用的消息。總之，藉由「露西」，史達林對「衛城」準備過程中的每個新發展都瞭如指掌，沒有其他任何一個情報來源能提供如此巨大貢獻。

曾有觀察家形容史達林的大小事一把抓作風是「他是他自己的總司令、自己的國防部長、自己的軍需官、自己的後勤部長、自己的外交部長，甚至還是自己的禮賓司長」。如今，「總司令」、「國防部長」、「軍需官」、「後勤部長」的史達林正在籌劃將部隊調往庫斯克，而「外交部長」史達林則正和英、美爭執在歐洲北部建立「第二戰場」的問題。

史達林在二月二十三日對紅軍頒布的每日命令中，對盟軍在北非的勝利略過不提，強調「蘇聯正在擔負整個戰爭的重擔」。他也完全不提到，在租借法案下輸入的大批西方物資，已成為維繫蘇聯戰爭工業於不墜的主力。

史達林對於邱吉爾在地中海方面反攻的戰略並不支持，儘管他先前曾經贊同過這種主張。他也不相信英國外相再三向他保證，英、美的戰略轟炸已對德國造成嚴重傷害。他不斷要求，盟軍必須在一九四三年夏季結束之前反攻法國。三月十六日，他告訴羅斯福：「基於我的責任，我要提醒你，在法國儘快建立第二戰場是非常重要的事。尤其對我們來說更是如此，必須從西方打擊敵人，不能拖延，它應該在今年春天或初夏發動。」

六月四日，西方盟國以正式管道通知史達林，先前預估於八、九月間就可對德國實施左右夾擊的想法過於樂觀，必須延至一九四四年春季。史達林抱怨這個決定「為蘇聯帶來了意料之外的困擾……蘇聯軍隊不僅是為自己的祖國而戰，還得為盟國賣命，幾乎是獨自去承擔所有的任務」。

史達林在波蘭問題上也與邱吉爾處於敏感對立。為和在倫敦的波蘭流亡政府打對台，他在莫斯科扶植一個名為「波蘭愛國者聯盟」的傀儡組織，並在蘇聯境內組織了一萬人的波蘭軍隊「塔多茲・柯斯辭科」師。四月十三日，德軍在斯摩稜斯克附近克蘇格瑞地區一片名為卡廷的森林，發現了一個萬人塚。在三十碼長、十七碼寬的大坑中，躺著三千具腐爛的波蘭軍官屍體，一共疊了十二層。這些屍體都還穿著軍服，大衣被拉高遮蓋頭部，雙手反綁，口中塞了鋸屑，死因是被手槍子彈由後頸射入。

當天晚上柏林的廣播就披露了這件恐怖的消息，後來又從當地掘出另外七千具屍體。

從蘇聯佔領波蘭東部的一九三九年九月，到一九四一年六月德軍征俄其間，成千上萬的波蘭士兵、官員與平民曾被俄國人拘禁，其中約一萬五千人從此下落不明。德國人在卡廷森林發現的萬人塚，或許解答了他們的命運之謎。戈培爾當然不會放過控訴俄國人暴行的機會，努力地宣揚屠殺事件，聲言這些波蘭人都是被俄國人謀害的。將近三千具遺體的身分被辨認出來，其中絕大多數屬於軍官、知識份子、大學教授，他們生前最後被人看到，都是在俄國的囚營中。部分屍體上甚至發現特殊傷痕，只有俄軍使用的四稜刺刀才會造成。

對於卡廷森林大屠殺，蘇聯矢口否認一切指控，但在倫敦的波蘭流亡政府私下相信是事實。不過英國人此時關心的是如何維持聯盟，而非波蘭人的民族情感，因此保持緘默不發表意見。德國同意由紅十字會進行調查，但史達林則悍然拒絕。史達林峻拒調查，雖然對蘇聯造成一些困擾，但也製造趁機與倫敦的波蘭流亡政府斷絕關係的機會。現在流亡政府的波蘭人面臨進退維谷的窘境，因為史達林聲言，戰後歐洲需要一個「友善」的波蘭，要求西方取消對流亡政府的承認。到一九四三年底，由於流亡政府堅持戰後波蘭疆界必須維持戰前局面，他們終於被邱吉爾所揚棄了。

波蘭算是史達林成功予取予求的例子。但是除了卡廷事件以及與邱吉爾在「第二戰場」上的爭執之外，通常史達林不致對同盟國方面的聯合關係造成威脅。唯一例外是一直有傳言說，德國正試圖單獨與蘇聯達成停戰。在一九四三年五月的勞動節演說中，史達林一再向邱吉爾與羅斯福提出保證，所謂他聲稱「和平試探」，完全是德國人放出的圈套，並讚揚「盟國在的黎波里坦尼亞、利比亞與突尼西亞的光輝勝利」，以及「英勇的英美空軍健兒」，他們「給了德、義兩國沉重的打擊，為在歐陸開闢第二戰場打下了先聲」。五月二十二日，為向英美兩國表示蘇聯不再對世界輸出共產革命的新政策，史達林撤銷了共產國際。

四天以後，史達林接獲羅斯福的非正式會面邀請，「在白令海峽的俄國那邊或美國這邊」。史達林表示他很遺憾不克參加，因為現在必須全力投注於戰場局勢上。「我們相信今年夏天——可能早至六月——希特勒將會發動一場新攻勢」。當史達林正與盟邦們討價還價時，「大本營」正在為預期中的敵軍攻勢作準備。三月底俄軍情報單位評估：在奧勒爾、貝爾哥羅與卡爾可夫地區之內，德軍部署了約六十個師，其中有二十個裝甲師，並在卡爾可夫地區發現一個極具威力的「打擊群」，其中包括「大德意志」、「希特勒近衛」、「骷髏」與「帝國」等四個師。在庫斯克突出部的北肩部，羅柯索夫斯基的中部方面軍要面對德軍的十七個步兵師與八個裝甲師；而在突出部南肩部，估計有十三個步兵師與四個裝甲師集中在貝爾哥羅，面對剛由范屠亭接任的弗洛奈士方面軍；再向南，估計德軍有步兵師與裝甲師各九個，面對馬林諾夫斯基的西南方面軍。

三月間，曼斯坦的反攻剛因春季泥濘而停止，史達林就擬定了一份雄心萬丈的計劃，預計由中部方面軍與弗洛奈士方面軍發動攻擊，目標是推進到聶伯河。中部方面軍將指向戈梅爾，為下一步肅清白俄羅斯預作準備；弗洛奈士方面軍先奪回卡爾可夫，然後拿下頓巴次工業區。但是現在德軍集中在庫斯克突出部的南北兩側，反而對中部方面軍和弗洛奈士方面軍造成威脅，使史達林先前預想的攻勢顯得太過魯莽。於是從四月初開始，史達林、「大本營」、參謀本部與各方面軍指揮官，便集合起來討論如何應付德軍明顯的攻勢企圖。

在這件事情上，朱可夫擔負了重大責任。三月三十一日起，他開始在庫斯克突出部展開廣泛的視察行程，「幫助各前線指揮官評估狀況，為他們的不滿解釋，並告訴他們一旦敵人進攻時，最好的因應方式為何」。他對弗洛奈士方面軍特別注意，兩度造訪第五十二親衛步兵師的防區。這個師負責屏障奧波揚，當地正是朱可夫相信敵人攻勢重心所在地。當他將全副精力放在弗洛奈士方面軍的各個要害地段上時，法希里夫斯基督導三個方面軍，共同進行一場大規模的空中及地面偵察。這次偵察獲得了相當多的情報，因此朱可夫於四月八日向史達林提出了一份詳盡的報告。

> 致瓦西耶夫（Vasilyev）同志（史達林在密電中的化名）：
>
> 以下是我對敵人於一九四三年春季與夏季可能行動的判斷，以及未來不久時間內我軍防務作戰的結論。
>
> 一、在一九四二年至一九四三年間的冬季戰役中，敵人受到嚴重損失，因此無法在春季調集大批預備兵力進攻高加索及伏爾加河，藉此達成深度透入，從側翼包圍莫斯科。
>
> 由於缺乏大量預備隊，敵人在一九四三年春季與初夏的攻勢，將局限於狹窄的正面

上。預期敵將隨戰況發展，階段式地擬定計劃，以達於一九四三年內攻取莫斯科的目的。

根據在我方中部、弗洛奈士和西南三個方面軍當面的敵軍部署，我相信其將對此三個方面軍發動攻勢，以期在此地區內擊敗我軍，藉此向莫斯科作側翼攻擊。

二、敵人在第一階段將明顯集中大批部隊，包含十三到十五個戰車師（即裝甲師）以及大量的空中支援。其集中在奧勒爾—克羅米地區的部隊，將由庫斯克東北方穿過；貝爾哥羅—卡爾可夫地帶的敵軍，將由庫斯克的東南方穿過；可能對我軍陣線的正面發動一場輔助性攻勢，自弗羅佐巴附近向東進攻，位於塞姆河與普賽爾河之間，由西南面直指庫斯克。

在這場攻擊中，敵將試圖包圍我第十三、十七、六十五、六十、三十八、四十與二十一等軍團，其階段目標為建立由克羅查河經克羅查鎮、提姆鎮、提姆河至德羅斯科弗之陣線。

三、在第二階段中，敵人可能對西南方面軍的側翼與後方發動攻擊，其大致方向係朝向瓦魯基與烏拉佐弗。為配合此一攻勢，他們可能於李希強斯克地區向北發動另一個攻勢，向斯伐托弗與烏拉佐弗前進。此外，敵軍的目標是推進至李夫尼—卡斯托諾伊—史塔瑞歐斯克—諾維歐斯克之線上。

四、在第三階段中，敵軍在完成相當的重整之後，將試圖進至李斯法—弗洛奈士—葉勒茲之線上。然後在他們完成其東南側翼之掩護後，將經由蘭能堡、黎澤斯克與黎山，向莫斯科的側面進攻。

五、我們可以確定，敵人今年的攻勢將主要依賴戰車與空軍，因其步兵的整備狀況似乎甚至比去年更差，遠不及足以發動攻擊之水準。在中部方面軍與弗洛奈士方面軍前方，敵現有十二個師的戰車，如再自其他前線地段抽調三個到四個戰車師，便可以十五至十六個戰車師，總數兩千五百輛戰車的兵力，向我軍在庫斯克的防務發動攻擊。

六、為因應此一威脅，我軍應加強中部方面軍與弗洛奈士方面軍之反戰車實力，並儘快由最高統帥部轄下預備兵力中調出三十個戰防砲團，用於受威脅地區，並集合所有之突擊砲團於李夫尼—卡斯托諾伊—史塔瑞歐斯克（位於線後）之線上，並將這些團級部隊的一部分，立刻撥交羅柯索夫斯基與范屠亭。同時我方還要儘量地集中空軍，以配合戰車與步兵，對敵之攻擊部隊發起打擊，破壞其進攻計劃。

對我方預備兵力之最終使用方式，目前尚未定案。但我認為它們應在葉夫瑞莫夫、李夫尼、卡斯托諾伊、諾維歐斯克、瓦魯基、羅索許、李斯基、弗洛奈士與葉勒茲等地集結，其中大部分應部署於葉勒茲與弗洛奈士周圍。更內層的預備隊集中地應在黎澤斯克、蘭能堡、米區林斯克與塔姆波夫。此外，在土拉與史達林諾格斯克地區，應部署一個預備軍團。

我認為，如果我軍近日先發動一場攻勢，藉以阻止敵之進攻，並非明智之舉。較好辦法是讓敵軍先在我方的防禦戰中磨耗殆盡，摧毀其戰車兵力，然後我們才投入生力軍，發動全面性攻勢，最後殲滅他們的主力部隊。

康士坦丁（朱可夫的化名）一九四三年四月八日〇五三〇時

這份電文充分展現了朱可夫敏銳的風格。他的作戰方式出自一九四一年冬天臨危受命的莫斯科攻防戰經驗，再加上深思熟慮演變而來。他先仔細評估敵人潛在弱點，同時把紅軍的主力投於此處。利用防禦部署把德軍的進攻兵力與戰車「磨光」，然後才把生力軍投入戰場，全面攻擊消滅敵人。總結來說，朱可夫的戰爭原則就是「殘酷」、「簡明」。

四月十日，朱可夫在法希里夫斯基的支持下到弗洛奈士方面軍。法希里夫斯基完全贊同其論點，兩人很快就在戰術預備隊和戰略預備隊的配置，以及「這場作戰的特性」上取得共識。他們以「大本營」名義下令部署預備隊，並在庫斯克後方新成立一個「大草原方面軍」。他們將此計劃提交史達林簽署，然後召集各方面軍的指揮官與參謀解釋要點。

中部方面軍參謀長馬里寧首先起而表示異議。馬里寧評估：「根據一九四一年至一九四二年的攻勢作戰結果來看，我們可以想見敵人在一九四三年的春夏季攻勢，將會把攻擊地域限制在庫斯克—弗洛奈士方面。」因此，俄軍不應坐待敵人進攻（馬里寧認為德軍最早會在五月中旬發動），而應該結合西部、布里安斯克與中部方面軍去爭取主動，先攻擊敵軍在奧勒爾周圍的集結作業，奪取摩特森斯克—奧勒爾—庫斯克的鐵路，使德軍無法利用布里安斯克的鐵公路中心，對庫斯克突出部北側面發動攻擊。

兩天後，「大本營」收到弗洛奈士方面軍的一份意見書，由范屠亭、政委赫魯雪夫、參謀長克曾尼維齊共同署名。這篇意見書的大意是，

> 敵人的意圖是一場向心式的攻擊，分別由貝爾哥羅向東北進攻，以及自奧勒爾向東南進攻，其目的在於包圍我軍在貝爾哥羅—庫斯克以西之部隊。然後我們可以預期，他們將向東南攻擊西南方面軍的後方與側翼，以使他們在未來能夠向北前進。
>
> 但是，敵人也可能根本在今年內不往東南推進，而於完成在貝爾哥羅與奧勒爾之間的向心攻擊後直接攻向東北，指向莫斯科側面。我們必須牢記這種局面的可能性，並及早預作準備。

這個報告使得史達林又為之迷惑，到底該不該先發動攻擊？德軍今年是否會再度對莫斯科進攻？不過朱可夫卻有很充分的理由反對先動手，因為「我們的戰略預備隊還在組織當中，而且弗洛奈士方面軍與中部方面軍才在先前的戰鬥中受損嚴重，亟需人員、武器與裝備的補充」。

朱可夫一直和史達林保持電話聯繫，於是他才剛到弗洛奈士方面軍，便被電召回莫斯科。朱可夫

於四月十一日回到莫斯科，法希里夫斯基先與他會面，告訴他史達林要求他們對其作一次地圖簡報，讓他了解今年春夏季作戰的細節。為了準備這場報告，朱可夫、法希里夫斯基與安托諾夫在十二日整整工作了一天。三個人都同意，德軍將自奧勒爾與貝爾哥羅出發，對庫斯克發動大規模的南北夾攻，而在東線其他地段維持守勢。由於德軍兵力不足，無法在整條戰線上都發動進攻，因此會在庫斯克「不惜任何代價」摧毀中部與弗洛奈士方面軍，以求重建戰略平衡。

十二日晚間，朱可夫、法希里夫斯基與安托諾夫帶著工作成果向史達林報告，史達林「比起過去任何一次都還要仔細地聆聽」。他同意目前庫斯克地區正遭逢危險，但仍然基於偏見堅持，必須保護通往莫斯科之路的安全。雙方最後妥協之下，俄軍的要務是在庫斯克突出部內建立縱深廣大的防禦體系，但也要兼顧「各主要交通軸線」。部隊將進行壕溝防禦戰，如此最能發揮其長處。同時也將在庫斯克東方部署一支強大預備隊，作為增援之用。

但是史達林還是陷於困擾中，對於所下的決定總是不放心，這一點倒和希特勒為了是否發動「衛城」所苦並無二致。當「元首」藉著一次次延期來逃避對「衛城」下決定時，史達林又收到范屠亭一份報告，主張應對貝爾哥羅—卡爾可夫地區的德軍集結作業，發動擾亂性攻擊。史達林到一九四三年春季都還籠罩在擔憂之中，的確就以往歷史看來，德軍每次一發動攻勢，都能立即獲得戰術性與作戰上的成功，所以他實在不能不對范屠亭「先下手為強」的建議動心。一直到五月中，朱可夫、法希里夫斯基與安托諾夫終於才按捺住了史達林的念頭。根據朱可夫回憶。結果史達林，

「堅定地要以砲兵火力來迎擊德國人攻擊，再加上空中攻擊和用戰術與戰略預備隊去還擊。在削弱他們的實力之後，我們就對貝爾哥羅—卡爾可夫地區發動大規模反攻，然後更要沿著整條戰線，在各主要方向上發動攻勢。我軍擊潰庫斯克突出部的德軍以後，最高當局計劃要光復頓內次盆地，乃至聶伯河以東的烏克蘭地區，拔除敵人在北高加索塔曼半島上的橋頭堡，推進到白俄羅斯東境，為把敵人完全逐出蘇聯國土預作準備。」

第六章
備戰

你可以向我要任何東西，除了時間以外。

——拿破崙

一九四三年春天，當希特勒逐漸作下「衛城」作戰的決定時，庫斯克突出部周圍的德軍正趁著這個空檔，享受在東戰場上最長的太平歲月。此時德國陸軍總部與蘇聯大本營正忙著擬定各自計劃的細節，前線部隊就進行整補、訓練。當然這段沒有戰事的日子，也正代表著未來將面臨的危險。

四月，德軍第一〇二步兵師被派往奧勒爾加入第九軍團，他們穿過斯維斯克時，第一次看到自敵人手中虜獲的美製M4「薛曼」戰車，以及其他美國租借法案的證據，包括肉類罐頭、巧克力、蛋粉、牛奶等等。這使得一〇二師的官兵們充分了解，宣傳機構所說「空軍正阻擋聯軍的運輸」是怎麼一回事。

一〇二師一直走到奧勒爾以南二十英里才停下來，與第七步兵師為鄰。第七師的兵員來自巴伐利亞，部隊還自釀了好幾桶五十公升裝的啤酒，而一〇二師的西利西亞人樂於拿配給到的法國干邑白蘭地，去和第七師交換啤酒。蒙德是一〇二師八十四步兵團的一名年輕軍官，他回憶巴伐利亞人對他們的駐地毫無好感，說只有大量酒精才能使它較能令人忍受。但是對蒙德來說，這片點綴著農莊與蘭花的土地，在藍天之下簡直就像是天堂了。

他們和當地民眾的關係也很好，因為許多西利西亞人都能說波蘭語或俄語。團裡還派出軍醫和看護兵，幫當地農民接生嬰孩或治療病患。衛生單位最近還得應付斑疹熱的流行，這種病一直困擾著東線上的德軍，對人力資源和部隊士氣都有影響。由於新發展的疫苗缺貨，所以只有軍官接種，沒想到打了針的人都病倒了，唯一例外是醫官本人，誰也不曉得他是否根本沒給自己打針。所幸所有的人後來都康復了。

除了新疫苗之外，另一種新藥也同樣不受歡迎，醫官收到一種殺死蝨子和跳蚤的新藥，這是一種叫做「勞賽多」（Lauseto）的刺激性棕色粉末，由希特勒的私人「御醫」莫里爾博士發明的。莫里爾希望藉此在「元首」面前大為走紅，不過官兵們發現「勞賽多」一點用都沒有。蒙德的同事們做了個實驗，把活的蝨子扔進一小撮「勞賽多」粉末裡，發覺它們似乎沒顯現出什麼痛苦的樣子。唯一對付蝨子的方法，是在襯衫和長褲的縫隙裡狠狠大搜特搜一頓。有些人甚至把內衣褲放到水裡煮沸，結果使它們縮水了好幾號。

而在突出部的南方，許穆克是第七裝甲師砲兵團的一名年輕軍官，該師隸屬第三裝甲軍。他在一個叫齊庫尼的小村裡發現了市集，並驚異於這個小村雖被集體農場環繞，但人民都很友善而沒有奴性。在一次休假中，許穆克前往卡爾可夫看歌劇，跟著他去的是一名叫弗拉地米爾的駕駛，他幫許穆克擔任翻譯。許穆克深深被演員們的芭蕾舞步所打動，並且結識了一位叫娜塔莎的十八歲舞者。他們很快就墜入愛河，在卡爾可夫的一間房子裡約會。許穆克完全被這個相信世上有魔鬼、樹妖和女巫的女孩子給迷住了。

有一天，師長芬克將軍把許穆克召去共進晚餐，因為芬克要接待來訪的史佩德將軍，許穆克與史佩德一樣是史瓦賓人（Swabian），所以負責擔任陪客。芬克以往常公開批評史佩德，希望藉著這次晚餐和史佩德重修舊好。晚餐設在帳篷裡，在一張嘎嘎作響的折疊木桌上擺著精緻的銀餐具，它們是從一艘停在法國土倫港的軍艦上被「解救」出來的。「這樣它們就不會被戈林那傢伙弄走了。」芬克開心地解釋，等到戰爭結束，他要把它們還給法國艦隊的司令官。史佩德看到桌上的排場，表示讓自己想起巴黎的高級餐廳。可是晚餐的內容卻只有簡單的配給食物，芬克帶著諷刺的口吻說：「這一切我們都要感謝元首。」許穆克注意到史佩德眼中一閃，表現出了解弦外之音的意思。史佩德在晚餐中，批評希特勒不該一直延緩「衛城」作戰的時間。等到晚餐結束，他收到一個驚喜——一個由士兵組成的合唱團，特別為他演唱史瓦賓民謠。許穆克記得，當史佩德離開時，雙目都飽含淚水。

焦急不耐的人不只是史佩德，還有胡諾斯多夫中將，他是第三裝甲軍的第六裝甲師師長，是一位經驗豐富的戰車指揮官。五月二十二日，他在卡爾可夫與麾下重要幹部舉行會議，還享用了一頓由烏克蘭廚師烹調的大餐。幾杯酒下肚之後，胡諾斯多夫開始批評：德軍的數目根本就不足以突破俄軍在庫斯克的防線，整個作戰根本「違背了戰場上的領導原則」。不只一個出席者聽到，他直接了當用「白痴」來形容「衛城」作戰。

第六和第七裝甲師在卡爾可夫附近進行了一場聯合演習，以供來訪的土耳其軍事代表團參觀。這個宣傳花招是由德國駐土耳其大使巴本所推動的。戰車兵特別把鬍子刮乾淨，換上最新的制服，軍官們也刻意修飾了一番。共有十二位土耳其軍官參觀這次展示，陪著他們的是一臉心煩意亂的曼斯坦。隨後，芬克師長又舉行了一次帳篷大餐。帳篷裡還是擺著法國餐具，帳篷外則停了兩輛虜獲的T－34戰車。餐會氣氛很融洽，但是土耳其人都很小心地不表示意見，芬克在會中發表了一場演說，特別強調「兩國在第一次大戰中的兄弟關係」。土耳其人致答詞時，雖然盛讚軍容壯盛，卻在放棄中立加入軸心國這件事上毫不讓步。一位土耳其軍官彬彬有禮地表示，德軍的實力是如此堅強，不需他們幫忙就可以打敗俄軍。許穆克也出席了這次餐會，會後芬克對他說：不管土耳其參戰與否，德國都輸定了。德國人已經超過自己能力極限，不可能守得住征服的廣大土地。

曼斯坦收復卡爾可夫後，地面戰場平靜了好幾個星期，但爭奪制空權的惡鬥還在繼續。慘烈的空戰在南部的庫班前線進行，庫斯克地區的空中活動也日益頻繁。雙方都想藉著空襲，來破壞對方對即將來臨大戰的準備。

在一九四一年的夏秋兩季，德國空軍曾使蘇聯空軍遭到可怕的損失。俄國人承認，到當年十月五日為止，他們損失了五千三百一十六架飛機，其中大多數是在地上被毀。和陸軍一樣，蘇聯空軍也在從一九三〇年代末的大整肅重組的過程中，就遭遇到「巴巴羅沙」的衝擊。在先前史達林的大整肅中，空軍也在人員和士氣都受到重創，多達百分之七十的高級軍官被處決。

由於前幾週的慘敗，曾經參加西班牙內戰的空軍總司令史慕許克維奇，也和西部方面軍的巴夫洛夫將軍一樣，慘遭逮捕槍決的命運。

儘管損失數字極為可怕，但是復原的種子也在其中漸漸滋長：大批落伍的蘇聯飛機在地面上被毀，但它們的駕駛員卻還活著，隨即去學習操作新服役的機型。數以千計的飛機損失數字雖然極為可觀，但卻非致命，因為新飛機取代了這些過時的舊貨，可以應付空戰環境快速轉變的挑戰。空戰勝負常取決於一些微小卻很重要的技術優勢，到了一九四三年，俄國人在此方面已占上風：他們最佳的戰機都是在一九三〇年代末和一九四〇年代初設計的，而德國飛機卻要早到一九三〇年代初期。拉瓦奇金設計局的 La-5FN 戰鬥機於一九四二年秋季服役，在各方面的性能都優於它最主要的對手——德軍的 Bf 109G。它是 Bf 109 這系列經典之作的最後一種量產型，研發時間早至一九三三年。與此類似的是波里雅科夫設計局推出，光滑洗鍊的 Pe-2FT 俯衝轟炸機，一九三九年由雙引擎戰鬥機的原始設計發展而成，是對地密接支援作戰的利器，在一萬六千四百呎高度，有驚人的時速三百六十一哩。Pe-2FT 的德國對手是容克斯公司的 Ju 87，從一九三六年進入生產，到現在已經開始落伍，其最後一種量產型 Ju 87G，將在一九四三年夏天進行精彩的「告別演出」。

一九四一年，蘇聯有超過一百家飛機工廠被遷往東部，它們在後方迅速擴充，而且生產作業從未遭到德國人的干擾。俄國空軍只需要負責東線，而德國空軍卻還得分出大量兵力派往地中海，以及保衛本土免於空襲。一九四二年之中，俄國人為一個戰場造了兩萬五千架飛機，面對三個戰場的德國人卻只造了一萬五千架飛機。結果造成德國空軍在東線發生無法遏止的大失血。從一九四三年二月到一九四四年二月，東西線戰鬥機數量比由一比二變為一比三點五。儘管德國一九四三年的飛機產量增加為兩萬五千架，仍然無法在東戰場上達成實力平衡。對俄國人來說，在空中取得優勢乃至奪下制空權，都只是時間問題而已。

德國空軍的問題和其高層無能密切相關。戈林對技術方面的忽視簡直是「已臻化境」，參謀長顏雄尼克苦於高層之間的內鬥，也沒在戰術和技術方面多作要求。顏雄尼克太重視作戰的進行，在人員替補和更新裝備兩方面都沒能作好安排。他的看法是「我們先打垮俄國人，然後可以繼續訓練」，這句話非常適合作為他的墓誌銘。[1]

諾維可夫元帥從一九四二年四月起擔任蘇聯空軍總司令，其地位相當於朱可夫之於陸軍。諾維可夫上任第一個月，就整頓了首批十七個航空軍團，加強它們的內部聯繫。根據規則，每個方面軍應配屬一個航空軍團擔任支援。為了建立最佳陸空協同，每個航空軍團的副司令都率領參謀進駐方面軍總部，參與計劃作業。由前線指揮官（方面軍總司令）決定任務優先性，並根據航空軍團司令的建議，擬定整個空軍對地支援的計劃。

除了戰術空軍重整外，「大本營」也建立了三支戰略性空中武力，以及一個後勤司令部，由中央直接控制。紅軍的空軍和砲兵一樣，擁有一支數量可觀的戰略預備部隊，它包含許多由單一機種（戰鬥機、地面攻擊機等）所組成的航空軍，可以迅速在各戰場間調動。到戰爭結束時，這支兵力佔蘇聯戰術空中武力的百分之四十三。此外，長程轟炸部隊（ＡＤＤ）與防空軍（ＰＶＯ）——功能相當於英國皇家空軍在不列顛之役時的戰鬥機司令部——也次第成立。

1 作者註：一九四三年八月十七日，美國第八航空軍空襲德國的士文福和里根斯堡之後，沮喪不堪的顏雄尼克被希特勒臭罵一頓。第二天一早，他又接到消息英國皇家空軍昨晚又對皮尼穆德的火箭研究中心作了一次大轟炸，而他派去攔截的夜間戰鬥機又錯誤地在柏林上空集結，遭到己方高射砲的誤擊。當天稍後，顏雄尼克舉槍自盡。

英國人和美國人相當重視長程戰略性轟炸，將地面與空中兵力視為各自獨立、地位相等，誰也不能說是誰的「附屬」。相反地，二戰期間的俄國空軍卻很少作戰略性轟炸，在長程轟炸任務中，只有百分之五是針對戰略性目標。[2]空軍的任務是對地面部隊作戰術支援、偵察，戰鬥機空戰只是一種輔助性的任務。蘇聯空軍的定位，是一種「飛行砲兵」。

俄軍的空中攻勢可分為兩部分。空軍首先猛炸敵人的機場與交通線，然後再持續攻擊敵人防線後方的戰術性目標。如此使得東線上所有的空戰，幾乎都在犬牙交錯的兩軍戰線頭頂上展開，即使是長程轟炸部隊的轟炸機主要也用在戰場支援，此外也扮演運輸或為敵後游擊隊空投補給的角色。

由於空中攻勢的主要角色就是「飛行砲兵」，所以對地密接支援任務占了總任務的四分之一，並遭受相當重的損失。地面密接支援的主力機種是伊留申設計局的Il－2，其生產數量超過二次大戰中任何一種軍機。Il－2的引擎和座艙都有澡盆型的裝甲板保護，使得小口徑防空武器很難傷到它。早期的Il－2是單座，很容易被敵機從背後攻擊，引擎馬力不足也使它缺乏酬載力和靈活度。一九四三年夏天時，Il－2部隊已使用新式的雙座型Il－2M3，它改裝了出力強大的引擎，並且增加了一名後座槍手，操作一挺十二點七公釐的自衛機槍。Il－2M3在翼內還有兩門三十七公釐機砲，足以擊穿大部分德國戰車的裝甲，翼下可攜帶RS－82或RS－132火箭，以及子母彈——使用人員殺傷彈頭，或新發展的PTAB成形裝藥反戰車彈頭。

德國飛行員稱呼Il－2叫「水泥轟炸機」，從這個綽號可知它是一架不易被擊落的飛機。艾利希．

哈特曼，在一九四三年春天是德軍第五十二戰鬥機聯隊的一名上尉飛行員，他描述一次攔截俄國飛機侵入的情形。

「我們從敵人機群的後上方，以大角度俯衝而下，機槍彈束從俄國護航戰鬥機群中穿過去，直撲轟炸機群。我攻擊最左邊的一架敵機，很快逼近到兩三百呎的距離開火。我看到許多子彈命中，但卻從這架Il－2的機身上反彈出去。Il－2的厚重裝甲甚至擋得住二十公釐的砲彈。

我再度對同一架敵機展開攻擊，先是大角度俯衝，然後拉起，飛到它的後下方。這次我到更近距離才開火，敵機的滑油冷卻系統被打中了！Il－2冒出黑煙，隨即噴出愈來愈長的火舌，火焰籠罩了下半機身。因為當初敵機就脫離編隊向東逃逸，一路追打的我也已經落單。我牢牢地跟在它後面，兩架飛機都在作淺俯衝。這時它翼下突然發生了一聲爆炸，同時我自己的飛機居然也被擊中，發出了一聲爆炸！煙在座艙裡瀰漫，我可以看到引擎整流罩燒得火紅。現在已經沒有時間可以浪費了。

2 譯註：例如城市、工廠，礦區、交通線等。

很快地，我度過了這場危險。這時高度已經很低，我在我軍佔領區的上空。我立刻收油門關引擎，片刻之後，迫降在一片田地裡，捲起一大片泥塵，它們撲熄了引擎火焰。我爬出座艙時，我的第一架獵物轟然在三公里外的地方墜毀。」

史達林格勒之役是德蘇空戰的轉捩點。自此之後，俄國人已能藉著數量上的優勢建立起戰場上的局部空優。德國空軍在史達林格勒損失近五百架飛機，不但使得打破先前的「無敵」神話，也代表大批有經驗飛行員的喪失。當俄國人在史達林格勒之役結束後發動反攻時，他們有兩千架飛機來對抗德國人的四百架。

儘管數量居劣勢，德國空軍也和德國裝甲兵一樣，在飛行技術和戰術靈活度凌駕敵人。對德國飛行員來說，「質」的優勢至關重要，特別是當他們必須和數量上相差三十倍的敵人對抗時更是如此。而俄國人在空中也和在地面上一樣，對「維持隊形」有著死硬到底的固執堅持，這嚴重限制了在戰場上對主動權的爭取。另一位第五十二聯隊的飛行員拉爾回憶：

「在俄國戰場上的戰術（與其他地方）大不相同。俄國飛行員喜歡聚成大編隊飛行。在戰爭剛爆發時我們也曾如此，那時候維持這種編隊很容易，不過後來我們就發現愈來愈難了。他們缺乏像西方飛行員那樣的個人主動性。但是蘇聯空軍中『紅旗親衛團』的人卻飛得很好。」

對於高手而言，例如哈特曼、拉爾和巴克宏——他們都屬於五十二聯隊——在東線創下了其他戰場上無從比擬的輝煌戰績。到戰爭結束時，哈特曼打下了三百五十二架敵機，是有史以來的最高紀錄。巴克宏和拉爾分別打下三百零一架與兩百七十五架。

而且德國空軍的利齒還沒有被敵人拔光。一九四一年起服役的佛克伍爾夫FW 190A，是大戰期間性能最佳的戰鬥機之一。它在機首有兩挺七點九公釐MG－17機槍、翼根有兩挺二十公釐MG－151機砲、翼內有兩挺二十公釐MG／FF機砲。FW 190A在兩萬零四百呎時的時速達四百一十三哩，實用升限三萬六千八百呎，航程五百六十五哩，性能優於蘇聯La-5FN。FW 190A的戰鬥轟炸兩用改良型，除去機翼外側兩門機砲，改裝炸彈架，在機腹則多加一個掛架。不過FW 190A在擔任戰鬥轟炸任務時有其限制，尤其是進行俯衝轟炸時。FW 190本來就不是為轟炸任務而設計，座艙視野太窄，速度也太快，使得飛行員不易精確瞄準目標。

亨樹爾公司的Hs 129B型就沒有這些問題。Hs 129B是德國空軍唯一專為反戰車作戰設計的飛機，號稱「坦克開罐器」。它的武裝包含機身內的兩挺七點九公釐MG－17機槍和兩挺二十公釐MG－151機砲，以及一門三十公釐的MK101機砲，裝在機腹下的莢艙內。為便於在目標上空盤旋往來，雙引擎的Hs 129B速度不快，它滿載時在九千八百四十五呎高度的最大時速是一百九十九哩，實用升限兩萬四千六百呎，航程三百八十四哩。

德軍另一種對付蘇聯戰車的「拳頭」是Ju 87G機，它是「斯圖卡」的反戰車用生產型。Ju 87G

除了原先Ju 87的基本武裝外，另在兩翼下各帶有一門三十七公釐的Flak 18（或BK 37）型砲，每門砲的彈倉裝有六發一點三六公斤重的鎢製彈心裝甲彈。

德國空軍於一九四三年二月在布里安斯克成立了一個「反戰車實驗分隊」，以測試Ju 87G在戰場上的實用性，由地面攻擊部隊總監魏斯中校指揮。一開始，單位中許多飛行員都懷疑用Flak 18能否擊穿T－34前方四十五公釐厚的傾斜裝甲，或是KV－1的七十公釐裝甲。但是他們其中的一個人，來自第二俯衝轟炸聯隊（StG 2）的魯迪爾上尉，卻肯定這門砲在對付蘇聯戰車上的優越性。他寫道：

「使我最印象深刻的是它的精確度可達到二十到三十公分以內。如能作到這一點，再飛到夠近的距離，我們就可以射擊敵戰車最脆弱的部分。利用模型，我們學習識別各種蘇聯戰車，了解到它們的弱點何在，例如引擎、油箱、彈藥室等。」

一九四三年三月，Ju 87G開始在布里安斯克前線進行戰鬥測試。五月，魯迪爾被調往克里米亞，在庫班地區前線繼續測試。由於翼下加掛了兩門三十七公釐砲，Ju 87G的速度和靈活性都為之下降，很容易遭到地面防空火力的毒手，因此後來在執行任務時，Ju 87G就和一般配備的Ju 87D一起出動。Ju 87D負責壓制對空砲火，Ju 87G則專門對付敵人戰車。

希特勒一向對飛機缺乏了解，而史達林則對航空有濃厚的興趣，常常在一些技術細節上提出意見。雅克列夫中將是一所飛機設計局的負責人，他回憶一九四三年三月一次暴風雨似的會議。史達林質問雅克列夫，他設計的 Yak-9 戰鬥機機翼蒙皮有毛病，這種戰鬥機是在史達林格勒之役時投入作戰的。史達林一面揮動一片破損的機翼蒙皮，一面警告雅克列夫和他的副手迪門提夫，這個毛病將會威脅到奧勒爾與庫斯克地區「激烈作戰」的準備，這場作戰「不能在沒有戰鬥機參與的情況下進行……總之，你們要曉得在這一點上，戰鬥機的重要性就和我們要呼吸空氣一樣。」雅克列夫和迪門提夫試圖辯解，結果引起史達林大發雷霆，他一再罵道：「你們這是在幫希特勒的忙！」

然後，史達林指控他們兩人是「希特勒的黨羽」。雅克列夫回憶：「當時真不敢想像我們的下場。我可以感覺到自己在發抖，迪門提夫站在一旁，滿臉通紅，緊張兮兮地用手指扭著那片倒霉的蒙皮。」接著是幾分鐘「像墳墓一樣」的寂靜，眼看雅克列夫和迪門提夫似乎就要遭到與巴夫洛夫和史慕許克維奇同樣的命運了。最後，迪門提夫開口說話，保證他們在兩星期之內一定改善這個缺點——通常這種工作得花上兩個月。

Yak-9 的問題並沒有對俄軍在庫斯克的空軍兵力部署產生明顯影響。前線北部的中部方面軍由第十六航空軍團負責支援，指揮官是盧登科上將。南部弗洛奈士方面軍的戰鬥地域則有兩個航空軍團，克拉索夫斯基上將的第二航空軍團，駐紮在奧波揚地區；蘇德茲上將的第十七航空軍團，駐紮在克羅查地區。這幾個航空軍團都由大本營強大的後備兵力予以支援，負責支援布里安斯克方面軍的第十五航空軍團，必要時也可調來相助。大本營在庫斯克地區大約有兩千九百架飛機可用，包括五百架日間轟炸機、四百架夜間轟炸機、一千零六十架戰鬥機、九百四十架地面攻擊機。

德國空軍部署在庫斯克突出部北方的是第六航空軍團，它的基地在奧勒爾，由格萊姆將軍指揮。南方則是第四航空軍團和匈牙利第二航空軍，駐紮在貝爾哥羅和卡爾可夫四周。一九四三年六月中旬，希特勒日益重視地中海戰區的威脅，把第四航空軍團活力充沛的指揮官、他的愛將李希霍芬元帥調往義大利，接掌第二航空軍團，其遺缺由狄斯洛赫將軍接任。

兩個航空軍團的總兵力是兩千零五十架，包括一千兩百架轟炸機、六百架戰鬥機、一百架地面攻擊機及一百五十架偵察機，是東線德國空軍近百分之七十的實力。除了列寧格勒和北極海方面的第一和第五航空軍，還有較具規模的兵力之外，東線其他地區的飛機，幾乎都調到庫斯克去了。至於在其他戰場方面，地中海地區還留有超過十二個聯隊，包括三個大隊的 Ju 87 俯衝轟炸機，但在西歐和德國本土的兵力卻已抽調到不足此數。藉此，德國空軍在庫斯克地區內的轟炸機數目終於超越了俄國人，但是蘇聯在戰鬥機與地面攻擊機方面則幾乎是德國的三倍。

五、六月間，蘇聯對庫斯克前線地區的德國機場發動了一次掃蕩攻擊。根據蘇聯方面的資料，他們最大一次斬獲是在六月八日至十日間，由三個航空軍團（第一、第二、第十五，再加長程轟炸部隊的長程轟炸機支援）對二十八個機場發動空襲，摧毀超過兩百二十架德國飛機。德方卻宣稱這一波攻勢並未對目標造成多大的傷害，而俄軍自己反而遭到慘重的損失。德國人聲稱，在這段期間內共摧毀約兩千三百架敵機，自己只損失兩百五十架左右。雙方競相誇大自己戰果，堪稱是東線空戰的「特色」。

有些時候，俄國空軍卻也暫時不出手。盧登科將軍在戰後回憶庫斯克作戰時寫到：六月中旬，軍團情報處長普羅沙可夫上校根據空中偵察照片向他報告，在奧勒爾西南方克羅米附近的兩片小森林中，集結了大批德國戰車。從車轍及其他證據判斷，數量應有兩個裝甲師。盧登科說：「集中的戰車部隊向來是空軍的好目標。我立刻決定轟炸那兩片森林，摧毀這兩個裝甲大單位。」沒想到中部方面軍司令羅柯索夫斯基上將卻制止了這次空襲，當他聽完盧登科向他報告這次攻擊的計劃後，說：

「嗯，如果我們攻擊了這兩個師，那就等於告訴敵人我們已經知道許多事。他們將會重新整補實力，把兵力藏在我們找不到的地方。要使敵人以為我們毫不知情，並且在同時把他們的實力和作戰計劃摸清楚。我們不該打草驚蛇。就讓他們先發動攻擊，到那時你如果想要的話，再對那兩片樹林狠狠炸它一傢伙，除非那兒幾乎已經沒有敵人戰車了。你必須要觀察他們的行動，然後把炸彈倒在他們的頭上。」

盧登科說，「我除了表示同意之外啥也不能做。」

相較之下，德國空軍對於從弗洛奈士經卡斯托諾伊到庫斯克，以及從庫斯克到葉勒茲的兩條鐵路線的攻擊，就似乎比較不遮遮掩掩（德軍先前撤出庫斯克時，這兩條鐵路都曾被嚴重破壞過）。這兩條鐵路是目前中部方面軍和弗洛奈士方面軍的主要補給線。在三月到四月間，德國空軍對庫斯克突出部內的鐵路設施發動了一千五百架次的空襲，五、六月間更上升到四千三百架次。李斯基車站與頓河大橋至少被炸十五次，出動的德機達六百架次；葉勒茲被炸十二次，卡斯托諾伊十六次，而庫斯克則被炸了十五次，來襲德機架次超過一千三百。即使是數量龐大的小型橋樑與設施，也遭到反覆的攻擊。為了對抗德軍空襲，橋樑旁都配置了防砲部隊，以及攜帶鐵軌與其他零件的修護單位，它們都配置了能夠越野行進的運輸車輛，並且有充分的偽裝作業，調動都在黑夜的掩護下進行。一旦與來襲的德機交手兩三次以後，就要移動位置。

在充斥著猛烈空戰的藍灰色天空下，中部方面軍與弗洛奈士方面軍完成了它們的基本防禦部署。史達林也許考慮過先下手發動攻擊，但庫斯克突出部內的俄國士兵們正忙著修築工事，指揮官正不斷聽取情報官的報告。在中部方面軍方面，羅柯索夫斯基預計他的右翼將是敵人攻勢的重心所在，他相信德軍將沿著奧勒爾—庫斯克軸線，向南或東南穿過波尼里和佐魯基諾直抵庫斯克。羅柯索夫斯基相信他可以擋住其他地段的德軍攻擊，便把主力擺在庫斯克突出部北緣一條五十英里長的防線上。

羅柯索夫斯基的部署分為兩重。

第一重由三個軍團構成：第十三軍團居中、第七十軍團在左、第四十八軍團在右。

每個軍團的防務又分前後兩層：第十三軍團的第一道防線由第二十九和第十五步兵軍負責，這兩個軍的前線「主戰區」防務由十五、八十一、一四八與第八等四個步兵師負責，而主戰區的後方，則由三〇七與七十四兩個步兵師構成「二線戰區」。

第十三軍團的第二道防線是兩個親衛步兵軍（第十七、十八軍）包含六個步兵師和一個戰車團。在波尼里西南五十英里的費特查地區，羅柯索夫斯基安排羅汀中將的第二戰車軍團作為後備。至於防守突出部一百英里寬正面的是六十五和六十軍團。方面軍預備隊則包含第十八親衛步兵軍、第九戰車軍、第十九戰車軍，以及各戰防砲團。

弗洛奈士方面軍方面，范屠亭的部署方式和北邊的羅柯索夫斯基極為近似。他把主力放在突出部肩部的中、左翼，尤其是由卡爾可夫經奧波揚到庫斯克的公路上，這是通往庫斯克的最短路線。負責阻止德軍向奧波揚前進的是第六親衛軍團，該軍團原本是頓河方面軍轄下的第二十一軍團，由齊斯提亞科夫上將率領，是一個戰鬥經驗豐富的部隊，曾經參加過史達林格勒之役。它三十英里寬前線的第一層是四個步兵師（第七十一、第六十七、第五十二親衛、第三七五），並由一個戰車旅和兩個戰車團支援。後方的二線戰區內，則另有三個親衛步兵師（第九十、五十一及八十九）嚴陣以待，並由一個戰車旅隨時待命支援。齊斯提亞科夫的左邊，是另一個參加過史達林格勒會戰的軍團——第七親衛軍團；前身是第六十四軍團，由許米羅夫上將指揮。[3]它的正面寬二十五英里，第一層是四個親衛步兵師（第八十一、第七十八、第七十二、第三十六），有一個戰車團擔任支援。第二層是三個步兵師

3 譯註：這兩個軍團都是因為在史達林格勒的戰功而升格為「親衛」部隊。

（第七十三、第十五親衛、第二一三），支援的裝甲兵力為戰車旅和戰車團各兩個。

在第六親衛軍團的後方是范屠亭第二重防線的一部分，屏障著通往奧波揚的進路。這裡的守軍是卡圖可夫的第一戰車軍團，包含第三十一戰車軍、第六戰車軍和第三機械化軍。其中第三機械化軍的軍長是克里佛辛中將，他認識德國對手當中的不少人。克里佛辛於一九三九年在德蘇瓜分波蘭時，曾率領一個裝甲旅在布勒斯特－里多夫斯克與古德林的第十九裝甲軍會師。當時克里佛辛曾舉杯敬祝德蘇兩國的「永久友誼」，現在他和他的部下卻要投身於另一種對德國人的「擁抱」。

在第二重防線上，第一戰車軍團的左邊，是擁有五個師的第六十九軍團，負責防衛貝爾哥羅－克羅查，與弗爾強斯克－諾維歐斯克兩條軸線。范屠亭的右翼，也就是突出部的正面，由第四十軍團和第三十八軍團防守。方面軍的預備隊包含第三十五親衛步兵軍、第五與第二親衛戰車軍。總計范屠亭手中共有三十五個師，其中十七個師組成第一重防線，其他十八個師則構成第二重防線與預備隊。在范屠亭、羅柯索夫斯基以及整個庫斯克突出部的後方，沿李夫尼到史塔瑞歐斯克之線，「大本營」又組織了一支強大的戰略預備隊，原稱大草原軍區，到五月正式命名為大草原方面軍。卜波夫將軍，這位西南方面軍「前線機動兵團」的倒霉指揮官，一度短暫擔任指揮官，不過不久就被柯涅夫上將（後來升元帥）接替。大草原方面軍的任務是當德軍深入突破成功時予以阻擋，以及當德軍攻勢被遏止、俄軍發動反攻時提供增援。

大草原方面軍有五個步兵軍團，第四親衛軍團、第五親衛軍團、第二十七軍團、第五十三軍團及第五十七軍團；以及羅特米斯托夫的第五親衛戰車軍團和六個預備軍，第四親衛軍、第十戰車軍、第一親衛機械化軍、第五騎兵軍、第三騎兵軍、第七騎兵軍。空中支援方面，則由第五航空軍團負責。簡言之，大草原方面軍差不多把大本營全部的戰略預備兵力都用上了。

雖然俄軍陣容在帳面上是如此壯觀，但在一九四三年四月中旬時，許多部隊都還因為冬季作戰的損失而嚴重缺員。然而，這對第五親衛軍團影響不大，因為這支精銳部隊向來獲得人員裝備優先補充的權力。同時，對第四親衛軍團也不成問題，因為它是由傘兵部隊組成的，先前參與過的作戰不多。這兩個軍團和羅特米斯托夫的第五親衛戰車軍團的實力都足額，但是另外三個步兵軍團每師的實力卻只有一千到一千五百人，而且缺乏摩托化運輸工具與砲兵。方面軍轄下的各騎兵軍才剛剛經歷過冬季戰鬥，亟須休息和整補。結果在四月與五月之間，「大本營」以前所未有的速度，把大草原方面軍整補成在整場戰爭中最強大的戰略預備部隊。在此方面，史達林充分證明他在組織方面的才能。他並不是一個好統帥，至今仍然常常作出嚴重的錯誤判斷，但長於組織人員物資調動的作業。增援的兵員與物資以龐大規模，源源開入庫斯克地區。

大本營從砲兵預備隊中派出了九十二個團，使得中部方面軍與弗洛奈士方面軍的火砲（含迫擊砲）數目由一萬門驟增為兩萬門，其中包含六千門戰防砲。除此之外還有九百二十座「卡秋莎」多管火箭發射器。砲兵將會是眼前這場大戰的核心，在庫斯克突出部當中，砲兵團的數目甚至超過步兵團，達到後者的一倍半之多。其中由普寇夫上將指揮、保衛從庫斯克通往奧勒爾鐵路線的第十三軍團，更獲得最強的砲兵增援——包括擁有七百門火砲與迫擊砲的第四突破砲兵軍，以及方面軍砲兵預備實力的半數。

正如當初德國第九和第四軍團撤出勒熱夫突出部時，用陷阱和地雷佈置了一個「惡魔花園」一樣，俄軍在庫斯克地區的工兵也安排了同樣致命的雷區。當德國裝甲部隊像一群大甲蟲駛進俄軍防線時，將遭遇到反戰車壕、正向與反向的陡坡、鹿砦、路障和地雷陣的「恭迎」。埋設地雷是突出部內俄軍工兵最重要的工作，他們共埋下超過一百萬枚的反戰車雷與人員殺傷雷，還架設了五百英里長的鐵絲網及無數各式障礙物。根據蘇聯方面的資料，平均每一英里前線上有兩千四百枚反戰車雷、兩千七百枚人員殺傷雷，差不多每一英尺就有一枚地雷。在反戰車雷陣中，往往鋪設兩層地雷，並在四周裝上火焰噴射器或汽油彈。在要衝地區密集布雷，可替守軍爭取寶貴時間，好讓增援部隊趕往德軍要實施突破的地方。

第十三軍團的防區是部署工兵最多的地方，第一道防線中配有一百個工兵連，接近整個中部方面軍工兵總數的百分之四十。即使這樣還不夠，步兵、砲兵、戰車兵也都奉命，必須要學習去埋設和掃除，這種對蘇聯「所有地面部隊不可或缺的武器」。

在庫斯克突出地區內，每個步兵軍團的防區都分成三部分：前兩層是「主戰區」和「二線戰區」，組成一個深達三英里的戰術防衛地帶，第三部分是「軍團防禦區」。各個步兵軍團為方面軍構成三條防線，縱深達五十英里。在兩個方面軍後面，還有大草原方面軍的兩條防線。總計，俄軍在庫斯克的陣地總共有高達八道的防線，縱深超過一百英里。

「主戰區」是構築工事最多的地方，具有五道戰壕，彼此都由交通壕構成的網路連接。到處散佈著據點和反戰車陣地，為防止德國砲兵的射擊，它們都設在地下的碉堡裡。火力據點的布置是環型，能向任何一個方面開火，而且特別注重彼此連成一片火網。戰壕可以提供守軍不被敵人目視觀察下方便調動，而且和第一次大戰時的西戰場一樣，戰壕中的碉堡可以提供守軍良好保護。就像一九一六年六月底的索穆河會戰，德軍憑藉工事在英軍瘋狂砲擊後依然挺得住，現在庫斯克的守軍面對德軍發起攻擊時的猛轟，雖然可以預見壕溝系統將會嚴重受損，但仍能盡量減少傷亡數字。

俄軍的反戰車防禦作業是以火力據點為中心，輔以壕溝和雷陣，它們將把攻擊部隊逼到據點的火力範圍內。據點配置了機槍巢與迫擊砲，用以對付敵人的步兵。每一個被稱為「反戰車據點」（PTOP）的這種據點相隔約半英里，它們構成縱深達五英里的防禦網。這是紅軍從德軍方面學到的寶貴教訓。在「巴巴羅沙」作戰初期，俄國人發現戰防砲如果只有單獨一門，或是一群各自為戰的戰防砲，對敵人密集的裝甲攻勢根本不管用。只要它們的位置被敵人發現，就會被一個一個收拾掉。而德國人常把多達十門的戰防砲一起使用，由一名指揮官負責火力集中，一次攻擊同一目標。麥命新少將回憶：

「一群群的戰防砲被整合成單位，以縱深配署分布在整個防區裡。將敵人進犯的裝甲兵力，置於我方的縱射火網之下。射擊紀律至關重要，千萬不能過早開火暴露自己的位置，那是最容易送死的錯誤。」

俄國人學到了這些戰術，現在要回敬德國人。每一個PTOP陣地按編制有五門七十六公釐戰防砲、五把戰防槍、一組工兵、一個攜帶PPSH衝鋒槍的步兵班，有時還有戰車或自走砲支援。各個PTOP陣地配屬於團級指揮之下，就構成了「反戰車地帶」。而在敵人威脅較大的地區還有「機動阻止隊」，由營級的摩托化工兵組成，有步兵伴護。他們隨時準備開往敵人入侵的軸線方向上，就地埋設地雷。

所有的反戰車據點、雷區、迫擊砲與機槍陣地都以極高明的技巧偽裝。當德軍開始攻擊時，敵人什麼都看不到，直到最前頭的戰車被命中爆炸為止。

同時，大規模的欺敵作業也在進行。每一名在庫斯克地區的方面軍或軍團指揮官，都努力在敵人面前掩飾自己防務的實力與縱深。由中部方面軍與弗洛奈士方面軍訂定的詳盡欺敵計劃，包括掩飾防務的準備作業、假的部隊集中運動、假的無線電通信和交通中心，以及假的裝甲部隊集中地、機場與飛機。

在弗洛奈士方面軍方面，由於嚴格的無線電管制，使得第七親衛軍團調動到貝爾哥羅以東的行動，完全在無線電靜默的情況下進行。前線單位雖然收到轉移的電訊，不過長度只有十秒鐘，詳細資訊完全靠有線電話。無線電呼號天天改變，頻率在一個月內可以換四、五次。到六月時，所有給第七親衛軍團的命令，都由它旁邊的六十九軍團代轉過去。同時，兩個方面軍發給各軍團及軍的所有書面指示，也都由方面軍參謀長嚴格管制。

為了愚弄德軍的空中偵察，俄國人至少造了四十座假機場，上面還有假的飛機、鐵道、塔台與圍籬，果然引來德國空軍的連番轟炸。假的戰車被大批聚集放置，看來就像是裝甲部隊的駐地。在弗洛奈士方面軍，這種假設施多達八百二十九處，除了有專責製造的欺敵單位，一般戰鬥部隊也要負責。在兩個方面軍的戰線上，散布著許多假的砲位。有些地方在真正防線前方還安排了一條假防線，吸引德國人把大量砲彈浪費在上面。第六親衛軍團為了進一步混淆敵人，還建造了一批假的觀測哨站。

部隊開往前線與重新編組，都嚴格限制只能在黑夜執行，因此路徑與路標都要在白天先行勘定。在各指揮所附近，白天即使是徒步運動也被禁止，夜間雖然車輛可以行進，但也實施嚴格燈火管制。戰鬥機單位調往前線基地，都趁著曙色以小群為單位進行，飛行高度不超過三百呎，只有日間轟炸機群還駐守在後方的基地。鐵路運輸也在夜間實施，特別是利用天氣惡劣、德軍轟炸機無法起飛時，更是加緊進行。人員與物資都不在正常的火車站下車，而利用臨時設置的裝卸站。軍團的軍需站都設在溪流的小峽谷中，以減少被德國偵察機發現的機會。

各個指揮所與觀測站都經過精心掩飾和強化作業。對於一些重要據點，連到訪者的數量都被嚴密控制。在中部方面軍，六十五軍團司令巴托夫中將指示：只允許轄下各師的正副師長和參謀長進入軍團部，其他軍官前來洽公時，只准住在鄰近的村子。

後來，柯涅夫元帥對庫斯克地區的防務，有以下的文字描述：

「敵人曉得在我們的戰線後方正進行一場堅強的防禦準備嗎？當然曉得，而且這是絕對可以肯定的。但對敵人來說，他們以為我們只是準備一場平常的防禦戰鬥。他們相信投注大量新銳的戰車和自走砲，就沒人擋得住他們了。

而在敵人準備的時候，我們也在準備。我們的要務不是要掩飾我們正在準備，而是不讓敵人知曉我們的實力、策略、作戰觀念、發動反擊時間，以及防禦的性質。這似乎是軍事史上頭一遭，兵力較強的一方反而採取守勢，後來的發展證明，我們的決定是正確的。」

在將庫斯克突出部改造成巨大堡壘的工程上，平民也扮演了吃重角色。凡是適合服役年齡的男女，都被兩個方面軍所徵調（因此，現在對紅軍來說，收復失土是一件重要的事，因為那正代表獲得他們亟需的人力資源），其他人則被派往大草原方面軍，或是擔任修復鐵路工作。在俄軍收復庫斯克的第二天，一九四三年二月九日，就有超過一千人被徵召去修理火車站。到最後，共有五萬名來自集體農場上的農民被徵召，負責修復從卡斯托諾伊到庫斯克的鐵路，並且是在德軍的空襲下進行。四月十七日，由於蘇共中央委員會的命令，數以千計的人民在三天內被動員，在卡斯托諾伊附近完成一座供戰鬥機使用的機場。五月二十四日，當地的區黨委書記報告：第一架戰鬥機已於早上九點鐘著陸。六月中旬起，兩萬五千名農民奉令，興築一條與卡斯托諾伊至庫斯克鐵路平行的鐵路線。這條鐵道是根據地方政府找到一份戰前所擬，連接莫斯科與頓巴次及其他南部地區的鐵路計劃而興建，共鋪設了六十英里的路軌、建築十座橋樑，以及許多其他大規模的整地工程，一共只花三十二天就完成，對紅軍準備反攻大有幫助。到了六月，整個庫斯克突出部內共有三十萬民工。

正當平民辛苦工作時，部隊則進行訓練。大本營對「露西」情報網的消息非常有信心，因此在四月底之前，在突出部內或後方的單位都已收到任務訓令，開始進行防禦或攻擊作戰的訓練。各步兵單位的指揮官勘察防區的地形以確定對敵人進攻方式的判斷。裝甲部隊的軍官重新聽取運動路線的簡報，砲手們忙著使他們的火砲都修妥就緒。以第九十七親衛步兵師為例，這個師屬於剛組成的大草原方面軍的第五親衛軍團，於五月中開到歐斯科河上的集合點。該師在朱可夫的計劃裡要負責反攻任務，因此現在立刻開始進行攻勢作戰訓練，尤其是對敵方設防陣地的攻堅。講習中也花許多時間介紹德國新式戰車與自走砲，以及講授對付它們的方法。

到了六月，第九十七親衛步兵師的各團接受了一項嚴厲的測驗。測驗由各團團長與他們的幕僚主持，課目包括排攻擊、步兵連對據點的攻擊、加強步兵營在彈幕下的攻擊等。六月十五日，師參謀長主持了一次戰力展示，由一個加強連對一個供應基地發動攻擊。由於表現優良，第五親衛軍團司令查多夫將軍特別予以嘉獎，並在公開場合對該師各團頒授榮譽旗。在典禮中，還特別安排了立功宣誓的節目。二八九親衛步兵團的團長潘斯基中校和部下便誓言，他們一定高舉著他們的榮譽旗打到柏林去。[4]

參謀軍官在訓練時也沒閒著，尤其是那些大草原方面軍轄下各級司令部的參謀軍官。在卜波夫與柯涅夫兩任司令之間，黎特爾中將也曾短暫指揮過這個方面軍。他原本是布里安斯克方面軍的司令，與卜波夫對調位置。黎特爾脾氣暴躁，酷好鞭策參謀軍官們去進行戰鬥教練，而在這方面他自認為是專家。到差第二天，黎特爾就在司令部作戰處與情報處的軍官面前露了一手。他背著一把步槍，在司令部旁邊地上表演了一段匍匐前進，以及許多其他「簡直不可能」的單兵戰鬥動作，看得參謀軍官們個個目瞪口呆，他們沒有一個人的敏捷性和手眼協調度能夠企及。黎特爾為推行這項主張，命令第五十三軍團的所有參謀軍官都必須進行操練，並由軍團司令親自驗收成果。所幸在這場可怕測驗舉行的前一晚，傳來黎特爾已經被柯涅夫取代的消息。柯涅夫帶兵雖然素有「精實」名聲，但卻知道參謀們早已工作過量，不會浪費時間搞這些沒意義的體能戰技名堂。

隨著紅軍在庫斯克防務的強化，俄國游擊隊也加強活動，以破壞德軍的攻勢準備。早在一九四一年七月三日的廣播中，史達林就呼籲人民在敵後掀起大規模游擊戰，兩週後，蘇共中央委員會頒佈了一道關於「在敵人後方組織戰鬥」的命令。而在一九四二年，儘管游擊隊活躍程度還算不上是德軍的肉中刺，但已經牽制住了德軍二十五個保安師、三十個團與超過一百個憲兵營。到了一九四三年，德國已經得投入近五十萬人的俄國輔助部隊，來從事清剿游擊隊行動。

在史達林格勒會戰以後，游擊戰的規模大盛。這時他們已經可以從空中獲得武器、食物與醫藥的補給，以及莫斯科方面的指揮。在德國戰線的後面，「游擊隊控制區」一個接一個建立起來，區內根本沒有德國人，外表上看來簡直和俄國的後方地區一樣。根據戰後蘇聯披露的資料，在一九四二年至一九四三年間的冬季，大約有百分之六十的白俄羅斯地區處於游擊隊有效控制下。其他的游擊隊控制區還包括列寧格勒南方的波科夫地區、烏克蘭北端的灌木區、以及布里安斯克的森林。在奧勒爾地區的游擊隊員約有一萬八千名，他們控制了五百個村莊。這些游擊區甚至擁有跑道可供飛機起降，運送補給品或後送傷患。

雖然「大本營」直到一九四三年七月十四日，才正式命令游擊隊對敵展開全面「鐵路之戰」，但早在這之前，德軍中央集團軍後的俄國游擊隊已經進行了好幾個月的破壞鐵路行動。一九四三年一月，德國方面報告，在本地區內共發生三百九十七起鐵路破壞事件，被毀機車頭一百一十二輛。二月，攻擊事件上升到約五百起。到了五月，更高達一千零四十五起。六月又升到一千零九十二起，外加四十四座橋樑被爆破，兩百九十八輛機車頭被毀。

五月時，德軍在本地區進行了五次大規模清剿游擊隊行動。第一次就是前面提過的「吉普賽男爵」作戰，由第十八裝甲師執行。德軍宣稱在行動中擊斃三千一百五十二名游擊隊員、摧毀敵人二十四

4 作者註：後來到了終戰時，第五親衛軍團在第一烏克蘭方面軍的指揮下前進到易北河的托爾高，在那兒他們與美國第一軍團會師。

門火砲、三輛戰車、十四門戰防砲、五十五門迫擊砲、兩架飛機、一百二十四挺機槍及各式輕武器一千一百三十支。然而考慮到這次作戰是特別把前線單位抽調回來執行，成績就顯得不怎麼令人興奮。六月六日，最後一次代號「守望相助二號」的清剿作戰結束，但游擊隊肆虐依然如故。

由於游擊隊大肆破壞的結果，往往造成鐵路上的「瓶頸」效應，許多運送兵員和彈藥的列車被塞在幾個點上，正好成為蘇聯空軍的絕佳攻擊目標。在五月四日晚上對奧爾沙地區鐵路調車場的空襲，蘇聯空軍擊中了三輛彈藥車，引發的大火燒掉了三百節車廂。由於目標距離機場很近，每架俄國夜間轟炸機一晚甚至可以出擊兩次。德軍方面雖然表示，這些空襲對奧勒爾與貝爾哥羅地區的後勤作業並未造成嚴重威脅，但是在心理上造成的影響卻不小。

而德軍在「鐵路之戰」中的結果也令人失望。為了對抗游擊隊，鐵路兩側二百五十碼內的樹木都被砍光，每隔一段路就設置一座檢查哨。步兵在白天巡邏整片地區，但是到了晚上，游擊隊員又四出活動，破壞更多的鐵道。從繳獲的德軍家信中，可看出他們對此充滿無力感。一名士官寫給妻子的信提及，「我們的火車每開一天，就得花上三天來等待鐵軌修復，因為游擊隊把每一樣東西都炸掉了。前一天晚上，他們使兩列火車相撞，所以現在火車又停駛了……這就是我們在俄國的生活方式。」

紅軍大本營在四月十二日決定在夏季打一場決定性的大戰，比希特勒的「第六號作戰命令」還早了三天。由於「露西」情報網的協助，史達林可能比希特勒的某些前線指揮官更早拿到這份命令。儘管高層一再有人主張先下手為強，但是防務的準備還是一直按部就班地進行。在五月初據傳德軍立刻就要發動攻勢的時候，在俄國人當中曾有一陣驚慌，史達林下令完成準備、全面警戒。但是由於希特勒的拖延，使得史達林從中得利。前線的戰備日趨鞏固，部隊的信心也愈來愈堅強。有一名連長表示：「在戰爭初期，一切事都是十萬火急，時間永遠不夠。這一次我們可以按部就班，慢慢地進入狀況。」

每件事一一就緒。共有一百三十萬人防守這塊突出部，包括有七十五個步兵師，佔紅軍步兵的百分之四十的兵力。在預計德軍進攻的軸線上，每一英里就有一百五十門火砲。大本營共調來了三千五百輛戰車與自走砲，其中兩千輛屬於中部方面軍與弗洛奈士方面軍，擔任直接支援的任務，其他大多數屬於大草原方面軍轄下的第五親衛戰車軍團。

雖然俄軍的重點是在庫斯克進行戰略性防禦，但一旦德軍實力被俄軍的防禦戰消耗掉之後，俄軍的反攻就要開始。這時，兩支兵力將從不同的方向進攻。西部方面軍的左翼、布里安斯克方面軍和中部方面軍將攻向奧勒爾；大草原方面軍與弗洛奈士方面軍，將沿貝爾哥羅—卡爾可夫軸線進攻。在突出部北面的作戰協調由弗羅諾夫與法希里夫斯基負責，南面則由朱可夫負責。當氣候宜人的春天過去，炙熱的夏季來到俄羅斯大平原上，紅軍唯一剩下的事就是等著德國人什麼時候下決定了。

而此時的希特勒正熱衷於研讀描述第一次世界大戰凡爾登會戰的文學作品。這場發生在一九一六

年的恐怖「絞肉機」會戰，是導因於當時德國參謀總長法爾根漢想要讓法國人「把血流盡」的「奇想」。將凡爾登的經驗和「衛城」相較，結果實在很難令人不憂心。德軍必須正面強攻俄軍設防堅強的突出部，正和當年在凡爾登所作的一樣。甚至連「掐斷」一個突出部的構想，也和上一次大戰的將軍們如出一轍。情報單位對庫斯克地區壕溝密布狀況的描繪，也必然使希特勒回想起他曾經作戰並且負傷、中過毒氣的第一次大戰西戰場。而且希特勒先前已經在史達林格勒重演了一次「凡爾登」。在一九一六年的凡爾登會戰中，德軍付出了幾乎和法軍一樣大的損失。而在史達林格勒，他們的損失更為慘重。當希特勒作下「衛城」作戰的最後決定時，沒有一件前例是令人鼓舞的。

另一方面，這場墨守成規的攻勢也正代表著「閃擊戰」的死亡。這一回，德國裝甲部隊不再以快速、震撼的方式在對方防線上打出一個缺口，隨即鑽入後方攻擊已經混亂失去組織的敵人。相反地，這次它們卻擔任「攻城槌」，正面攻擊敵人深達六十英里的堅強防線。紅軍在陣線被突破時「回填」戰鬥所表現的堅強，以及地空火力不斷增加，都使得裝甲部隊不能再像戰爭初期那樣獨立作戰。這場即將到來的戰鬥型態，將比較類似一九一七年為一個個據點爭奪的陣地戰，而不像是一九四〇到一九四二年間快速的運動戰。

即使德國裝甲兵能在俄國人防線上殺出一條血路，還是有大批的難題困擾陸軍總部。當德軍攻到庫斯克附近時，是否已經被削弱到無法再戰？俄國人會不會從北面和南面發動反攻，席捲德軍的後方？也許俄國人會遭到嚴重的損失，但是只要再過上三、四個月，靠著自身戰爭工業和租借法案援助物資，是不是又可以恢復過來？

這些問題都困擾著希特勒，也使芬克與摩德爾等部分優秀前線指揮官，對「衛城」作戰的成功抱持懷疑。不過，將領們對「衛城」的懷疑程度，通常與他們和前線的距離成正比。大部分的前線指揮官，其中以克魯格元帥為首，都熱烈支持發動這場攻勢。而反對者大都分佈在拉斯頓堡，不過他們的質疑不太有效，因為柴茲勒始終強力支持這場「他的」攻勢。

希特勒手下的指揮官與身邊幕僚們，各自就軍事、政治、經濟觀點向希特勒提出建議，但是他們的著眼點都只能限於自己業務的範疇，能夠對總體戰略有一個全般了解的人只有希特勒。[5]希特勒自己負起了決定發動「衛城」作戰的責任，而他之所以敢於發動攻勢，信心來源得自於他的新式武器。四月十八日在札波羅結，他告訴曼斯坦：「我們不能太指望人力，因為我們的數量不夠。但是只要投入大批我們最佳、最重型的武器……我們便能攻破敵陣。」對元首而言，令他信任的是機器而不是人。

六月十一日，潘特勒里亞，西西里南方六十英里的一個小島，在盟軍空襲一個月與英國陸軍第一師的登陸攻擊下投降。這使希特勒對地中海方面的局勢大為緊張，擔心當他的戰車正陷身在庫斯克時，盟軍趁機登陸薩丁尼亞，而墨索里尼會被他手下那些詭計多端的將軍出賣。派兵佔領義大利的「阿拉利克」計劃，早在希特勒指示下於三月底就擬好。另一個內容類似的「康士坦丁」計劃，則是為一

5 譯註：希特勒常限制部下涉足本身專業以外的情勢，這樣他在與他們爭辯時便可舉出一些其他方面的因素來駁倒他們。

旦義大利人擅自撤出希臘與克羅埃西亞而準備。

希特勒寄予厚望的新武器也是問題叢生。六月十六日，古德林向希特勒報告，反對把豹式戰車投入東線戰場，因為其懸吊系統和驅動系統的問題都還沒解決。三天後，他又飛到貝希特斯加登與希特勒會面，古德林在前往貝希特斯加登之前先到格拉芬瓦，去視察駐在那兒的第五十一與五十二兩個豹式戰車營，以多獲取一些第一手資料。他回憶這些部隊的狀況：「除了一些尚未克服的機械問題外，戰車乘員與指揮官也都還沒習慣新裝備，而且他們之中有些人沒有戰鬥經驗。」

同時，最高統帥部作戰廳也提出一份評估報告，它的結論是：到了「局勢明朗化之後」，「衛城」作戰應予取消。這份報告也認為，應該在東線與德國本土境內各建立一支強大的預備兵力。甚至鼓吹「衛城」作戰最力的柴茲勒現在也動搖，建議改採曼斯坦建議的誘敵深入「反手拍」作戰。但這些都還是沒能阻止希特勒，作下發動「衛城」作戰的決定。

六月二十一日，希特勒決定將七月三日訂為攻擊發起日，而在聽取了摩德爾的報告，並與克魯格和曼斯坦會商後，決定將時間再延後——最後一次延後——至七月五日。在確知將在俄羅斯草原上遭遇強大抵抗的前提下，現在希特勒又不強調「衛城」的重要性了，好像他把它的地位減低就可以減少身邊困擾他的反對聲浪。六月二十四日，希特勒在貝格霍夫告訴戈培爾，一九四二年定下的偉大東線戰略構想已經不再管用。當時他原本打算從高加索、埃及與巴爾幹發動鉗形攻勢，一舉攫取整片中東油田，現在這種目標是再也無法企及了。當下最重要的任務就是守住義大利半島，即使義大利人意圖抗拒也不管。而在東線則是維持實力直到一九四四年，保證能撐過像前兩年冬天敵人反攻的考驗。至於「衛城」作戰的目標，只不過是「對戰線的小小調整」而已。

五天後，希特勒決定回到拉斯頓堡。他對「衛城」作戰能夠如期舉行充滿信心，情報指出盟國在地中海地區的登陸戰將暫緩實施，也使他頗為振奮。史達林一直為英美遲遲不開闢「第二戰場」大表不滿。在希特勒看來，或許俄國人並不打算在今年夏天打一場大戰。

七月一日，希特勒在拉斯頓堡附近的陸軍總部，對高級將領們發表講話。根據摩德爾第九軍團中的一名軍長弗里斯勒將軍的記載，「元首」用「冷酷、清楚、充滿信心的語氣」責罵義大利人、匈牙利人、羅馬尼亞人，表示因為他們才使自己目前遭到這麼多困難。但是，絕不應該因此畏縮後退，「我們在哪兒——我們就守在那兒。」要確保德國的霸權，唯一方法就是把防線設在德國疆界之外。而在東線方面，希特勒宣稱絕不容許一分一毫土地不戰而落入敵手。他表示：「現在紅軍正在利用時間蓄積實力，準備在冬季發動一場大攻勢。因此『打破』敵人的這種計劃至關緊要，如此就可以避免俄軍發動類似今年年初的大攻勢，造成使南面集團軍到最近才恢復元氣的那種危機。」

這次作戰的細節，從三月起就一直爭論不休，現在總算得到希特勒至少表面性的注重。他攤開地圖，詢問第九軍團的配置，摩德爾也趁機最後一次表達了他的不安。這時曼斯坦突然發言，表示為了提振東線空軍的士氣，他要求把李希霍芬再調回東線來。當下使得接替李希霍芬的狄斯洛赫將軍大為尷尬，戈林則勃然大怒，因為他當時正對李希霍芬不滿。會議開到目前氣氛還算樂觀，但約德爾卻發言警告：這種希望獲取「一階段勝利」的攻勢，最後可能變成一場消耗戰。他對「衛城」行動的結果並不看好，因此已經命令最高統帥部的宣傳單位，把這次作戰描述為因應俄軍攻擊的反攻行動，藉此宣揚德軍防務的堅強。「衛城」作戰一旦失敗，解釋的理由也都已經想好了。

現在，希特勒的骰子已經擲了出去。在北邊克魯格方面，第九軍團要在從奧勒爾到庫斯克的鐵公路之間突破敵人防線，並沿著鐵路的兩側向南推進，過程中還要向東擴展相當的縱深，以確保德軍能利用這條鐵路，並擊退俄軍預備隊的反攻。第九軍團為了保持在左翼與第二裝甲軍團的聯繫，將與後者的部分單位合作，攻下馬洛強格斯克城。

在南邊，曼斯坦麾下的第四裝甲軍團將從托馬羅夫卡的兩側發動攻擊，擊破貝爾哥羅—葛厝夫卡（在波利索夫卡東北方十英里）以南的俄軍防線，然後衝過奧波揚，與第九軍團在庫斯克北方會師，切斷整個突出部。肯夫兵團將負責屏衛第四裝甲軍團的右側，其右翼將伸展到克侖河上，如果突破迅速的話，將推進到克羅查河上。至於敵人的後備部隊，現在已確定位於突出部的後方，也將由肯夫兵團轄下的第三裝甲軍去迎擊它。如果情勢發展使得德軍獲得運動自由，第三裝甲軍將加入第四裝甲軍團的右翼，向北方或東北前進。

等待的日子終於結束。在曼斯坦方面，攻擊將提前於七月四日下午先行發動，目的是奪取砲兵觀測點，對付俄軍第六親衛軍團「主戰區」的防務。第四十八裝甲軍的麥侖新參謀長對於攻擊日作了以下的表示：「這一天是美國的獨立紀念日，也是德國完蛋的開始。」

第七章
搏鬥

我們付出了高昂的成本，奪取了一切的東西—槍砲、俘虜和土地，但卻沒有任何的戰略意義。

——梅希密將軍，一九一七年四月「倪維爾攻勢」前夕

……一九四一年與一九四二年的戰役已經證明，我們的裝甲部隊只要在俄羅斯平原上享有充分行動自由，就沒有人能擋得住。而我們的最高領導當局不但不去尋求這種發揮行動自由的機會——例如戰略性後撤、在出敵意料的地段上發動突襲；反而要把我們最佳的裝甲師拿去攻打庫斯克。那裡現在已經成了全世界防禦最堅強的地方。

——麥倫新少將

開始幹活兒——準備歡迎那些法西斯份子。

——赫魯雪夫，一九四三年七月二日在第一親衛戰車軍團司令部

整個五月與六月期間，「衛城」的準備作業就像是濃密雷雨雲，籠罩在庫斯克的天空上。德軍第九軍團的一份報告形容，這場即將到來的攻勢是「兩支軍隊的『相撞』，而且雙方都已準備好去相撞」。報告還表示，由於德軍的戰技較高，所以還是能夠獲勝。毫無疑問，德軍這次作戰將面對嚴酷的考驗。想要利用敵人實力尚弱的機會，早就已經被蹉跎掉了。第四裝甲軍團司令霍斯上將在六月二十六日提出警告：每多耽擱一天，成功機會就少一點。

對希特勒而言，庫斯克會戰勝利的價值在於「振奮我們盟國的士氣，撲滅那些被征服者心底仍存的不軌企圖」，不過他已經對「第六號作戰命令」中宣揚的「一場光耀全世界的大勝」不抱著太大希望。六月二十四日，他告訴戈培爾，庫斯克的成功還是不足以把騎牆派思想一掃而空，使德國重新恢復生氣與勝利。

現在「衛城」作戰本身已經成為一個可怕的漩渦，把希特勒和高層指揮官們拖下去。如果當初真如曼斯坦所建議在春季發動，它可能會獲致一場小勝，再搭配上其他幾場小規模的攻勢，包括對列寧格勒再度發動攻擊，可使德軍在東線的地位更加鞏固。但是由於「衛城」不斷拖延，規模也愈來愈大，最後就成了希特勒的唯一方案。而對於陸軍總部來說，他們也不能取消它，因為如此一來就等於自願把手頭的預備隊全部奉送給最高統帥部，轉用到其他戰場上去。

希特勒雖曾對戈培爾說要在東線「保持實力」，事實上卻準備一舉把兩個軍團投入戰鬥，其中包括他手下最精銳裝甲師的大部分。這些部隊將要進攻的防線，則是他奉送了三個月時間去讓敵人拚命加強的。即使「衛城」作戰成功，慘重的損失也不可免。一旦「衛城」失敗，不但代表更慘重的人員與物資損失，蘇聯更一定會對中央集團軍和南面集團軍發動猛烈反攻，以奪回烏克蘭與俄羅斯中部。

如果德軍在東線根本不發動攻勢，而將多餘部隊移到西線去因應預期中的盟軍入侵威脅，那麼手頭實力已經空前強大的史達林，就會主動對德軍發動攻擊。以「後見之明」看來，曼斯坦在卡爾可夫會戰後建議，誘敵深入再予以痛擊的「反手拍」攻勢，似乎是唯一可行之道，但現在連這一招也太晚了。希特勒這位頑固的賭徒，如今把所有的本錢都押在一把牌上：如果兩個軍團的攻擊失敗，就再也沒有可以填補的部隊了。這一回沒有第二次機會，這一回沒有後備兵力，這一回也沒有替代的方案。

在庫斯克突出部北面，第九軍團三十五英里寬的攻擊正面上，共有三個裝甲軍與一個步兵軍。摩德爾的左翼是弗里斯勒將軍的第二十三（步兵）軍，它和哈普將軍的第四十一裝甲軍之間，以奧勒爾—庫斯克鐵路東西為界。哈普的右邊是李梅森將軍的第四十七裝甲軍，再向右（西）是佐恩將軍的第四十六裝甲軍。在特羅斯拿與奧勒爾—庫斯克公路以西，不在攻擊正面上的是羅曼將軍的第二十軍。摩德爾手下所有的兵力，包含軍團預備隊、由艾斯貝克將軍率領之「艾斯貝克」戰鬥群——共有二十二個師——其中包含兩個裝甲榴彈兵師，六個裝甲師與十四個步兵師，除了七個步兵師以外都投入了「衛城」。空中支援則由第六航空軍團的第一航空師擔任，師長是戴希曼將軍。從摩德爾的左翼再向左，直到奧勒爾的東方與北方，則是由第二裝甲軍團據守。

而在南邊，曼斯坦的主攻兵力是第四裝甲軍團，由能征慣戰的霍斯上將率領。霍斯在德蘇之戰開始時指揮第三裝甲兵團，他與古德林聯手在畢亞里斯托克封鎖了俄軍的「口袋」，俘獲至少三十萬敵軍與大量的裝備。霍斯並沒在一九四一年底莫斯科撤退後所掀起的「革職風」遭殃，並改調為第四裝甲軍團的司令官，負責向史達林格勒進攻。後來第六軍團被紅軍包圍在史達林格勒，負責解圍的主力也是第四裝甲軍團。在這場為拯救包拉斯及其部下的最後努力中，霍斯一直攻到距目標三十英里之處才被敵人阻止。

霍斯準備沿著由奧波揚到庫斯克的公路前進，攻擊俄軍的第六親衛軍團與六十九軍團，這也是范屠亭所選定的決戰點。霍斯軍團的左翼是奧特將軍的第五十二軍，中央是克諾貝斯多夫將軍的第四十八裝甲軍，右翼是豪賽爾將軍的第二黨衛裝甲軍。[1] 在貝爾哥羅以南是受霍斯節制的肯夫兵團，負責掩護軍團的右側，它的左翼是布瑞斯將軍的第三裝甲軍，中間是勞斯將軍的第十一軍，右翼是馬登克洛特將軍的第四十二軍。總計在霍斯轄下二十八英里寬的攻擊正面上，排列著德國最精銳的九個師：從貝爾哥羅南方開始，由東向西依序是第七裝甲師、第十九裝甲師、第六裝甲師（以上屬第三裝甲軍）；骷髏師、帝國師、希特勒近衛師（第二黨衛裝甲軍）；第十一裝甲師，大德意志師、第三裝甲師（第四十八裝甲軍）。這是開戰以來，一位德國指揮官手下擁有的最強打擊兵力。

曼斯坦麾下部隊中，參與「衛城」的共有二十二個師：四個裝甲擲彈兵師、七個裝甲師、十一個步兵師，集團軍預備隊則由內林將軍的第二十四裝甲軍擔任。步兵師當中，有七個參與攻擊任務。空中負責支援的是賽德曼將軍的第八航空軍，隸屬第四航空軍團。至於在庫斯克突出部的正面，德軍兩個主攻軍團中間，則是德國第二軍團的七個步兵師。

在庫斯克突出部周圍，德軍共集結了一萬門以上火砲與迫擊砲，以及將近兩千四百輛的戰車與突擊砲，不過其中五百輛是已經過時的舊貨。這數字占了德國東線裝甲兵力的百分之七十以上，以及全德國第一線裝甲兵力的百分之四十六。為了集中這些兵力，東線上其他地區的德軍都已大為減弱。例如在奧勒爾突出部北翼的第二裝甲軍團，雖然名為「裝甲」，但是所有裝甲兵力都已撥給摩德爾的第九軍團。東線上其他地段，一共只剩下八百九十輛戰車。

德國步兵已經在攻擊發起區待了好幾星期，他們勘查俄軍的防務，記載地形地物。從連長以上、負責率領突擊單位的軍官們，花了許多天在這些前線據點上觀察，以熟悉地形與敵人的防務。裝甲部隊軍官到前線偵察時，特別換掉他們特有的黑制服，以免引起敵人注意。在第四十八裝甲軍即將進攻的地段，他們看到，

「向遠處延伸的平原，被許多的谷地和灌木叢所分割，不規則地分佈著村莊，以及一些河流和小溪。地形緩緩地向北上升，這一點對防守者有利。鋪著車轍印的道路穿過沙地，一旦下雨任何車輛就無法通行。大片的玉米田掩蓋了地表，影響了視野。總之，這塊地方並不是

1 譯註：還是原來的三個師，不過番號改了。

一個理想的『坦克天堂』，不過也不至於讓『戰車止步』。」

將在「衛城」作戰擔任矛頭的裝甲師及裝甲榴彈兵師，現在都在休整、增加實力。但在先前冬季戰役中損失的有經驗兵員與指揮官，一時卻很難彌補。希特勒近衛師的補充人員多半來自原來的空軍地勤人員，受了幾天步兵訓練後就被送到前線。大德意志師的老兵用嘲諷眼光看著穿著新制服的補充兵，心想這些菜鳥根本就不了解俄國人慣用的戰術。

大德意志師是庫斯克周圍德軍裝甲部隊中實力最強的一個師。[2]它擁有一百六十三輛戰車、三十五輛突擊砲。其中包括一個連十四輛虎式戰車，以及六月底剛趕到前線的第三十九戰車團，擁有一百零四輛豹式戰車。第四十八裝甲軍的另外兩個師——第十一與第三裝甲師，各有一個八十輛戰車的戰車團，以及強大的支援砲兵。總計，四十八裝甲軍擁有三百多輛戰車及六十輛突擊砲——此後它再也沒有如此強大過。

第二黨衛裝甲軍下轄三個師，每師有一百三十輛戰車與三十五輛突擊砲，其中各有一個連的虎式戰車（希特勒近衛師十三輛、帝國師十四輛、骷髏師十五輛）。它們和大德意志師一樣，擁有六個裝甲步兵營，而一般裝甲師只有四個營。[3]這代表它們有較強的打擊能力，也代表在戰場上比較能夠承受損失、繼續作戰。

在這些統計數字之中，最為可議的或許是，在第四裝甲軍團的九百零二輛戰車與突擊砲當中（七月三日數字），只有五十六輛虎式戰車與一百零四輛豹式戰車。除此之外，肯夫兵團的第五〇三重戰車營有四十五輛虎式戰車。總計在南面集團軍中，共有二百零五輛新式的虎式、豹式戰車參與作戰。

希特勒在二月十八日與曼斯坦會談時曾估計，在新攻勢中投入三百到四百輛的新式戰車，就可以達成突破。豹式戰車的確被寄予厚望，它有設計良好的傾斜裝甲、強有力的七十五公釐主砲，但是機械毛病一直困擾其發展，並影響了它的部署速度。當大德意志師的豹式戰車向前線移動時，士兵發現它們的排氣管噴出火來。有幾輛車在路上慢慢行駛時突然起火，乘員好不容易才逃出來，這些「新奇武器」成了一堆燒黑的廢鐵。

在北邊，摩德爾手中的重戰車實力，只有五〇五重戰車營第一、二連，總計三十輛虎式。它們在五月調往前線，配屬於四十一裝甲軍的第二裝甲師。為彌補第九軍團缺乏重型戰車的問題，摩德爾獲得了第六五六驅逐戰車團，下轄六五三、六五四兩營，共有九十輛重達六十八噸的象式驅逐戰車。

對於如何突破紅軍防線，摩德爾和曼斯坦各有不同的戰術。摩德爾認為自己手頭的步兵與裝甲兵比例合理，因此將先投入步兵、戰鬥工兵與砲兵，在敵人陣線上開出一些橋頭堡，然後再把裝甲部隊

---

2 譯註：大德意志師是德軍中的「樣板」單位。它的人員來自全德各地，而一般的師往往組成份子都徵調自同一地區。由於希特勒迷信數字優勢，因此每個德國裝甲師都愈減愈小，好成立更多的單位。一九三五年德國裝甲部隊剛成立時，每師有四個戰車營，現在只剩兩個；而每營的戰車數也從七十輛減到四十輛。

3 作者註：德國的裝甲步兵營滿編為八百五十人，分組成三個裝甲步兵連及一個配備迫砲和重機槍的兵器連。此外，黨衛軍的帝國師在本次戰役中編有八個裝甲步兵營。

投入。這種戰術和英國的蒙哥馬利元帥在一九四二年十一月的第二次艾拉敏會戰中的戰術相同，但是蒙哥馬利在艾拉敏遠居數量優勢，而庫斯克的俄軍不但在數量居於上風，而且擁有強大的裝甲預備兵力。尤有甚者，摩德爾決定在裝甲兵攻擊前先猛烈砲擊，這對第九軍團的砲兵是一個艱鉅負擔，因為他們缺乏足夠的拖曳車輛，不易隨戰局發展迅速跟進擴張戰果。

相反地，曼斯坦認為自己沒有足夠步兵去進行這種必然犧牲很大的傳統突破，因此打算利用手頭強大的裝甲兵力，直接在俄軍防線上鑽出一個洞來。他的「裝甲楔子」尖端是虎式戰車，兩側是豹式與四號戰車，伴隨攜帶自動武器與手榴彈的步兵，「楔子」的基部是更多搭乘履帶車輛的重武裝步兵。當他們衝入敵人的戰壕之後，要不顧一切代價把握時機前進。戰車兵都奉到嚴令：在任何情況下，都不准停下來幫助失去動力的同袍。「修護是兵工單位的事，戰車指揮官只要還能前進就要繼續前進。當戰車失去行動能力而主砲還能發射，例如機械故障或是履帶損壞的時候，乘員必須繼續發砲進行火力支援。」一旦戰鬥開始，這種命令對那些座車失去動力的戰車官兵而言，簡直就是催命的鐘聲。

在六月的陽光下，大德意志師在戰線後方進行訓練，模擬突破俄軍的防線。部隊的氣氛很輕鬆，幾乎有點像是承平時期的演習。有些老兵還回想起一九四〇年溫和、充滿信心的夏季，那時候這個單位還是「大德意志」團，他們渡過繆斯河，協助友軍在色當奪下了橋頭堡，使得法國的淪亡命運註定。其他一些人基於近來的戰局發展，不禁擔心第四裝甲軍團的機會。當然，這一回德軍集中了如此強大的裝甲兵力，而且只要前進三十五英里就能與第九軍團會師。而在一九四一年的六月，曼斯坦率領第四十一裝甲軍（屬北面集團軍）在「巴巴羅沙」作戰後七天內，就從布勒斯特─里多夫斯克打到波布魯斯克，一共前進了兩百七十英里，最後一天還一口氣衝了七十英里。不過這種論調有其潛在的問題，因為這等於是把「閃擊戰方程式」──俯衝轟炸機，短而密集的砲兵射擊、大量戰車與步兵的密切合作──一古腦兒塞進計算機，卻不考慮敵人實力已經今非昔比。

六月二十二日，第十一裝甲師舉行派對，慶祝「巴巴羅沙」作戰兩週年。這場當初預計「兩月亡蘇」的戰爭，現在已經打了二十四個月，而且根本看不出有結束的跡象。一車車從波爾塔伐找來的俄國女人，使許多人暫時不去想這個嚴重的問題，不過當俄國飛機嗡嗡嗡從頭上飛過時，舞會的氣氛就泡湯了。片刻之後，月夜中可以看到一朵朵降落傘──游擊隊員正在接收補給物資。

七月二日，在拉斯頓堡的會議結束不到二十四小時，「露西」就把德軍對「衛城」作戰最後決定的詳盡報告送到莫斯科。史達林立刻電告羅柯索夫斯基與范屠亭：

根據我方情報來源指出，德國人將於七月三日至六日間在我軍前線上發動攻勢。

因此，『大本營』下令：

一、加強對敵軍行動之偵察與監現，以求及時發現其意圖。

二、地面部隊與空軍應作好迎擊可能來犯之敵的準備。

這份命令又以同樣迅速的方式，送到前線各軍團司令部。當天接近傍晚時分，范屠亭與赫魯雪夫（現在擔任弗洛奈士方面軍的政委[4]）巡視卡圖可夫中將的第一戰車軍團司令部。它設在一個叫做佐林斯科依—地弗瑞的村莊附近的溪谷中，位於奧波揚與普羅科羅夫卡之間。卡圖可夫所部已經完成戰備，各單位的記號標示在地圖上。赫魯雪夫開門見山地說：「法西斯份子將在七月三號到五號間開始進攻。這不是猜測，而是事實，我們知道這件事。」波派爾中將是第一戰車軍團的政委，當時在場聽到了赫魯雪夫這場戲劇化的宣布，他後來回憶庫斯克突出部內俄軍最後一天備戰的情景。

「夜晚的道路上都是汽車引擎聲，一列列的戰車與大砲，揚著塵土駛向那些我們判斷德國人將進攻的地點。當德國軍官們正讀著他們『元首』的每日訓令時，我們也正在為迎接他們的進攻作最後準備。我們加強防線，調動更多火砲到陣地，一次又一次檢查，協調各單位的作戰計劃。我們派了兩個砲兵團去支援第六親衛軍團。有一個裝甲旅負責支援我們的步兵。」

而在庫斯克突出部的肩部，德軍在貝爾哥羅以西和奧勒爾以南的集結卻呈現一片死寂，夜晚的車輛與裝備調動都停止了。而在卡爾可夫以南的部隊卻報告，有大批車隊正離開庫斯克前線，這是德軍欺敵作業的一部分。德國方面的廣播花了許多時間，報導曼斯坦訪問羅馬尼亞首都布加勒斯特的消息。曼斯坦此行特別致贈羅國領袖安東尼斯古元帥一面金質「克里米亞之盾」，以紀念軸心國攻下該半島上塞凡堡要塞的勝利。事實上，曼斯坦的確去了布加勒斯特。他七月一日從拉斯頓堡一開完會就飛去，晉見安東尼斯古之後立刻飛回前線。他把前進指揮所設在一列火車中，停在第四裝甲軍團攻擊發起線後方的一片森林裡。

任何跡象都指出德國人即將進攻。庫斯克上空的空戰愈來愈激烈。德國轟炸機在戰鬥機護航下，不停飛往目標攻擊，俄國戰鬥機則起飛迎擊。許多炸彈被投在俄國人精心製造的假機場上，不過在六月三十日，德國轟炸機錯過了一個更重要的目標，在一次夜間轟炸中，羅柯索夫斯基的司令部也挨了幾顆炸彈，但是這位中部方面軍總司令卻正好不在。當時他突發奇想，招待他手下的通信兵們去吃軍官餐。第二天，羅柯索夫斯基就把他的司令部移到附近一座修道院的碉堡裡去了。

七月一日，一名被擊落的 He 111 轟炸機飛行員供稱，許多德國空軍的單位已由克里米亞調至卡爾可夫。七月四日，一名斯洛伐克籍的工兵從德軍戰線逃亡，他告訴俄軍：攻擊將在五日凌晨三點鐘展開。當天晚上，在中部方面軍十三軍團戰線前方的無人地帶，經過一場槍戰，一名紅軍斥堠俘虜了一名德國士兵，這名屬於德軍第六步兵師工兵營的士兵供稱：攻擊將於五日凌晨三點展開，所有部隊都已在發起位置準備完成。

七月三日晚上，德國工兵在兩軍戰線間的「死亡地帶」奮力工作。在南邊戰線，布托弗對面的地

4 譯註：雖然俄國人把「政委」的名稱改了，但做的事仍換湯不換藥，為求方便，此處仍稱其為「政委」。

段，工兵們掃除地雷，在雷區中開出一條路來。這些地雷阻斷了從無人地帶到後方高地的道路，而這些小丘不但可以俯瞰德軍集結區，也提供了俄軍砲兵良好的觀測位置，使他們可以準確將火力投進正要「躍出」的德軍當中，更可以遮蔽俄軍的砲位與據點，免遭德國砲兵的傷害。雖然空中偵察已經拍了許多照片，不過由於俄軍的偽裝，幾乎不可能辨別哪些設施是真是假，因此，「衛城」作戰若想成功，必須儘速奪下這些山頭，然後德軍的觀測人員就可以把密集而準確的火網「灌入」先前「隱形」的敵軍砲位與防禦工事上。

掃除地雷是既困難又極為危險的工作。這個地段從一九四一年來，曾經反覆爆發多次戰鬥，兩軍相互前進、後撤，地面下的金屬已經多到使地雷探測器無法使用。掃除地雷只好靠用金屬棒輕輕往地下戳來發現，然後用手把它們挖出來。工兵們在悶熱天氣下進行掃雷工作，還要擔心敵人射向無人地帶上空的照明彈，卻表現了驚人的效率。在七月三日晚間的五小時內，十名大德意志師第二工兵連的工兵，在布托弗段戰線上排除了兩千七百枚地雷，平均每人每分鐘就掘出一顆。

七月四日的黎明，天氣炎熱而潮溼。早晨突然下了一場雷雨，使得士兵都躲回帳幕，景色籠罩在一片迷濛中。在貝爾哥羅西方，前線上是一片處於期待中的寧靜。第四十八裝甲軍和第二黨衛裝甲軍準備攻擊的單位，正在戰壕裡緊張等待發起攻擊的信號。一名黨衛軍士官布歐爾抽空在日記上寫著：「我被編在一個火焰發射器組，我們得要在全連前面領頭前進，得要推進到離老俄三十公尺才開火。這是一個貨真價實的自殺任務，我想現在該是留下遺囑的時候了。」

下午兩點四十五分，雙方都聽到飛機飛來的聲音。德國第四航空軍團派出五個大隊的 Ju 87D，伴隨著護航戰鬥機。[5] 它們在五分鐘後飛越德軍戰線上空，對布托弗四周兩英里寬、五百碼深的地帶猛烈攻擊。這場空襲持續了十分鐘，等到俯衝轟炸機飛回，德國砲兵便開始射擊。除了一般火砲的雷鳴之外，還夾雜著多管火箭的呼嘯聲。這種被德軍稱作「火箭發射器」的武器，原始設計是用來投擲煙幕彈或毒氣彈（從來沒有用過），後來經常發射一般的高爆彈頭。現在德軍也有和紅軍的「卡秋莎」匹敵的武器。「火箭發射器」可以在十秒內射出一百零八枚火箭，彈著面寬二千二百碼，深一百一十碼。當它們發射時，發射軌上噴出巨大火焰和濃密煙霧，濃煙中一道道紅色的光芒劃破天際直奔目標。在戰壕中的俄國士兵被嚇得抱在一起。「火箭發射器」在心理上造成的震撼性恐怖效果，即使老兵也很難忍受。

砲擊進入高潮時，第四十八裝甲軍的主攻勢便發動了。四十八軍位於霍斯軍團的中央，面對俄軍三英里長的防守正面，防線後方是沙維多夫卡、亞歷克西夫卡和盧洽尼諾三個村子。裝甲步兵和一般步兵在突擊砲和工兵的支援下，衝過已被掃除地雷的防線。他們後面緊跟著砲兵的裝甲觀測車與通信車，隆隆地駛進無人地帶。這時候，俄軍的砲手們也從攻擊發起的震驚中恢復過來，開始了反砲擊。

5 作者註：德國空軍中最大的飛行單位是「聯隊」（Geschwader），根據其任務取名，例如「第七十七俯衝轟炸聯隊」、「第五十二戰鬥聯隊」等。一個聯隊分為三至五個大隊，通常一個大隊有三十架飛機。「大隊」（Gruppe）是德國空軍的基本作戰單位，其下又可分為三個「中隊」（staffel）。

同時間，在像熱帶暴風雨的雷聲一般密集的巨響中，天堂的大門似乎打開了。防守布托弗的俄軍第一九九親衛步兵師反應太慢，前哨防線一下子就被大德意志師的裝甲榴彈兵團第三營席捲。布托弗東方的高地也被第十一裝甲師奪下，雖然戰場上下著雨，但絲毫未影響德軍準備充分的攻勢。下午四點四十五分，德國砲兵觀測官已經趕到高地上，從那兒他們第一次看到了俄軍的主防線。

在布托弗西邊接近葛厝夫卡的地方，德軍的前進就比較辛苦。這邊主攻的部隊是大德意志師的「裝甲火槍兵團」，[6] 以及第三裝甲師的第三九四裝甲步兵團，他們遭到俄軍第七十一親衛步兵師的堅強抵抗，在俄軍從高地上發射的直接火力射擊下，第三裝甲師直到午夜還無法奪下包括葛厝夫卡村在內的目標。俄軍在夜晚發動凶狠的逆襲，同時把砲兵調上前來，通信兵則拚命地工作，試圖把觀測哨和各砲兵營聯絡上。

在第四十八裝甲軍的左方，第五十二軍發動了穿入攻擊，而右方的第二黨衛裝甲軍也展開預備攻勢，藉以奪取觀測點，

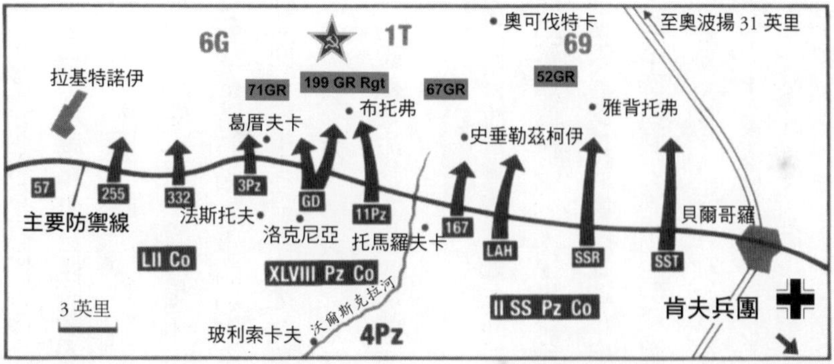

第四裝甲軍團在一九四三年七月四日的預備攻勢。目標是奪取戰線前方由俄軍據守的高地。

以因應明天的大攻勢。這邊雨勢比較小，戰況也更激烈，一直到德軍用火焰噴射器把俄軍前哨全部肅清為止。被奪下的戰壕裡瀰漫著燒焦的肉味、夾雜著溼草地、泡水的軍服、火藥和劣質俄國菸草的怪味。

晚上十點三十分，火箭與照明彈照亮了貝爾哥羅和托馬羅夫卡之間的夜空，范屠亭下令對德軍砲兵陣地與集結區發動一場反砲擊。他判斷敵軍對自己前線所發動的攻擊，是「衛城」作戰的前奏，便命令以第六親衛軍團首先迎擊德軍對奧波揚的攻擊，第七親衛軍團負責阻擋德軍的輔助攻擊。當他這份命令發出時，第四十八裝甲軍的戰車正在向沙維多夫卡與賽茲賽佛之間的一條小溪前進，陷身在一大片泥淖當中。大雨明顯地幫助俄國人更強化了防線。泥濘向來是令俄羅斯平原的春季動彈不得的主因，如今在這場夏季戰鬥中也發揮了破壞性的影響力。

七月四日晚上，朱可夫正在羅柯索夫斯基的總部裡。羅柯索夫斯基的參謀長是馬里寧中將，與朱可夫在莫斯科防禦戰時就相識了，當時他是第十六軍團的參謀長。馬里寧接到一通經由保密線路打來的電話，法希里夫斯基（這時在范屠亭的司令部）告訴他，戰事已在貝爾哥羅以西展開。朱可夫立刻開始統整所有已知的情報。首先，第一六八師的一名俘虜供稱，德軍的主攻勢將在明天展開。大約凌晨兩點鐘，第十三軍團司令普寇夫將軍也從電話中得知，俘獲的二等兵費梅洛，已經在偵訊的過程中

6 譯註：讀者不妨注意該師的兩個裝甲步兵團其名稱都頗富「古意」。

透露的德軍攻擊時間。

羅柯索夫斯基這時問朱可夫：「我們該怎麼做？通知最高統帥部，還是直接下命令給部隊？」朱可夫回答：「我們沒有時間好浪費。根據先前的計劃發佈命令，我會打電話向史達林報告。」他立刻接通莫斯科，史達林剛已經先接到了法希里夫斯基的報告。朱可夫在電話裡報告了由俘虜口中得到的情報，以及他決定將對敵軍發動一次反砲擊。史達林立刻追認了這項決定，並要求朱可夫隨時向他報告戰況，他會一直待在大本營，直到敵人攻勢確實開始。

史達林很緊張，不過不是唯一感到緊張的人。朱可夫後來描述：「我們每一個人都一樣。雖然早已有長時間的深厚準備，雖然有強大的打擊兵力，但每個人都還是處在一種激動、亢奮的情緒下。儘管已是半夜，但卻沒有人想睡。」

在俄軍的防禦構想中，反砲擊是極重要的一環，預計要消耗掉砲兵最初手頭上擁有的彈藥量一半以上。中部方面軍的砲兵參謀長納德希耶夫上校現在忙著以電話通知各預備單位的指揮官，並且和他的上司、目前正和第四砲兵軍在一起的方面軍砲兵指揮官卡札可夫將軍聯絡。凌晨兩點二十分，也就是德軍預計開始砲擊的前十分鐘，羅柯索夫斯基一聲令下，中部方面軍的六百門大砲與迫擊砲開始射擊。除了重砲射擊，還有「卡秋莎」噴著火焰從發射軌上射出。史達林這時打電話給朱可夫：「你開始了嗎？」朱可夫回答：「是的，我們開始了。」史達林又問：「敵人現在幹什麼？」朱可夫表示：德國人正試圖還擊一些零星的砲火。史達林對此表示滿意，並說過一陣子他還會打電話來。

羅柯索夫斯基的砲擊大約持續了三十分鐘。目標對準一百個敵人的砲兵營，其中約有半數是隱蔽的。[7]砲擊也將炸射敵人的步兵集結地以擾亂準備進攻的部隊。德國人一開始似乎被打得亂了陣腳，不過到了四點四十五分，就開始對俄軍進行大規模的反擊。而在空中，第六航空軍團的轟炸機，對波尼里周圍俄軍第十三軍團的陣地展開攻擊。

此時的戰況很像是兩個重量級拳手蒙上眼睛在黑暗中互擊，誰都不曉得自己的攻擊能給對方帶來多少傷害。俄國砲兵因為有良好的掩體與偽裝，受損比德國砲兵小。羅柯索夫斯基決定再對德軍發動一場半小時的砲擊，這次投入的火砲高達一千門。但他並不清楚德軍確實的集結與躍出點，所以只好將火力集中在一個地區，希望自己正好猜對，至於德軍方面，雖然時間表進度被俄軍反擊打亂，但是實質損失也不算大。朱可夫在戰後分析這場戰鬥時指出：兩個方面軍發動砲擊的時機都太早，當時德軍的步兵還躲在散兵坑裡，裝甲部隊也還在有保護的待命區內。他也批評，蘇聯空軍在戰鬥開始時不見蹤影。

「由於敵人的預備攻擊是在夜間，因此我方的空中支援並不理想，坦白說根本是毫無效果。我們對敵人機場的拂曉攻擊太晚，德國飛機早已飛出去支援他們的地面部隊了。不過空

7 作者註：德軍的砲兵營通常擁有十二到十六門火砲；而英國的砲兵營僅擁有六到八門火砲。

軍後來對敵人戰術目標與重新集結部隊的攻擊，表現就有效率得多。」

五點三十分，中部方面軍報告：大量敵軍步兵與戰車正朝中部方面軍的第十三及第七十軍團攻來。弗洛奈士方面軍的第六親衛軍團也報告同樣狀況。在北邊，德國第六航空軍團自五點十分起，對俄軍第十三軍團展開空襲。二十分鐘後，在沿著特羅斯拿—馬洛強格斯克的三十英里寬正面上，一個德軍裝甲師與九個步兵師開始進攻。

在攻勢的序幕，摩德爾打算先用步兵來對付敵人的雷陣。在漫長的準備期中，第九軍團把步兵調往後方，利用舊俄軍雷區來練習掃雷技巧，這些舊雷區過去也曾是可怕的障礙物，但是比起德軍在庫斯克遇上的雷陣，就顯得小巫見大巫了。現在，德軍戰鬥工兵必須在熾烈敵火下爬過夏天的長草地，爬進兩軍陣線間種著裸麥、玉米、苜蓿與向日葵的田地。他們除了要承受俄軍密集的迫擊砲與機關槍火力，而更可怕的是，這片土地今年春天還被「種」下一種新「作物」。一種名為「雪茄菸盒」的木製人員殺傷地雷，引爆線都已經深藏在茂密的植物裡，無法分辨。直到觸動引線，隨即一聲巨響與如雨點般落下的泥土，才標示了它的存在。

德國工兵在開闊地上作業，冒著那些未被先前砲轟擊毀的俄軍據點的射擊，付出了慘重的死傷。他們拚命工作，要為待命的裝甲部隊闢出一條路來，這種工作需要非常靈巧的手和冷靜的心。工兵先挖開反戰車地雷周圍的泥土，然後把地雷略微舉起，以確定沒有一條額外釘在地上的擊發線。除雷小組一點一點的前進，挖掘地雷、清除泥土、拔起地雷、拆掉信管，把它們放到一旁。俄軍迫擊砲彈雨點般朝他們落下，而在他們後方，德軍戰車排成一列對著俄軍據點不斷發砲，迫使俄軍無法抬起頭來對工兵射擊。

摩德爾這種「挖掘」攻勢的首次努力，被俄軍砲兵一陣近距離的射擊打了回來。上午八點半，他的主攻勢對著俄軍第十三軍團的左翼正式發動，在攻擊開始前又進行了一個小時的轟炸。在這段由俄軍第十五、第八十一步兵師據守的十五英里寬正面上，摩德爾投入了第三十一、第六、第二九二、第八十六、第七十八步兵師與第二十裝甲師，再加上虎式與象式驅逐戰車的支援，攻向俄軍的防線。

到了九點三十分，第二十裝甲師已經攻到了波布利克。在該師的左側，葛羅斯曼中將的第六步兵師的第五十八輕步兵團渡過了奧卡河，奪下了諾維朱特村。葛羅斯曼決定將第五〇五重戰車營的兩連虎式戰車投入戰鬥，該營還配屬一排攜帶新式「哥利亞」袖珍戰車的步兵。「哥利亞」是一種無人戰車，大約四呎長、寬和高各兩呎。它由一具小型電動機或汽油引擎驅動，由無線電或有線電（電纜最長可達一千碼）控制。「哥利亞」的設計是為了摧毀敵人雷區或是堅強據點，它裝載著兩百磅高爆炸藥。除了「哥利亞」排之外，五〇五營還得到第六師的第三十八先鋒（戰鬥工兵）營與第三十七輕步兵團的支援。

虎式戰車的引擎發動，開始緊跟在步兵後面前進。它們無視於零星的T－34，掃平了玉米田裡的戰防砲。五〇五營繼續前進，通過奧卡河，衝進俄軍第六七六團的陣地，在第八十一步兵師的正面上打出一個大缺口。就在此刻，正當第六師暫時停下左翼的前進，去阻擋俄軍從側面的逆襲時，德軍獲得了一次突破的機會。這時虎式戰車已經率領步兵攻向布提基，一邊行進一邊向俄國部隊開火。葛羅斯曼可以看到在前方遠處的山丘，「我們從那兒可以觀測俄國人的行動，如果我們的坦克能推進到那兒，我們或許可以達到庫斯克，因為敵人當時尚處於被我方的奇襲所驚訝，並且實力尚弱。而隨著時間的浪費，敵人就能抽調預備隊來強化防務。」第五〇五營前進的深度與速度，都超出不抱指望的摩德爾的預計，但是這次「穿透」還是沒能乘機發展為一場大規模的「突破」，因為擔任預備隊的第二、第九和第十八裝甲師，還無法在二十四小時內完成戰備趕到前線。

在虎式戰車後面，第二十裝甲師的四號戰車也攻進了俄軍第一道防線。蘇聯的反戰車單位拚死力戰，在開闊地面上射擊，一直打到最後一個人，各「戰防班」的步兵更以汽油彈或炸藥包試圖炸毀戰車。到了中午，羅柯索夫斯基發現自己正面對一場危機。第十五與八十一兩個師的聯繫已經被切斷，整個七十軍團的右翼都受到威脅。現在看來，德軍的主要攻擊軸線並非如他先前所估計，沿著鐵路到波尼里，而是趨向偏西的奧可伐特卡。他原本預計第十三軍團將擔負抵擋德軍重擊的任務，其後方集結的第二戰車軍團在會戰第二天就可發動反攻。現在重新部署成了當務之急。第三戰車軍移往波尼里以南，第十六戰車軍向西北方前進，第十九戰車軍開往奧可伐特卡以西，第十三軍團的後方則由第十七親衛步兵軍補強，第十八親衛步兵軍調往防線右側，以避免其側翼為第九軍團的第二一六與三八三步兵師所突破。

一時之間，羅柯索夫斯基發覺自己像是個即使手中握有王牌也不保證能夠獲勝的賭徒。因為現在波尼里同樣也在德軍的威脅之下。德國第四十一裝甲軍軍長哈普，正動用麾下的八十六、二九二步兵師及十八裝甲師所屬的第一〇一裝甲步兵團向它進攻。該地的俄國守軍是第八十一與第二九四步兵師。為了增加攻擊力量，哈普調來容根菲德中校第六五六驅逐戰車團的象式驅逐戰車。為了替象式在雷區中開路，德軍使用了另一種新武器：「博格瓦德四型」重型爆破車輛。它是一種低矮、兩噸重的履帶車，外型上看來很像是英製的履帶彈藥運輸車。一次能攜帶一千磅的高爆炸藥，將它們射出後再遙控引爆。「博格瓦德四型」的駕駛員將車輛開到發起位置，便改以遙控方式操縱它沿著自己所掃出的通路前進。這是一個很困難的程序，因此「博格瓦德四型」的使用壽命也不長。在進攻馬洛強格斯克時，八輛「博格瓦德四型」被投入一片四百碼深的雷區開路，最後回來的只有四輛。

象式戰車同樣也出了問題。這些「活動碉堡」在防禦戰時威力十足，但卻不利於機動攻勢。在它們剛投入戰場時，一切都還順利，憑著強大火力與厚達兩百公釐的裝甲，很輕易就突破俄軍防線。六五六團麾下六五三營（營長史坦瓦赫少校）和第二九二師協同攻擊，前進了兩英里多，和第六師在布提基取得了接觸。而在哈普左翼的六五四營（諾亞克少校），擔任第七十八師的矛頭，攻上了二五三．五高地，到達波尼里東方。密布的壕溝很快把象式戰車和其他單位分隔開來，當它們失去較輕型戰車的側翼掩護時，就像是戰鬥艦失去了驅逐艦的護衛一樣。俄軍步兵從散兵坑中跳出來，爬上行駛中的象式——它沒有機槍可以對付他們，然後用火焰噴射器對著引擎通風柵噴火。摩德爾的王牌

「怪獸」，很快就灰頭土臉。古德林回顧象式驅逐戰車在庫斯克的表現時，表示它們「不適於近距離作戰，因為它們的主砲缺乏合適的彈藥（穿甲彈與高爆彈），而沒有機槍更使這個缺點雪上加霜。每當突入敵人步兵的防區，它們只能拚命發射主砲，卻無法壓制敵人的步兵與機槍火力，更不要提摧毀了。我們的步兵沒辦法跟著它一起前進，這時它們就只好獨力對抗敵人的砲兵了。」

摩德爾的計劃正一步步展開，但也漸漸陷入僵局，俄國工兵以與德國工兵掃除地雷一樣快的速度，又鋪下一條防禦帶。在七月五日之內，他們就在各要衝地區布下至少六千枚地雷。而到七月五日結束時，摩德爾已有約一百輛戰車與自走砲毀於俄軍地雷，更多德國戰車在越過雷區時被反戰車據點擊毀，而使跟隨戰車前進的德國步兵暴露在機槍巢的火力之下。

第九軍團的攻勢像是隧道開挖機的巨齒，在俄軍陣線上撕出一個個大缺口。在俄軍第七十軍團的防區，德軍第二十裝甲師向格奈列茲方向前進，在俄軍第十五與一三二步兵師的交界處推進了四英里。而在第四十一裝甲軍方面，第八十六步兵師打到了俄軍壕溝防線的第三道，一八四輕步兵團更攻入了波尼里的北郊。二九二步兵師搭配六輛象式戰車，在近傍晚時已推進了三英里。不過俄國步兵並沒有發生「戰車恐慌症」，他們仍然堅守在掩蔽良好的據點中，等到戰車從他們旁邊駛過，再從掩蔽處出來與德國裝甲步兵搏鬥。在領先戰車群的乘員們認為已經到手的地區，激戰正猛烈展開。

在摩德爾的左翼，狀況也愈來愈多。對馬洛強格斯克的攻擊，是由第二十三軍的二一六與三八四兩個師負責，他們一開始還算成功，攻入了俄軍第二五四與一四八步兵師的防區，但又被猛烈逆襲打

摩德爾在庫斯克突出部北側的攻勢。德軍幾乎已經突破敵陣，但仍功虧一簣。

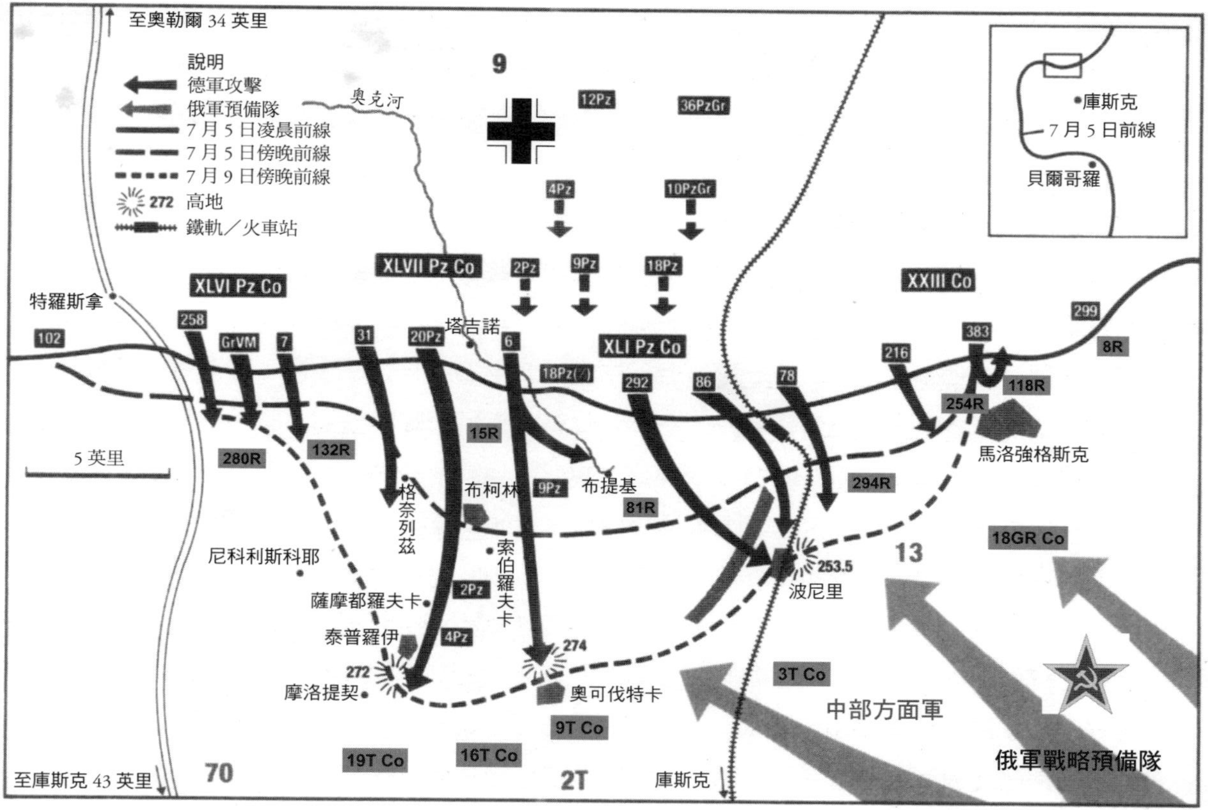

退回來。而在此地，德軍必須獲得一個深入突破，以保護友軍裝甲部隊免受羅柯索夫斯基從東方調來的預備隊威脅。空中偵察已經顯示，大量敵方部隊正向波尼里與奧可伐特卡地區增援。

午夜時分，摩德爾與軍團參謀長艾弗菲德上校會商。摩德爾當初憂慮俄軍防務深厚，現在不幸言中。第九軍團多數部隊都被困在敵人的戰術防禦區裡，有些各自孤立的虎式戰車單位雖然推進較深，但沒有步兵的掩護。德軍裝甲步兵趁著夜色穿過鐵絲網與壕溝陣地，想與「虎式」聯絡上，卻和紅軍巡邏部隊爆發戰鬥。更糟的是德軍左翼未能奪下馬洛強格斯克，這使摩德爾尚未投入戰鬥的裝甲主力在第二天出動時，容易遭到俄軍源源調入庫斯克突出部的預備兵力所攻擊。

第六航空軍團負責支援第九軍團作戰。從七月五日第一道曙光乍現，第一俯衝轟炸聯隊第三大隊的「斯圖卡」機，在隊長蘭格少校率領下，便開始攻擊俄軍的戰術防禦區。當「斯圖卡」正襲擊敵人的據點與道路時，反戰車單位的 Hs 129B 與 Me 110G 機在戰場上空盤旋尋找目標。更上方則是激烈的空戰，主角是德軍第五十一與五十四戰鬥聯隊的 FW 190A 戰鬥機，和俄軍第六戰鬥航空軍與第一親衛戰鬥航空師的 La-5 和 Yak-9。

在庫斯克突出部北側七月五日的猛烈空戰中，俄方宣稱在七十六場空戰裡擊落一百零六架敵機，己方損失九十八架。當天戰績最佳的蘇聯飛行員是克倫斯尼成科中尉，他隸屬第五一九戰鬥機團，共擊落三架敵機。第五十四親衛戰鬥團的波利亞科夫中尉則擊落一架，用螺旋槳「啃」下另一架。這是本次會戰中首度出現這種撞毀敵機的案例，在整場會戰中起碼有六次。

比起德方發佈的戰果，俄國人的數字就算得上很謙虛了。第五十一戰鬥聯隊第三大隊的史特拉斯一級上士，宣稱擊落十五架飛機，這種誇張非常能表現東線空戰的特色。

儘管德方的數字難脫灌水之嫌，但是史特拉斯和同袍們的確有打不完的目標。七月五日天一亮，蘇聯第十六航空軍團就把大部分的兵力投入戰場，包括第三轟炸航空師、第六混合航空軍、第二親衛與第二九九地面攻擊航空師。俄機以六至八架的隊形飛到戰場上空，隨機式攻擊德軍的攻擊矛頭。由於俄軍戰術拙劣，大部分戰鬥機都被吸引去和德國戰鬥機交戰，使得德國空軍的反戰車攻擊機得以自由橫行於戰場上空，而俄軍的攻擊機反而受到慘重的損失。

至於在南邊戰線，七月五日是以一場猛烈空戰宣告開始，其規模之大足以讓中央集團軍方面的空戰為之失色。當天從凌晨兩點三十分到破曉前下了一場大雨，但天亮時已是一片藍色晴空。當時鐘滴答滴答地走到三點三十分，也就是霍斯正式發動大規模攻勢的時間，第八航空軍軍部裡充滿著沉重與緊張的氣氛。等到砲兵彈幕開始，戰車向前推進，航空軍長賽德曼將軍計劃投入他手頭的最大兵力，以攻擊敵人的機場、工事、戰壕與砲兵陣地。從該軍位於卡爾可夫周圍的七座機場上，八百架俯衝轟炸機、轟炸機、戰鬥機正待命升空。依據計劃，轟炸機將先起飛，在機場上空盤旋，等待戰鬥機起飛占定護衛位置，然後飛向目標。

賽德曼並不指望這波空襲能使敵人受到多大的「奇襲」。儘管大部分飛機到前一晚才調到前進基地，但要掩藏這麼大一支航空兵力不讓敵人得知，還是不可能的。他隨即發現俄國人已經搶先一步，他們的第七十航空軍團現正朝他飛來。當攻擊發起的倒數計時還在進行，無線電監聽忽然發現大量的空中交通指揮通訊，顯示敵方的大規模行動立刻就要到來。不久，雷達便發現了數百架接近中的俄國飛機。賽德曼現在只剩下幾分鐘的時間，否則俄國人一九四一年六月所遭遇的大悲劇，就要報應到德國人頭上了。

賽德曼的部隊能否逃過一劫，以及攸關作戰成敗的空優能否獲得，都要看德國戰鬥機來不來得及起飛迎敵。在一團混亂和匆忙中，第三和第五十二戰鬥聯隊緊急升空，原定先起飛的轟炸機，改讓戰鬥機先起飛後再升空暫避。賽德曼與正在軍部視察的顏雄尼克焦急地等待著。現在俄機已經飛臨米高揚諾夫卡，正向卡爾可夫方向前進，不過它們的目標機場上除了幾架損壞的德國飛機外，已經空無一物了。

另一方面，四百五十架蘇聯入侵者——其中兩百八十五架是戰鬥機——突然衝進一大群 Bf 109G 當中。賽德曼事後寫道：「場面真是壯觀，到處都有飛機起火與墜落。不一會兒我們就打下了一百二十架俄國飛機，自己損失卻很輕微，大獲全勝。這一戰確定我們在這段前線上的制空權。」蘇聯機群的編隊被德國戰鬥機衝散，又遭到地面防空砲火的猛擊。只有少數轟炸機有機會飛到空蕩蕩的機場上投彈。雖然蘇聯方面也宣稱摧毀六十架德機，但卻不能改變此後五小時內，德國第八航空軍在戰場上空予取予求的事實。

在德軍霍斯軍團方面，戰鬥的形勢和摩德爾方面有很大不同。陸軍總部原本命令第四裝甲軍團沿著經奧波揚至庫斯克的直接路線進攻，以與第九軍團會師。但霍斯在充分研判過空中偵察照片後，曉得走這條路線將會迎面撞上卡圖可夫的第一戰車軍團，而該軍團還獲得額外兩個戰車軍增援，各型裝甲車總共超過一千三百輛。霍斯也曉得在庫斯克東南方，俄國人部署了好幾個戰車軍，而第五親衛戰車軍團更躲在突出部東南角的後面伺機而動。如果他切實遵照陸軍總部的命令行事，不但會遭到第一戰車軍團猛烈抵抗，也會將自己右翼暴露在范屠亭裝甲預備兵力的反攻下，甚至還要加上第五親衛戰車軍團——這是俄軍戰鬥序列下最強大的一支打擊兵力。

霍斯研究地圖發現，任何從東方開來的俄軍裝甲預備兵力，都必須由頓內次河與普賽爾河之間的瓶頸地段穿過，這塊地區中央有一個叫做普羅科羅夫卡的村子。霍斯決定向北攻擊前進一段路之後就轉向東北，從第一戰車軍團旁邊繞過。他對幕僚們說：「在我們向庫斯克前進之前，最好先把普羅科羅夫卡的敵人給解決掉。」如此也讓從貝爾哥羅南方渡過頓內次河、負責保護軍團側面的肯夫兵團較易跟上步伐，保持在霍斯右翼前進。

由於霍斯自作主張，並未通知陸軍總部，因此「露西」情報網未能得知，范屠亭也因此而錯估了第四裝甲軍團的攻擊方向。七月五日清晨，霍斯的裝甲兵力開始進攻時，范屠亭卻為沒有飛機可用所苦。德軍希望以最快速度前進，等到他們和趕到的俄軍預備隊接戰時，就可以在平坦的開闊地上交鋒，如此較能發揮德軍較高的戰術靈活度，爭取部隊運動的自由。

霍斯的攻勢由砲兵的猛烈轟擊開始，在五十分鐘內，從葛厝夫卡到貝爾哥羅之間的正面上，德軍發射的砲彈數，比一九三九年波蘭戰役與一九四〇年法國戰役所消耗的總和還要多。五點整，戰車開始前進，賽德曼的俯衝轟炸機與地面攻擊機為它們在地上炸出一條路來。第一地面攻擊聯隊第一大隊的FW 190F戰鬥轟炸機，配備了新發明的SD-1與SD-2人員殺傷子母彈，當它們在落下中途爆開時，數百枚小型破片彈就散在一大片地區內。來不及尋求掩蔽的俄國砲手，都死在一陣如暴雨般掃過的破片之下。

儘管如此，俄軍砲兵還是不放過把砲彈扔在德國戰車集結區的機會。在第四十八裝甲軍方面，大德意志師在亞歷克西夫卡前方的泥濘地邊緣集結，等待工兵在漲高的溪水上架設渡河點，他們密集的部隊就遭到了敵人的猛烈砲轟。蘇聯空軍的第七十航空軍團也從凌晨的大敗中恢復過來，攻擊機又開始出現在戰場上空。

幾乎在同時，大德意志師的豹式戰車在勞希特中校的率領下，衝進了俄軍第一道防線前方一片未被檢測到的雷區，其他裝甲單位的車輛則陷身在昨夜大雨造成的泥濘裡。如此一來，大德意志師裝甲火槍兵團的步兵只好在缺乏裝甲兵支援的情形下前進，傷亡慘重。工兵迅即被召來，直到下午，該師工兵營第二連才終於開出一條路來，好讓戰車與自走砲趕上前去支援步兵。但是再一次，前進作業又被泥濘地擋住。這一回工兵卻無法及時帶著裝備趕到。結果光在齊卡斯科伊一地，德軍就在雷陣中損失了三十六輛戰車。

大德意志師右翼的進展，比前述的左翼要令人鼓舞得多。到上午九點十五分，該師的裝甲步兵在突擊砲、第二戰車營的四號戰車、重戰車連十四輛六號「虎式」戰車的助戰下，就連第十一裝甲師也派出一個戰鬥群以為支援。他們繞過泥濘地，迫近齊卡斯科伊，深入俄軍防區達五英里。為了守住齊卡斯科伊，第六親衛軍團的齊斯提亞科夫司令調來了兩團戰防砲，以協助防守該地的六十七親衛步兵師。到了下午，「虎式」戰車已經攻上前線，衝過一片被擊毀或中雷的戰車，摧毀了俄國人殘餘的戰防砲，包圍了村莊。最後，在十五名親衛步兵擔任後衛的掩護之下，其他俄軍撤出了村莊，到夜晚來臨時，德軍已經控制齊卡斯科伊。而大德意志師右側的第十一裝甲師，則在往奧波揚的公路上又多推進了五英里。

至於第四十八裝甲軍的左翼方面，第三裝甲師負責奪取科羅維諾村，與村旁重要的二二〇高地。科羅維諾在黃昏時被第三九四裝甲步兵團攻陷，而第六戰車團的一個排還衝到了更北的克拉斯尼波欽諾克，這是俄軍在皮那河前方最後一個防禦重點。入夜後，第二五五與三三二步兵師趕上前來保護第三裝甲師的側翼，總計第三裝甲師在這一天深入敵人戰術防禦區達六英里。

在第四十八裝甲軍右側的第二黨衛裝甲軍，齊斯提亞科夫先前就預測其將是霍斯的攻勢重心所在，結果他並沒有失望。豪賽爾這支「納粹主義精神的破城錐」，擁有四百多輛各型裝甲戰鬥車輛，包括四十二輛虎式戰車，以及一個「火箭發射器」旅。豪賽爾決定要在狹窄正面上實施突破，主攻部隊由希特勒近衛師的內（右）側與帝國師擔任。右方的骷髏師除了隨主攻部隊前進，更要保護軍團的右翼，直到增援的步兵趕上來接防為止。

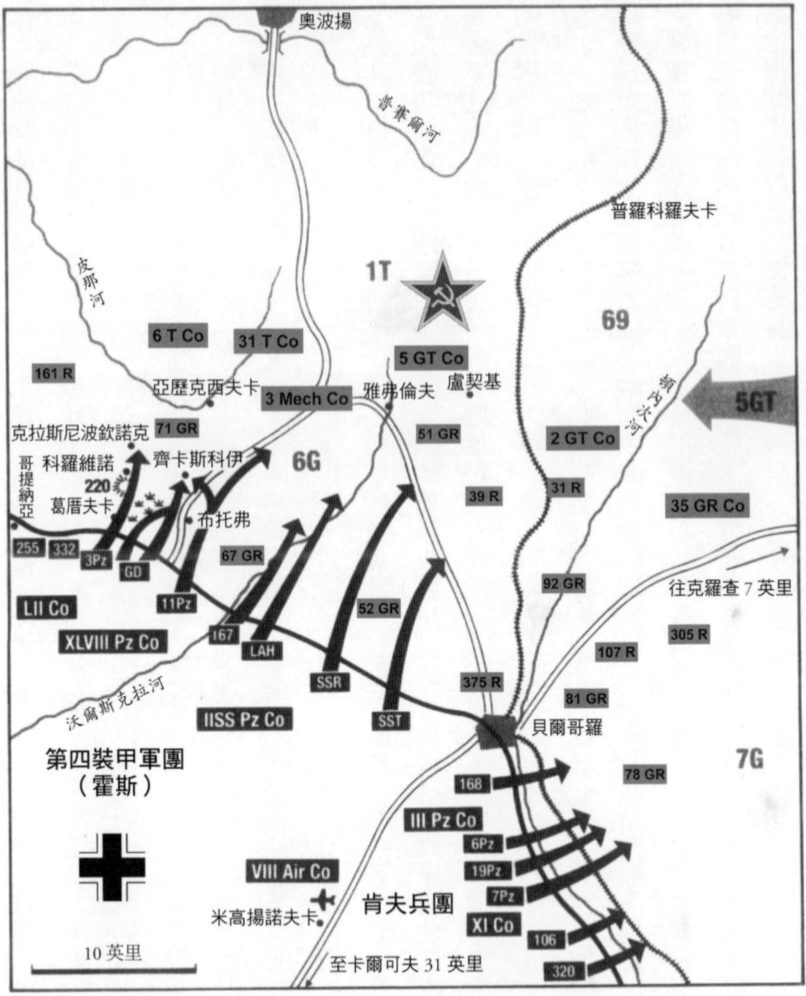

霍斯的第四裝甲軍團於七月五日開始進攻，以全力猛擊俄軍第六親衛軍團。

早上八點十五分，帝國師的德意志裝甲步兵團開始進攻布瑞索夫村。在「斯圖卡」的炸射後，德意志團第三營在火焰噴射組的領導前進下，打進了這個村子。一名火焰噴射組的士兵漢斯·胡伯回憶這場戰鬥。

「敵人的砲火逼得我們不得不尋找掩護。裝備重得要命，讓人想說『感謝』上帝……一會兒之後，我們曉得第二排的弟兄已在村裡奪下了立足點。我的班長基賽爾等得不耐煩，命令我把火焰噴射器準備好，然後爬進我們前方的壕溝，每到一個壕溝的拐角，我都對著另一頭噴火，或是對敵人據點噴火。操作這種強大毀滅性武器的感覺很奇怪，看到火焰射向前方將守軍吞噬更是恐怖經驗。很快地，我滿臉都被燻黑，臉部還被燒傷，因為火焰常常被逆風或戰壕壁反噴回來。我幾乎看不到東西。敵人擋不住火焰攻勢，我們獲得相當的成功，俘虜了很多人。」

在帝國師左邊，希特勒近衛師以楔形隊形前進，由克林上尉的虎式戰車連擔任矛頭。黨衛軍各裝甲榴彈兵師所屬的虎式重戰車連，成員都是特別挑出的一時之選。車長們都是擅長擊毀敵人的「戰車王牌」。他們能以最快速度判別戰場狀況，擁有判斷敵人車輛動向的「第六感」，在攻擊下仍能保持冷靜，在緊要關頭一擊中的。最重要的是，他們的組員都訓練有素、經驗充足，能夠和車長配合良好，準確執行每一個命令。

魏特曼中尉和他的虎式戰車組員就擁有上述這些特質。魏特曼於一九三七年加入當時尚未升格的黨衛軍希特勒近衛團，一九四一年德軍在向羅斯托夫進攻時，魏特曼在一次戰鬥中擊毀六輛戰車，因而獲頒一等鐵十字勳章。[8]魏特曼是一個戰車天才，砲手吳爾在行進間射擊的能力上，更有著過人的稟賦。

當德國砲兵射出的砲彈落入俄軍防線時，魏特曼排裡的五輛虎式戰車開始向前推進。戰防砲的砲彈落在它們四周，吳爾瞄準並擊毀了他今天的第一門戰防砲。當魏特曼的戰車排前進到一處俄軍據點時，遭遇一批T－34的攔截。虎式立刻擊毀了好幾輛T－34，其他俄國戰車則落荒而逃。在裝甲步兵的前導下，虎式戰車攻向下一道俄軍戰防砲防線。這時師長魏許少將也趕到前線上來，有一名戰車車長對他大喊：「到庫斯克吃中飯！」

一個小時後，當魏特曼正與更多俄軍戰防砲交戰時，無線電中傳來同連的文多夫（Wendorff）排正遭遇危險的消息，[9]他立即率領全排戰車調頭。當衝過一片灌木叢時，魏特曼發現他們竟跑到另一個俄軍戰防砲陣地的後面了。而文多夫的戰車排在不遠處一個溪谷裡正被一群T－34圍攻，一輛虎式已被擊中起火。魏特曼立刻命令排裡兩輛戰車對付戰防砲，自己則趕去營救文多夫。在五分鐘內，魏特曼就幹掉了三輛T－34，敵方還擊也打傷了他座車的履帶。到此刻德軍的攻勢發展已經穩定了。到當天結束時，魏特曼宣稱共擊毀了八輛戰車與七門戰防砲。魏特曼於一九四四年八月九日於諾曼第陣亡，當時他是第一〇一黨衛戰車營營長。總計他在不到三年中累積了一百三十八輛戰車與突擊砲外加一首三十二門戰防砲的戰功，這個紀錄從未有他人能及。[10]

在三小時內，第二黨衛裝甲軍已把俄軍第六親衛軍團的防區打下了好幾塊地方。早晨八點鐘，卡圖可夫帶著參謀波派爾中將到第六親衛軍團，拜訪司令齊斯提亞科夫。還不知道大禍臨頭的齊斯提亞科夫，正在一片果園中享用今天的第二頓早餐。波派爾挖苦地回憶：「餐桌上擺著羊肉冷盤、煎蛋、一大瓶伏特加酒。從瓶壁上凝結的水滴可以知道它是冰過的，還有整齊切片的白麵包——齊斯提亞科夫可真懂得照顧自己。」

第六親衛軍團可就不像它的司令官那麼悠閒愜意了。齊斯提亞科夫還沒來得及請兩位訪客入座，砲彈便從他們頭頂飛過，尖銳的嘯聲在林間迴響。這時齊斯提亞科夫的參謀長快步跑過來，報告敵人已經突破戰術防禦區。當卡圖可夫與波派爾衝上自己的座車，逃回第一戰車軍團司令部時，地平線上已經出現漆著綠褐兩色迷彩的德國戰車。滿天都是德國飛機，連一架俄國戰鬥機都沒有。

在先前的計劃階段，「大本營」認為北邊德國第九軍團的攻勢將比南邊第四裝甲軍團更具威脅，

---

8 譯註：當時魏特曼是一輛三號突擊砲的車長。
9 譯註：德軍慣用部隊指揮官的名字稱呼所屬單位。
10 譯註：魏特曼戰績最輝煌的一役是他於一九四四年六月十三日單獨偷襲號稱「沙漠之鼠」的英軍第七裝甲師，在他的戰車被擊中以前共擊毀了二十八輛戰車與裝甲運兵車，為此他獲頒加綴寶劍的騎士級鐵十字勳章。

因而南區防線的部署密度較低。雖然其實兩個戰線的防禦強度相差有限，但也就因為這一點差距，使得第四十八裝甲軍和第二黨衛裝甲軍的進展比摩德爾好。現在俄軍在庫斯克突出部南翼的防務已經亮起警訊，下午四點三十分，范屠亭命令卡圖可夫以第六戰車軍與第三機械化軍防守奧波揚，並準備於次日（六日）清晨對塔馬羅夫卡發動反攻。而另外兩支預備隊，第五親衛戰車軍與第二親衛戰車軍，則在盧契基以東集結，準備向貝爾哥羅方向進攻。

范屠亭也注意到貝爾哥羅以南地區的情況。在這兒，肯夫兵團在凌晨兩點二十五分攻過了頓內次河。第三裝甲軍第五〇三重戰車營的一名砲手尼曼，為他們與俄軍第七親衛軍團的「開幕戰」，留下了生動的描述。

我們的戰車連通過一片狹窄的樹林，進入頓內次河平原。身為砲手的我坐在車長腳旁的座位上，戴著頭盔與喉部麥克風。在緊張的心情下，我一遍又一遍地檢查主砲和機槍的扳機，以及砲塔旋轉盤，[11]同時迅速計算周遭景物的距離，我的手有一點抖。

俄國砲兵開火了。我們駛過一個村子。在索羅米諾附近，我們利用一處淺灘涉水渡河，這地方位於貝爾哥羅西南方七公里。第一輛戰車駛進了淺灘，其他戰車還在後方掩蔽，四周都是敵人砲彈的爆炸，還有「史達林管風琴」，簡直就像一場地獄般的音樂會。

領頭的三二一號戰車下了河，水漫到超過擋泥板的高度，然後慢慢地在水中前進。當它到達對岸時卻陷在泥裡，它試圖衝上去，但沒有成功，地面承受不了六十噸重的戰車。我們只好在頓內次河這邊分散開來，敵人的砲火都集中在各個渡河點。我們壓根兒沒想到利用橋樑，因為它的載重量只有三十噸。

工兵在此時表現了超人一等的努力。第一名受傷的步兵現在給送了回來，他們不能理解這些「虎式」為什麼還待在這兒枯等。

「前進！快點前進！弟兄們需要你！」他們拚命地大叫。但是我們還是在這邊，步兵們在那邊。中間隔著頓內次河。

到了中午，陽光無情地曬燙了戰車，坐在裡面就像是待在人工孵卵器裡面一樣。最後，工兵們終於完成了工作！他們弄好了一個渡河點。

「全連注意——前進！」

當戰車與步兵前進了幾百公尺之後，第一道命令下達了。

「注意！兩點鐘方向敵碉堡。高爆彈。」

我踩下砲塔旋轉踏板，砲塔向右旋轉，我用左手調整測距望遠鏡，右手握著主砲俯仰輪。

目標在我眼中出現。準備——開保險——放！

11 作者註：虎式戰車的砲塔旋轉動力靠引擎提供，如果引擎關閉就得用手搖。

目標籠罩在煙塵中。

「駕駛兵，前進！」前方又是另一個畫面。第一個紅軍士兵出現在戰車前方，接著大批大批穿著棕色軍服的敵軍爬了起來。他們或站或跪，對著戰車的鋼甲開火。我們的機槍開始射擊，高爆彈也一枚枚在他們當中爆開，他們手中的武器飛到空中，身體則中彈倒下。只有少數人在地上尋求掩蔽，但馬上被我軍步兵趕上來給收拾掉了。

射擊、再射擊。在我們連的右方出現了一片麥田。「敵加農砲——一點鐘方向——五十公尺——開保險！」

我們小心翼翼地前進。我的臉緊貼在覘視望遠鏡的頭靠上，眼睛因為不停搜索而酸痛不堪。前方突然又出現一門敵軍戰防砲，砲彈打在我們面前，炸起了一大片泥土。我們還擊，擊毀了那門砲。這時我們遭到更多攻擊，爆震從四面八方傳來。至少有四門砲同時對付我們。

駕駛兵大叫：「我們中彈了！」

我們的無線電員受了傷。但是裝填手還是一發接一發地把砲彈送進砲膛，當我開砲時，他便為戰車的同軸機槍更換新彈帶。

車長站在砲塔裡，指示駕駛前進的方向。我們遇上一門戰防砲，我們就用履帶壓過去，把它輾得粉碎。

前方又挨了一彈。車裡燈光熄滅，主砲的電力擊發裝置也壞了，但是我們仍然繼續前進！

又是一門戰防砲，在前面離我們不到五十公尺。它的砲手紛紛逃開，只剩下一個人。他躲在砲盾後面，對我們開火。一聲恐怖巨響迴盪在我們的戰鬥室裡。駕駛兵把戰車開上前去，把這門砲也輾碎。然後我們又狠狠地挨了一傢伙，這次挨在車身後方。引擎發出咳嗽聲，但沒有熄火。

「停止射擊。」我們的中尉下令。

「可是那門戰防砲呢？」我問。

「其他人已經把它幹掉了！」

我們繼續前進。虎式越過壕溝和彈坑。前方是一個集體農場，它的前面有一群敵人戰車。我們的第二發砲彈把一輛車打中起火。另一輛T-34進入射界，可是我們連著落空了兩砲。第三發直接命中砲塔與車身之間的位置，把它擊毀。這場戰鬥終於結束。為了安全起見，我們全連圍在一起過夜。

許穆克也參加了「衛城」的第一天戰鬥。他在第七裝甲師砲兵團，指揮一輛突擊砲。該師的任務是在索羅米諾附近的杜羅果布西諾西方，建立一個橋頭堡。許穆克正和一道戰防砲防線交戰時，看到一名俄國軍官，挺立在陣地裡，他的鬍子刮得乾乾淨淨，身旁聚集著士兵，一看就知道是一個指揮中心。這名軍官的「勇敢」行為引來了許穆克全連十八輛突擊砲的集火射擊，「好樣兒沒好報。」許穆克說。

不一會兒，許穆克的座車就遭到了敵人的砲火。先是他前面的兩輛車「炸開來」，過了幾秒鐘，他的突擊砲挨了一枚直接命中彈。許穆克昏厥了一下子，醒來時發現車裡都是部下們的血。駕駛死在座位上，砲手半個身體趴在艙口外，沒有生命跡象。無線電員還站在那兒，但同樣已經沒救了。

許穆克連忙爬出座車，躲到旁邊一片林子裡。他趴在草叢與灌木間，看著其他突擊砲退回一座山丘後面去，現在他四周都是沒人領導的俄國兵，失去方向地到處亂跑。許穆克焦急地等了十五分鐘，德國戰車才再回來。他衝出躲藏處，爬上一輛四號戰車。這輛車的車長舒茲中校是一位經驗豐富的軍官，向以英勇和奇佳的運氣著名，因而在部屬間贏得「裝甲舒茲」的綽號。舒茲連忙給了許穆克幾顆「普維丁」藥丸。[12]後來，許穆克在一九四三年十一月曾經回憶這種甦醒劑的藥效：「我根本睡不著。在攻擊期間我吃了太多『普維丁』。我們已經得依靠它才能長期撐下去。每個人都吃，通常都超過了正常的服用次數與劑量。它似乎可以去除不安與紛擾的感覺。我好像落進一個明亮的世界，危險都不見了。一個人會覺得他的力量似乎增加了。到了戰鬥結束，人會覺得好像醉倒一樣，只想睡覺。」

到七月五日結束，第三裝甲軍已在頓內次河東岸建立了一個七英里寬、五英里深的橋頭堡。在它的南邊，第一〇六與三二〇步兵師也攻占了一片稍小的橋頭陣地。晚上七點四十分，范屠亭將第三十五親衛步兵軍的三個師撥給第七親衛軍團，以防禦通往克羅查的軸線。

在第三裝甲軍西北方的第二黨衛裝甲軍，現在已經突破第六親衛軍團的防地，差一點就俘虜軍團司令齊斯提亞科夫將軍。希特勒近衛師在一六七步兵師擔任左翼掩護下，大約推進了十英里。該師右側的帝國師與骷髏師推進了十二英里，突破了俄軍第五十二親衛步兵師，到達由貝爾哥羅通往奧波揚的公路。

黑夜籠罩在戰場上。只有星光與少許的燈火、曳光彈束，以及雙方斥堠在壕溝中相遇時，火焰噴射器突然的光亮。德軍各突擊營的生還者疲憊地待在戰壕裡，不是吃點東西就是睡上一覺。他們四周都是戰死和垂死的人，還遍佈被擊毀的戰車、變成殘骸的卡車、冒著煙的裝甲運兵車。在後方的野戰醫院裡，滿滿地都是傷患。

紅軍方面宣稱，在第一天的戰鬥中，至少有五百八十六輛德國戰車被擊毀或負傷退出戰場。這個數字就和空戰的戰果一樣誇大不實。事實上，南翼德軍在這一天損失的戰車還沒達到三位數。七月四日，第四裝甲軍團有九百一十六輛能作戰的戰車，現在減為八百六十五輛。俄軍高層對七月五日局勢的真正看法，可以從赫魯雪夫在范屠亭司令部裡的發言看出：「未來的兩三天將會很可怕。不是我們守住，就是德國人一路打到庫斯克。他們這次是全力一搏，非生即死。我們必須確定，能讓他們折斷脖子。」范屠亭發下一份絕無通融餘地的命令：「在任何情況下，絕對不能讓德國人打到奧波揚！」

在第四裝甲軍團司令部裡，也有一大堆煩人問題。第二黨衛裝甲軍與第四十八裝甲軍雖然攻破了

12 譯註：即現在為人所知的安非他命或冰毒。

俄軍第一道防線，但還是未能趕上「衛城」作戰的計劃進度。原本希望在俄軍防線的中央突破，重演一九四一年式閃擊戰的念頭，現在證明不切實際，正如第六裝甲師師長胡諾斯多夫將軍當初所擔心的一樣。[13]當初預計安排在裝甲矛頭尖端的「神奇武器」，結果問題叢生。古德林當初對豹式戰車能否投入戰鬥的疑慮，現在不幸言中。到七月八日早晨為止，先後已有七十六輛豹式因機械故障而送廠，使指揮官勞希特中校手頭只剩下四十輛車可用。

將虎式戰車擺在裝甲矛頭尖端，正確與否也是個問題。速度緩慢的虎式對抗T-34時威力十足，可以在老遠就用八十八公釐砲把後者擊毀，就像戰艦遇上巡洋艦一樣。但是在近距離接戰時，虎式戰車一旦和裝甲矛頭的其他部分分離，它們優異的裝甲與武裝，就被T-34以靈活度與數量優勢給掩蓋掉了。

敵軍的抵擋也比預期強。俄國人並沒像過去那樣一擊之下就崩潰。霍斯的情報官提供一個有趣卻深具象徵意義的消息，在以往德軍進攻時，戰車的無線電員與其他前進指揮部中的人員，能從無線電中截收到俄軍指揮官不斷焦急地問上級：「我現在正遭受攻擊，我該怎麼做？」而在七月五日，這種混亂與驚惶失措卻沒有出現。

在庫斯克南翼戰場的空戰，也像以往歷次德國空軍痛宰俄國空軍的歷史重演。德軍宣稱摧毀四百三十二架敵機，其中第三戰鬥聯隊第二大隊就包辦七十七架。第五十二戰鬥聯隊的魏希上尉宣稱擊落十二架，是當日的冠軍——雖然他也五度迫降在地面上。同聯隊的克魯平斯基中尉以十一架的戰果緊追在後，此君向來喜好追求生活享受，因而同僚們稱他是「伯爵」。德軍承認的損失只有二十六架。一九四三年七月五日的空戰，規模在第二次世界大戰中堪稱空前絕後，甚至超過次年六月太平洋方面的「馬里亞納射火雞」。[14]

不過德國空軍現在正為燃料補給傷腦筋。兩個航空軍團都常遇到燃料不足的問題。在「衛城」作戰還在計劃階段時，為了替地面攻勢預作準備，兩個航空軍團就已傾力發動攻擊。現在他們手頭上的油料，根本不足去實施計劃所要求的「密集而持續的攻擊」（轟炸機一天出勤兩趟，地面攻擊機三至四趟，戰鬥機六趟以上，持續五天）。造成窘境的一大因素，是游擊隊對運油火車的攻擊。節約燃料的嚴格要求，替空軍的作戰計劃帶來了嚴格的限制。而隨著戰鬥持續，蘇聯空軍也漸漸地取得平衡地位，燃料問題主宰了整個空戰的進展。現在影響許多作戰的最大因素，不是投入的戰機單位數，而是燃油的存量。會戰拖得愈久，就有愈多任務要在考量油耗情況後才能執行。更進一步說，不管德國空軍的擊墜率多占優勢，蘇聯空軍在任何時刻仍能在戰場上空擺出有力陣容。雖然以寡擊眾的德國空軍還是能獲得局部性空中優勢，但過度頻繁的出勤還是使機械問題增加，妥善率因而下降。德軍的空中

13 譯註：請見本書第六章。

14 譯註：「馬里亞納射火雞」是一九四四年六月，美、日海軍在馬里亞納群島爆發的海空戰。美日各有十五艘航艦和八百九十四架飛機；九艘航艦和四百三十架飛機。空戰規模最大的一天是六月十九日，美軍損失二十九架，日軍損失三百一十五架。由於美軍贏得太過順利，因此他們形容這場空戰根本就是一場「射火雞」而已。

保護傘下開始出現一個個空洞，而俄國飛機很快地就「填補」了進來。

隨著七月六日早晨的曙光初露，大地上所呈現的景象，彷彿又回到了一九一七年第一次大戰時的西戰場。如果由一個第一次大戰的老兵看來，庫斯克一定會讓他想起當年阿拉斯和堪布萊，唯一不同的只是雙方使用的武器都已隨時間而進步了。在地面的鐵絲網和壕溝上方，如雲般的濃煙正飄蕩著，那是由於玉米田或村落起火所引起的。被擊毀的戰車冒出黑色的煙柱，看起來就像是一群驚嘆號，隨著微風飄向西方。

持續的小型武器與機槍射擊聲每過一陣子，就被「卡秋莎」撕裂天空的嘯叫和俄製七十六公釐砲的巨響所掩蓋。遠處傳來八十八公釐砲獨特的發射聲，一輛虎式戰車正在為自衛而奮戰。

在中部方面軍，羅柯索夫斯基於黎明時下令對奧可伐特卡發動一場逆襲。在五日下午，中部方面軍的各預備單位都接到命令：「根據事先安排的計劃向逆襲攻擊發起區移動。」第三、第十六、第十九戰車軍立刻開往它們的集結地，不過在戰爭進行中，任何詳盡的計劃到時都不免出狀況。由於夏季的夜晚太短，因此俄軍無法對攻擊地段作詳細的偵察。俄國工兵花掉了一整晚的時間，還是沒能在自己先前布下的雷區中開出完全安全的通路，更別說去勘查德軍新鋪下的雷區了。

俄軍的反攻甫開始，就在雷區上亂掉了隊形，因為德軍在通過雷區後又把它們增強了，隨即被德國裝甲部隊給打了回來。羅柯索夫斯基立刻命令第二戰車軍團挖掘坑洞，讓戰車藏身於內進行防禦戰，以抵擋德軍四號與六號戰車的攻擊。根據俄軍戰術，戰車只有在對付敵人步兵或輕型戰車時，才在開闊地面上作戰。

原本摩德爾想等到步兵突破敵陣後，再大舉投入裝甲部隊以擴張戰果，如今被迫將手下裝甲兵力的大部分，直接攻擊俄軍戰線的中央地段。從索伯羅夫卡向東到波尼里的這一段戰線上，他投入了第二、第九和第十八裝甲師，它們奉命攻占幾個重要的高地，包括泰普羅伊西南的二七二高地、奧可伐特卡東北的二七四高地、波尼里東方的二五三・五高地。這些高地連成的曲線，和俄軍核心防線相距約十五英里。站在高地頂上就可以望見庫斯克，而且期間一路都是平原，羅柯索夫斯基的戰車若在此與摩德爾的裝甲師交戰，將會落居下風。看來摩德爾的大獎已經在望了。

但是在這一段戰線上，俄軍也集中了三千門火砲、五千挺機槍和一千多輛戰車。羅柯索夫斯基也從其他「安靜」前線上抽調援兵。從防守庫斯克突出部正面的第六十軍團調出一個師，用卡車送到第十三軍團防區；第六十軍團旁邊的第六十五軍團也派出兩個戰車團，趕往激戰的地區。

羅汀將軍的第二戰車軍團與普寇夫將軍的第十三軍團在二十英里的前線上，阻擋德軍七個步兵師與四個裝甲師的攻勢。在索伯羅夫卡和波尼里之間，兩軍展開了長達四天的坦克大戰。雙方為了爭奪這幾處高地，在戰鬥高潮時，各投入了超過兩千輛的各型戰鬥車輛。

在德軍攻勢的最前方，是沙凡特少校的第五〇五重戰車營。它在攻擊發起當天隸屬第六裝甲師，當晚十點三十分改隸第二裝甲師。沙凡特的虎式戰車於六日上午攻克了索伯羅夫卡。當俄軍大批裝甲部隊在波尼里與索伯羅夫卡之間出現時，第二裝甲師連忙趕上去赴援。領頭的是巴克斯堡少校的第三戰車團第二營，後面還有該團第一營和一個突擊砲營。從六日下午一直打到七日入夜，沙凡特兩個快打光的虎式戰車連，終於從俄軍掩蔽的T-34、戰防砲和反戰車步兵班間殺出一條血路來。

七月八日，摩德爾又發動了三次大攻勢，分別指向泰普羅伊、奧可伐特卡和波尼里。第二十裝甲師奉命肅清通往泰普羅伊的道路，它在攻打薩摩都羅夫卡村時，和守軍爆發激烈戰鬥。該師第一一二裝甲步兵團的第五連，在六十分鐘之內喪失了所有軍官。沙肯中將的第四裝甲師隨即接手，由第二十裝甲師已攻下的地區，向泰普羅伊與二七二高地發起攻擊。在地面部隊的頭頂上，Ju-87俯衝轟炸機在空中盤旋尋找目標。一旦接到攻擊命令，「斯圖卡」就散開隊形，發出淒厲的嘯聲進入俯衝，把五百五十磅的炸彈投在俄軍砲兵陣地上，一陣黑煙與泥塵湧起。在地面下，俄國砲兵坐在堅固的工事裡，等著「暴風雨」過去。護航的FW 190戰鬥機飛在俯衝轟炸機的四周，Hs 129則從低空低速進入戰場上空，尋找敵軍人員與戰車的集結地。

羅柯索夫斯基很清楚這段戰線的重要性。他在七日晚上又增調了兩個步兵師、一個砲兵師、兩個戰車旅和一個機械化步兵旅。從這三天中第四裝甲師對泰普羅伊的進攻，充分證實了當初摩德爾對俄軍堅強防禦的憂慮。

對泰普羅伊的攻擊由第三十三裝甲步兵團第二營打頭陣。他們衝過一片由俄軍砲兵和機槍組成的火牆，當場就損失了一百人。泰普羅伊最後終於被德軍攻下，但是俄軍卻重組部隊，守住了由丘陵進入平原地形前的最後一個山頭。

沙肯師長不給敵人喘息時間去重整防務或發動逆襲，他向手下第三與第三十五戰車團下令，搭[15]配步兵與乘坐半履帶裝甲車的機械化步兵去肅清山頭。他們直接衝向俄軍第三戰防砲旅的陣地，該旅由盧可舒耶夫上校指揮，擁有良好的偽裝作業，並且有半埋的T－34戰車支援，側面還有拿著戰防槍的步兵，這種武器在近距離時對三號及四號戰車還是有威脅。

在德軍距離七百多碼時，俄軍的戰防砲開始射擊。很快地，首當其衝的連只剩下一門砲和三個人還活著，他們在被德軍一發直接命中彈解決掉以前，又擊毀了兩輛戰車。接近中午時，另一個由格拉西莫夫上尉指揮的連，已經只剩一門砲，防盾被打掉，駐鋤也已完蛋，要靠彈藥箱撐著，只能靠砲管的方向瞄準，最後也被轟成碎片。盧可舒耶夫旅長發電給羅柯索夫斯基：「本旅遭受為數達三百輛以上的戰車攻擊。第一連與第七連全滅，現正抽調作為預備隊用之第二連投入戰鬥。要求彈藥支援。我將與陣地共存亡。」

這個旅最後終於守住了，但已在四十八小時的激戰中被全殲。德軍又發動了第三次攻擊，由第三十三裝甲步兵團的第二營主攻，由該營僅存的一位軍官狄斯納上尉領導攻擊，他們再次攻下了山

---

15 譯註：從前文看來，第三戰車團應隸屬第二裝甲師，這裡可能是暫撥給第四裝甲師指揮。

巔，但又被俄軍逐回。

第六步兵師對奧可伐特卡方面二七四高地的攻擊，被俄軍的俯射火力所遏止。而在波尼里，這座位於二五三．五高地山腳、房屋稀稀落落的村莊，兩軍為了爭奪它爆發了慘烈的戰鬥，戰況被戰史學家保羅．卡瑞爾形容為「庫斯克的史達林格勒」。

在德軍進攻波尼里的第一天，第二九二師就攻下了該村西北角的鐵路高架橋。接著第十八與第九裝甲師便向村內進攻，在火車站、學校與水塔等地爆發激戰。裝甲步兵佔領了二五三．五高地周圍的斜坡，但是山頭卻在俄軍第一〇三二步兵團堅守下無法奪取。兩軍在村內來回廝殺，俄軍固守村莊中央的十字路口，德軍則據有學校的校舍。

在七月十日至十一日間的夜晚，摩德爾再度投入已經愈來愈少的預備隊。他把已經損失殆盡的第二九二步兵師換下，由第十裝甲榴彈兵師接替。這支由施密德中將指揮的巴伐利亞部隊，擁有特別加強的砲兵實力，包括七個砲兵營、一個「火箭發射器」團、一個重迫擊砲營和一個突擊砲營。這些單位的強大火力在十一日早晨擋住了俄軍的反攻，當時該師的裝甲步兵還沒能完全進入陣地就位。而在十二日當天俄軍發動了三次白晝攻擊，但都被德軍精準的火力給打了回去。波尼里周圍斜坡上的森林被「斯圖卡」俯衝轟炸機、「卡秋莎」與「火箭發射器」炸得整片燃燒起來。

俄國人沒能夠奪回波尼里，但德軍的裝甲矛頭也停在羅柯索夫斯基最後一道主防線前，再也無力往前進攻了。德軍只剩最後一段衝下山坡攻往庫斯克的路程，可是在俄軍砲兵與第十六航空軍團的地面攻擊機猛擊之下，也使摩德爾的裝甲兵力遭受沉重損失。

第一地面攻擊航空軍的Il－2M3攻擊機用它們新配備的三十七公釐砲，「修理」德軍第十八與第九裝甲師。它們一架接一架飛過德軍裝甲縱隊的上空，進行大圓圈式的盤旋，然後俯衝而下，攻擊戰車脆弱的後部。這種密集攻擊一次可持續達二十分鐘之久，並造成嚴重的損失。蘇聯方面後來曾宣稱，它們在二十分鐘內擊毀了第九裝甲師的七十輛戰車。不管數字是否屬實，但俄國空軍的確能持續在庫斯克的北面戰場上發揮威力。

在攻擊的第一天，第九軍團前進了五英里。在接下來的七天中，他們只多推進了六英里，卻把所有的力量都用盡。由於摩德爾的左翼缺乏裝甲部隊，因此無法在馬洛強格斯克達成突破。當第九軍團把所有實力都投入以後，也正代表蘇聯「大本營」計劃多時的大反攻即將展開。

第八章

普羅科羅夫卡

俄國人什麼事都準備好了，而我們則什麼事都沒準備……我以後再也不聽信任何參謀本部的意見了。

——希特勒，一九四三年七月十三日

從俄國人的角度看來，摩德爾的攻勢已經陷入了僵局，而戰線南端的弗洛奈士方面軍的情勢則遠較嚴重。范屠亭計劃在六日清晨發動一場反擊，但是在卡圖可夫的反對之下取消。范屠亭改採與羅柯索夫斯基一樣的方法，將他的戰車半埋入土，重新部署戰防砲陣地並加強偽裝，準備迎接德軍第四十八裝甲軍與第二黨衛裝甲軍的來襲。

「斯圖卡」俯衝轟炸機的英雄魯迪爾上尉，六日早晨駕機飛至貝瑞佐夫地段時，看到「我們下面有大批的戰車聚集……從一九四一年到現在，這種場面還很少見」。當魯迪爾看著下方半埋的T-34與新式長管Su-85突擊砲時，突然有一個念頭在心中燃起——他的反戰車實驗分隊中，只有自己一架飛機從克里米亞調來參戰，魯迪爾決定要拿下面這些敵人戰車來試試Ju 87G的威力。他考量了進行攻擊的風險。

「保護這些戰車的防空砲火非常猛烈，但我告訴自己，底下的兩群戰車彼此相距八百到一千兩百碼，除非我被直接命中，像塊石頭般直落下地，否則一定能將受損的座機飛到我軍戰線內迫降。在我這架只有砲的飛機後頭，有一隊攜帶炸彈的俯衝轟炸機。」

果然，他在七日獲致豐碩的戰果。

「在第一次攻擊中，我用砲擊毀了四輛戰車，到晚上總數升到十二輛。我們單位的全體人員都陷入了狂熱情緒，一種光榮感在心頭升起，覺得我們減少了許多德國同胞的傷亡。從第一天以後，我們的修護技工就忙著修理那些被防空砲火打傷的飛機。這些嚴重受損的飛機不免壽命為之縮短，但重要的是，我們打破了俄國戰車的『魔咒』，藉著這種飛機，我們可以快速在各個地方消滅許多的蘇聯戰車……為了獲取這種飛機的補充，我們立刻發電到各地的反戰車實驗分隊，要求他們立刻連人帶機趕過來，所有能作戰的都要。於是反戰車小組便組成了，由我負責指揮作戰。」

很快地，「斯圖卡」的戰術便作了改進。當Ju 87G進入攻擊時，攜帶炸彈的Ju 87D機群一部分負責對付地面的還擊，其他則在低空盤旋，「就像是母雞在小雞身邊一樣，藉此保護攻擊坦克的飛機不致遭到戰鬥機攔截。」

Ju 87G發動攻擊時是以淺角度俯衝而下，迫近到離目標五十呎以內的距離。飛行員瞄準戰車最脆弱的部分，例如側面或尾部——引擎只有薄薄的一層裝甲保護。魯迪爾認為：「後面是最好的攻擊點，因為引擎旁總會有燃料。而當引擎啟動時所排放的藍煙，使空中的飛機很容易就能予以辨識。戰車在側面也攜帶燃料與彈藥，但是側面的裝甲要比後部來得厚。」

俄軍為了對抗這種新威脅，便把高射砲調到前線的領頭戰車單位，並且大量使用發煙罐製造濃

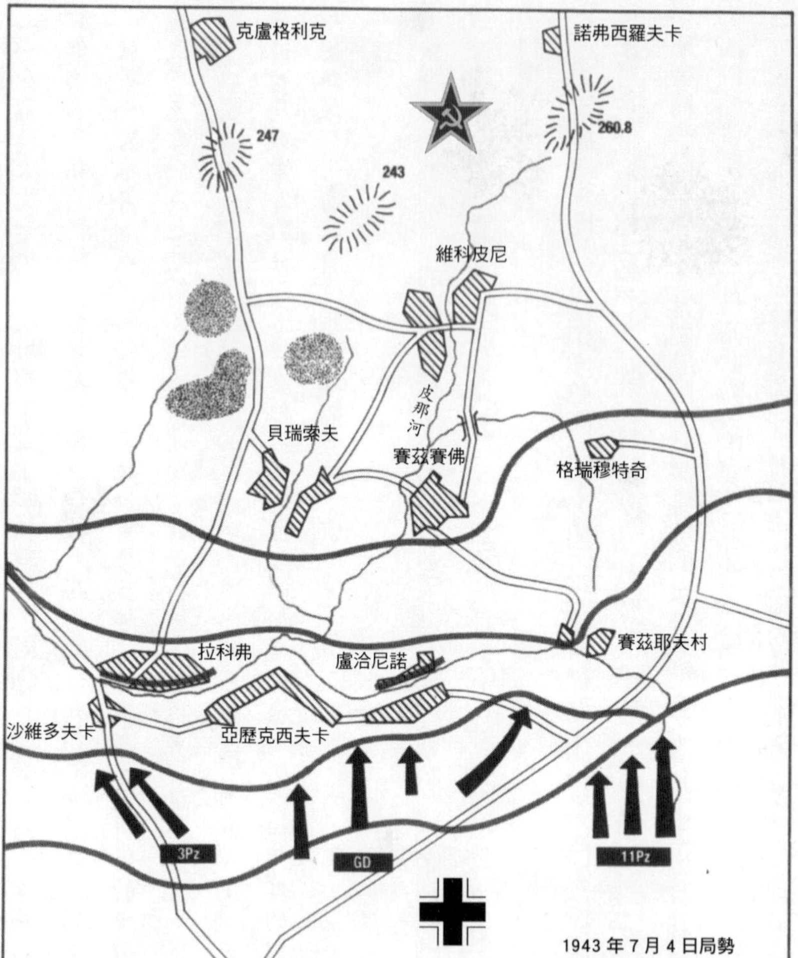

泥濘與氾濫的小溪延遲了德軍第四十八裝甲軍在七月五日至七日間向賽茲賽佛的前進。

煙，使得戰車看起來好像已被擊中。但是這一招沒能騙過他們的對手，魯迪爾在自傳中指出：「一輛真正中彈起火的戰車會有相當明亮的火焰，要想模擬這種的火焰可不容易，有很多次偽裝用的火引燃了彈藥，戰車就真的爆炸了。」

「斯圖卡」已在俄國裝甲部隊中引起了恐懼。魯迪爾寫道：「步兵常搭載在戰車上。現在我們一出現，即使戰車還在全速行駛，那些步兵也拚命跳車。他們認為這是大限到了，在我們飛到他們頭上前只剩下一秒鐘來逃命。在我們攻擊時，老俄寧可躲在地上。」[1]

正當俄國步兵在魯迪爾下方的大地上閃避時，第四十八裝甲軍與第二黨衛裝甲軍正向第六親衛軍團的主防區進攻。六日，第四十八裝甲軍曾試圖在亞歷克西夫卡與賽茲賽佛之間渡過高漲的溪流，卻未能成功。俄國戰車與砲兵推進到河對岸的村莊廢墟中，隔河對德國裝甲部隊展開直接射擊。德軍工兵則施放煙幕，以掩藏自己的架橋設備。

在豪賽爾這邊，希特勒近衛師與帝國師向前推進了一點點距離，右翼的骷髏師則擊破了敵軍的側翼，向北推進了二十英里。到六日黃昏，骷髏師已經越過並截斷了從貝爾哥羅到奧波揚的公路，並阻止了貝爾哥羅至庫斯克間的鐵路交通。

---

1 作者註：魯迪爾後來在一九四四年負傷，失去半截腿，但他仍作戰到戰爭結束。總計他一共摧毀了五百一十九輛戰車、八十輛自走砲、擊沉一艘戰鬥艦、一艘巡洋艦和一艘驅逐艦、七十艘登陸小艇以及八百輛車輛、四列裝甲火車，並擊落九架飛機。在他的軍旅生涯中共出擊兩千五百三十次，他自己也被擊落三十次，其中有五次負傷。

當天早晨，帝國師的元首團踏著及膝爛泥，通過該師德意志團的防地，進攻二四三高地。俄國守軍的猛烈火力把元首團的第一與第二營給打了回來，但是隨後帝國師的砲兵與重武器便對高地集火射擊，靠火力硬把裝甲步兵推上了高地。一旦德軍奪下二四三高地，就等於肅清了通往盧契基的通路，裝甲部隊便可乘機通過這個空隙，向普羅科羅夫卡方向前進。俄國人為了填補這個位於第六親衛軍團與第六十九軍團間的缺口，投入大量的飛機與砲兵反覆攻擊。

德軍的自走砲最得俄軍第二航空軍團Il-2的「青睞」。海德．魯埃爾回憶了它們攻擊時的情景，他當時服役於帝國師的突擊砲營。

「當（我）正在團醫護站包紮一個小傷時，俄國飛機攻擊我們的營，使我們傷亡了一百零八人，包括我們連長在內……我的車與一輛『虎式』輕微相撞而受損，我便折回後方尋找修護機具。當我到了那兒時，正好趕上另一波空襲，我又受了輕傷，這次傷在背上。他們給我塗了一些含有很重酒精成分的藥水，並貼上膠布。當我回到連上時，發覺更多的弟兄在我離開時被敵機殺死了。」

六日傍晚，范屠亭用電話報告史達林：他已下令將第二十七軍團調往突出部的南部。范屠亭強調戰鬥規模之大，估計「在一天的激戰內，就有三百三十二輛敵戰車與八十架敵機被毀，另有大批敵軍官兵陣亡。光是第七親衛軍團地段，我軍就擋住敵人十二波攻擊，擊斃人數超過一萬。」

史達林同意了范屠亭索取更多援兵的緊急要求，但是他堅持不准後退，一定要守到「西部、布里安斯克與其他各方面軍發動反攻的時候」。這時正和朱可夫一起在南部戰場協調作戰的法希里夫斯基，計劃將第二與第十戰車軍移往普羅科羅夫卡地區，同時將第五親衛軍團與第五親衛戰車軍團改由「大本營」直接控制。第五戰車軍團將移動至普羅科羅夫卡東北方五十英里的史塔瑞歐斯克。

法希里夫斯基的這些措施，引起大草原方面軍司令官柯涅夫的強烈不滿，並提出嚴重抗議。柯涅夫擔心他的戰略預備兵力會被割裂投入戰場，強調大草原方面軍應該保持集中，一次投入戰鬥，但是遭「大本營」駁回。不過，兩天後大草原方面軍就被調往前方，沿貝爾哥羅至卡爾可夫的軸線密集部署。

七月六日，柯涅夫飛到羅特米斯托夫的司令部，向他概述目前戰況，並且宣布他的第五親衛戰車軍團，將改由弗洛奈士方面軍調遣，並「以最快速度集中部隊」。柯涅夫一面說，一面用紅鉛筆在地圖上史塔瑞歐斯克的西方畫了一個圈。

柯涅夫離開一小時後，史達林打電話給羅特米斯托夫，向他詢問部隊的部署計劃，並建議用鐵路運送他的戰車，以免負荷這段長途行駛的損耗。羅特米斯托夫不贊成，表示德國空軍一定會攻擊列車和鐵路橋樑，何況考慮南方的緊急戰況，鐵路運輸所花的時間也太長。光把步兵運往前線也不妥，因為步兵可能一到達戰場，就要獨自去對抗德軍裝甲部隊。史達林又問他是否能只在夜間行動，藉以避免被發現。「不。」羅特米斯托夫回答：「黑夜只有六個小時，白天又必須把戰車藏在森林裡，而我們這一路上卻沒什麼森林可以躲藏。」

羅特米斯托夫因而要求史達林，准許他晝夜兼程前進。對此史達林表示，沿路上德國空軍的威脅太大。羅特米斯托夫承認有此可能，所以需要空中掩護。史達林同意了他的請求，要他在開始運動時與范屠亭和羅柯索夫斯基聯絡，並且祝他好運，隨即掛上了電話。

這天正好是羅特米斯托夫的生日，麾下各軍長原先就已受邀前來參加晚宴。結果當軍長們趕到軍團部時，發現晚餐已被取消，羅特米斯托夫站在一幅地圖面前，準備向他們指示前進的次序。在簡報之後，從德軍手中俘獲的香檳酒才送上來，在軍長們離開之前，羅特米斯托夫接受了他們舉杯祝賀。接下來的一小時內，羅特米斯托夫根據范屠亭與「大本營」指示擬出行軍計劃，並開始著手進行。

七月七日凌晨一點三十分，第五親衛戰車軍團展開長達兩百英里的行軍。第一波是羅特米斯托夫的第二十九戰車軍與第十八戰車軍，再來是第五機械化軍。羅特米斯托夫的司令部跟隨第一波部隊前進，以掌握行軍進度，並準備必要時從行軍縱隊中抽出一支打擊兵力。破曉時，第二航空軍團的戰鬥機出現在上空。柯涅夫後來告訴羅特米斯托夫：他一大早就搭飛機升空，觀察第五親衛戰車軍團的進展。在第二次世界大戰的高級將領中，羅特米斯托夫算是相當喜好舞文弄墨的一位，他後來如此描述這場行軍第一天的情景。

「早在〇八〇〇時，氣溫就已開始上升，如雲的塵煙隨風吹過。到中午時塵雲轉厚，路邊的灌木叢、田地、戰車和卡車的表面，都撒上一抹灰塵。在灰塵中，幾乎看不見深紅色的太陽。戰車、自走砲、火砲曳引車、裝甲運兵車與卡車，排成無盡的洪流前進。士兵們的臉龐都被灰塵和車輛排煙給燻黑。天氣熱得令人難以忍受，士兵們為口渴所苦，他們的襯衫被汗水所溼透。在這種前進中，駕駛們特別辛苦。他們在駕駛座上用各種方法調整姿勢、放鬆自己，利用車隊暫停時爭取短暫休息。但由於時間愈來愈緊迫，這一切辛苦都是必須忍受的。」

在六日至七日間的夜裡，南翼前線地區的氣溫下降了。兩軍就在霧氣瀰漫的低地和山谷間往來廝殺。天亮以後，第四十八裝甲軍與第二黨衛裝甲軍又試圖穿透范屠亭的防線。在夜色掩護下，第四十八裝甲軍得以重行編組，並成功地渡過了俄軍據守兩天的河床——現在它已經比較乾燥，足供裝甲部隊通過了。大德意志師在賽茲耶夫村的兩側突破，迫使守軍退到賽茲賽佛和格瑞穆特奇。

第六親衛軍團的殘部在無秩序的狀況下退卻。克里佛辛將軍（第三機械化軍軍長）的前線遭到德軍準確的砲擊，傷亡慘重。大德意志師的戰車和第十一裝甲師的部分單位，現在向西北衝往賽茲賽佛村，它是俄軍在奧波揚前方最後一個防禦重地。在俄軍第三機械化軍與第六戰車軍的逆襲，以及砲兵的猛烈射擊之下，德軍的前進終於還是受阻。

第四十八裝甲軍右翼的情形看起來更樂觀。大德意志師的一群裝甲步兵報告，拿下攻擊發起處北方五英里遠的維科皮尼。德軍立刻投入一個擁有裝甲偵察車與突擊砲的戰鬥群去鞏固戰果，他們奉命最遠推進到諾弗西羅夫卡南方的二六〇．八高地，當它到達格瑞穆特奇時，找到了先前那批報告的裝甲步兵——他們以為自己已經到了諾弗西羅夫卡！麥命新將軍老實地表示：「古往今來的每場戰爭裡都不免發生這一類錯誤，而在俄國又特別多。」

七日入夜時，格瑞穆特奇北方的一座小山已被德軍奪下，戰車團也消滅了防守二三〇．一高地的俄國戰車。在當天結束時，第十一裝甲師也和大德意志師的前鋒單位並駕齊驅，保護住後者的右側面。但是左翼的第三裝甲師向貝瑞佐夫卡的進展卻很慢，代表大德意志師的左側面正暴露在敵軍威脅之下。黑夜降臨到筋疲力竭的官兵們身上，戰車兵們早已被噪音吵得聽力喪失，或因高熱而脫水、或快被引擎廢氣燻到中毒，他們就地倒頭呼呼大睡，完全無視於在身旁徹夜工作的維修與後勤人員。

黨衛裝甲軍的攻擊進度，要比克諾貝斯多夫的第四十八裝甲軍要好。七月七日時，希特勒近衛師的前鋒已經進到泰特瑞維諾。在戰鬥中，魏特曼又宣稱擊毀七輛T-34，以及十九門俄軍第二十九戰防旅的戰防砲。由魏特曼的戰車排領先，德軍穿過俄軍戰線上的缺口往前進攻，當戰車與支援步兵進向皮斯約克尼時，一個機車連俘虜了一個俄軍旅部。俄軍第三機械化軍在此發動了一場反攻，首當其衝的德軍是第一戰車團第十三連的一輛虎式戰車，這輛由史陶德格上尉擔任車長的戰車和敵人激戰兩小時，宣稱共擊毀超過二十輛的T-34。

靠著骷髏師在右側掩護，希特勒近衛師和帝國師一路「啃」過俄軍的頑強抵抗，兩個師各在敵人的防線上打出一個深入的缺口，卻無法迫使敵人全面後退。雖然在進路上一路都是被毀的俄國戰車和重武器，但仍然遭到敵人的猛烈火力。不過，當黨衛軍的憲兵們把數以千計惶恐驚惑的俄軍俘虜送往後方時，似乎第二黨衛裝甲軍只要再加一把勁，就能突破敵陣直達庫斯克了。

一整天內，俄軍的生力軍不斷投入以阻擋德軍的前進。為保衛面臨第四十八裝甲軍威脅的賽茲賽佛，卡圖可夫和齊斯提亞科夫調派戰車與砲兵，支援戍守該地的第六十七親衛步兵師。第一戰車軍團為挽救通往奧波揚公路上瀕臨崩潰的前線，已經把所有力量都用上了。現在范屠亭打算發動一場側面反攻，由莫斯卡倫科上將的第四十軍團向托馬羅夫卡進攻。

七日午夜時，反攻的命令到達莫斯卡倫科的司令部，但是才過了幾個小時，新的命令就來了：莫斯卡倫科必須把大部分的裝甲兵與砲兵，都撥給第六親衛軍與第一戰車軍團。到了八日早上，第四十軍團所還能發動的，就只是一場「表演」攻勢而已了。

在德軍第四裝甲軍團方面，肯夫兵團在頓內次河東岸始終缺乏良好進展，同樣也令人擔心。在第四裝甲軍團右側、貝爾哥羅的北方，有一大片森林地帶，肯夫兵團一直未能肅清，只能靠空中偵察予以監視。而在貝爾哥羅東北方的高斯提許契弗，俄軍第二戰車軍的一個戰鬥群正在森林中編組，范屠亭下令它向西進攻第二黨衛裝甲軍的側翼，以減輕在德軍攻擊正面上的第三機械化軍與第三十一戰車軍的壓力。如果霍斯真的擊破了這兩個軍，他就可以渡過普賽爾河，席捲第一戰車軍團後方，弗洛奈士方面軍也就註定完蛋了。

隨著晨霧消散，六十輛T－34與支援步兵從樹林中躍出向西前進，目標是切斷貝爾哥羅至奧波揚公路，以及第二黨衛裝甲軍的補給線。戰車排成一個巨大的楔形編隊，步兵以密集隊形跟隨在後，活像是一場中古時代的進軍。他們隨即就被一隊在低空擔任巡邏的 Hs 129B 機發現。它們屬於德國空軍第九地面攻擊聯隊的第四大隊，基地在米高揚諾夫卡，這個單位剛從德國境內完成一次槍砲測試，然後來到東線加入第八航空軍，正好趕上參加「衛城」作戰。

擔任這支巡邏機隊指揮的是大隊長梅爾上尉，他立刻以無線電向基地發出警報：一支旅級的俄國裝甲部隊正發動側面突襲。第九攻擊聯隊第四大隊共有四個中隊，每個中隊有十六架飛機。[2]現在它們輪流起飛去攻擊這支俄軍，其中第一批德機只花了不到十五分鐘就趕到了。Hs 129 貼地飛行，從側面與後方發動進攻，梅爾的座機則在上方盤旋，為部下指示目標。Hs 129 三十公釐砲的鎢質穿甲彈輕易打穿俄國戰車的後部裝甲，使紅軍陣式大亂，T－34在地面上盲目亂竄。幾分鐘內，就有六輛T－34起火燃燒。正當 Hs 129 對付戰車，FW 190F 戰鬥轟炸機便以 SD－1與 SD－2子母彈攻擊步兵與摩托化高射砲。總計在一個小時裡，被毀的T－34約有五十輛，對豪賽爾的裝甲軍而言，側翼威脅已經不存在了。

不過這時在西北邊的俄軍第三十一戰車軍，也挺住了豪賽爾的正面攻擊。當時赫魯雪夫正在卡圖可夫第一戰車軍團前進指揮部的一個砲兵觀測所裡，他眼看俄軍開始潰敗，便命令波派爾將軍與另兩名政委到前線上收集敗軍加以重整。波派爾到了戰場上，盡一切力量阻止部隊向後逃竄，並命令他們調回頭來繼續抵抗，又命令第二十九戰防砲旅進行掩護，使俄軍能退到一條預設好的防線上。這場危機總算被阻止住，但是第二黨衛裝甲軍仍然緊扼著卡圖可夫軍團的咽喉。

在戰鬥進行中，帝國師的元首團配屬一支肩負特別任務的通信兵部隊，有六名「希比」志願者負責監聽俄軍無線電通訊。[3]八日下午，他們截收到在第一戰車軍團部與第三十一戰車軍團部間，雙方參謀為了預備隊正大吵其架。德軍判斷俄軍正陷於慌亂之中，便派出第一營第三連擔任突擊隊。該連在萊克斯上尉的領導下，鑽過戰線空隙，奇襲一座有良好工事掩護的俄軍指揮所，俘虜了一名准將，以及他的參謀與警衛連全體官兵。

在黨衛裝甲軍的西側，大德意志師派出的戰鬥群於八日上午冒著酷熱從南面進攻維科皮尼，戰車與裝甲步兵則隨即向維科皮尼北方的二四三高地進攻。這邊的守軍是一支俄軍戰車部隊，並且有強大的砲兵助戰。激戰整整持續了一個白晝，到入夜時，二四三高地與村子西郊仍然在俄國人堅守之中。

當天下午，對德軍而言，俄國戰車似乎在每個地方都大批大批地出現，大德意志師的戰鬥群簡直沒有喘息的時間。由法蘭茲少校率領的突擊砲營，先後打退了七次俄國戰車的攻擊。從截獲的無線電通信中得知，俄國人決心用T－34猛衝德軍防線，不惜任何犧牲。到八日入夜時，大德意志師突擊砲

2 譯註：從這個數字和前文中對德國空軍編制的介紹，可知這個單位當時的實力超過正常的員額。

3 譯註：Hiwi是德文「Hilfswillige」的簡稱，意指「志願者」。在德蘇戰爭中指蘇聯內部的對德合作者。這些志願者的處境各異，有希望離開戰俘營的前蘇聯士兵，也有被德軍強制從軍的普通市民。

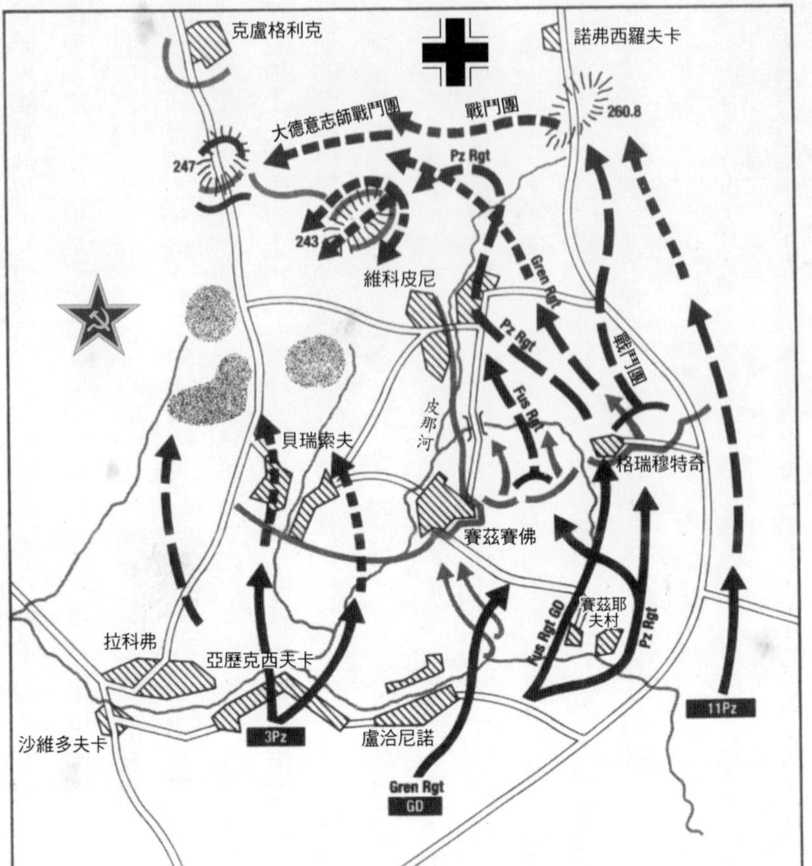

第四十八裝甲軍在七月五日至十日的戰鬥中，在俄軍陣線上打出一個矩形的缺口，但未能達成突破。

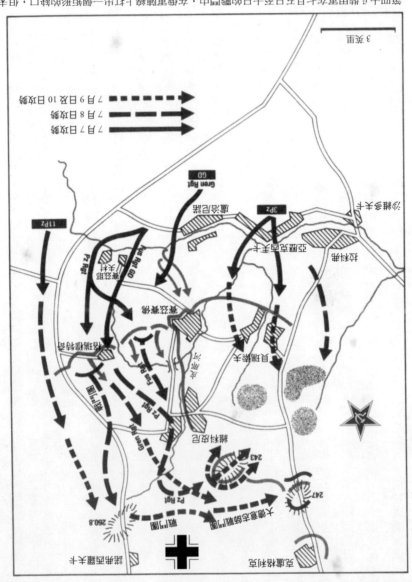

營的陣線前面躺著三十五輛T－34的殘骸。

而在同一天，骷髏師卻被纏住了，他們必須等著第一六七步兵師趕上來，填補第二黨衛裝甲軍的右翼防務。一六七師向東行進，越過德軍的補給縱隊之後，在八日傍晚趕到了目的地，立刻沿著由貝爾哥羅到庫斯克的鐵路線佈置防務。在一六七師後方，第二三八野戰砲兵團在盧契基北邊高地距離敵人不到五百碼位置，部署觀測人員，指揮火砲對俄軍一波波人海攻勢展開射擊。在側翼防線鞏固後，豪賽爾就可以將摩托化單位沿著希特勒近衛師與帝國師的中間，向北推向普賽爾河。

九日，三個黨衛軍師再派出已經折損頗多的戰鬥群突擊，對遍布壕溝、機槍與碉堡的俄軍最後一道防線進攻。第二天，俄軍抵抗開始瓦解。到了下午，骷髏師第一裝甲步兵團第三營在烏里希上校指揮下，肅清了進攻軸線上所有俄軍，隨即涉過普賽爾河，通過了第四裝甲軍團與庫斯克之間的最後一道天然障礙。在等待重型架橋設備送上來之前，烏里希的裝甲步兵們在河北岸建立了一座橋頭堡，並在附近的幾個村子裡，擋住了俄國裝甲兵與步兵的強力反擊。現在骷髏師已成為南翼德軍突入最深的單位，隨時可以向西轉，攻擊俄軍第一戰車軍團的後方。而在普賽爾河以南的希特勒近衛師與帝國師，正冒著大雨和踩著爛泥，沿著通往普羅科羅夫卡的鐵公路掙扎前進。

根據第四裝甲軍團的作戰計劃，四十八裝甲軍應該向北進攻，跨過普賽爾河以後便向東旋轉，配合第二黨衛裝甲軍攻佔普羅科羅夫卡「瓶頸」地段，以免俄軍強大裝甲預備兵力搶先通過此地，去攻擊豪賽爾的右翼。但是在實際作戰中，克諾貝斯多夫卻遭到頑抗，連前進一吋都舉步維艱。七月九日

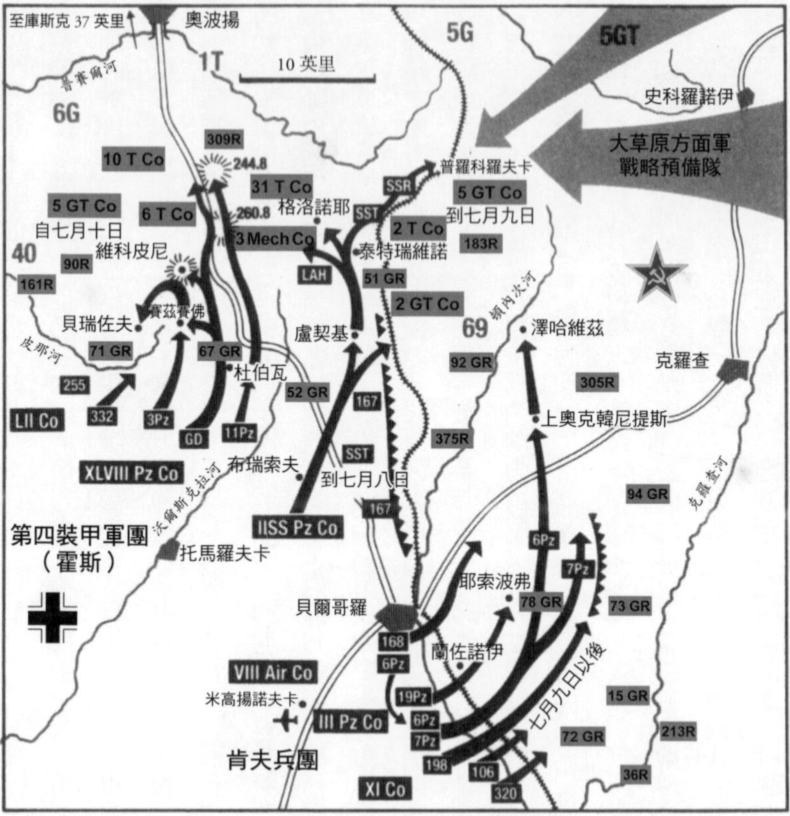

第四裝甲軍團向普羅科羅夫卡前進，右翼的肯夫兵團來不及趕上來保護側面。

時，俄軍從北方發動的反攻，又迫使該軍停下腳步來進行一連串激烈的防禦戰。到當天夜間，四十八裝甲軍左翼的第三裝甲師，負責攻向皮那河的河灣，終於靠著戰車掃清了通往貝瑞佐夫卡的道路。

第三三二步兵師立刻投入此地區，以擴張第三裝甲師的戰果。三三二師的主力渡過皮那河，旋即攻下梅羅渥伊南方伸出的一塊地帶，壓迫俄軍撤向北面。但是俄軍在重整之後，仍然具有強大的抵抗能力。十日，軍直屬工兵奮力在皮那河上搭起了一座載重六十噸的便橋。德軍在皮那河北岸的掃蕩行動碰上一大批因為缺乏燃料而無法撤走的俄國戰車，因而付出了慘重的傷亡數字。

在接連一星期激戰後，大德意志師已經出現無以為繼的跡象。十日這一天，它並沒有向北推進，反而奉命向南與西南去肅清第四十八裝甲軍的左翼，然後再向南配合第三裝甲師，攻擊貝瑞佐夫卡北邊森林地帶中的強大俄軍。大德意志師在「斯圖卡」的支援下，完成了任務的第一部分，肅清了二四三與二四七兩座高地，迫使俄軍退入由第三裝甲師構成的貝瑞佐夫卡「口袋」中。大德意志師偵搜營的戰鬥日誌中特別指出，第八航空軍空中支援所提供的幫助。

「我們懷著崇敬的心情看著『斯圖卡』不斷以驚人精確度攻擊敵人戰車。它們一中隊接著一中隊飛來，將炸彈投到俄國裝甲部隊頭上。一陣耀眼的白色火焰代表又有一輛戰車爆炸，景象一次又一次重演。」

儘管第一階段很成功，但大德意志師卻沒能繼續肅清皮那河灣地區，而必須調頭回去應付俄軍對其北面所發動的攻擊。克諾貝斯多夫在十日的報告中，明白對現有兵力能否完成交付目標表示懷疑。因此，霍斯將第五十二軍的第五十二步兵師負責的地段延長，抽出第二二五步兵師去接替第三三二師所擔負的掩護任務，第三三二師多出來的兵力則調往皮那河北岸，支援第三裝甲師的北進。由於第五十二軍所面對的俄軍第四十軍團最近實力削弱不少，霍斯的這場「賭博」才能順利週轉——當然，這只是暫時的。

現在第二黨衛裝甲軍距離奧波揚已經不到十二英里。霍斯將麾下最精銳幾個裝甲師的戰車，集中在位於普羅科羅夫卡西方的五英里寬正面上，打算擊潰敵人防線，然後第四裝甲軍團便可與向北進攻的肯夫兵團會合。肯夫兵團現在正奮力穿過敵軍防線，在它西側是俄軍第八十一親衛步兵師、第三七五步兵師與第五十一親衛步兵師，以及第二親衛戰車軍（同時也阻擋第二黨衛裝甲軍向東進攻的企圖）。在東側則是第七親衛軍團的第七十三親衛步兵師、第九十四親衛步兵師與第三〇五步兵師。肯夫把第六裝甲師從左翼調往右翼，加快向北推進的腳步。在會戰漸入高潮的當兒，肯夫的地位就像是當年滑鐵盧會戰的格勞齊將軍一樣。[4]當然，對於「向砲聲密集處前進」而言，肯夫遠比格勞齊來得堅決，但是，他能夠來得及趕到嗎？

如果德軍在普羅科羅夫卡勝利，他們對俄軍也就完成了包圍，並摧毀俄軍在庫斯克突出部南側的兩支敵人主力，也開闢了一條由奧波揚以東通往庫斯克的新路，不必經過有重兵把守的奧波揚。十日傍晚，尚未投入戰鬥的第二十四裝甲軍——包括黨軍維京裝甲榴彈兵師與第十七裝甲師——從頓巴次區調來，奉命自貝爾哥羅向北進攻。與此同時，羅柯索夫斯基與范屠亭正向史達林提出每小時的報告。雙方都在重整部隊，調動裝甲兵與砲兵前往關鍵性的地點，就像是一盤特大號的西洋棋。

蘇聯方面最大的一顆「棋子」——第五親衛戰車軍團，於八日上午到達史塔瑞歐斯克的西南方。他們利用這一天剩餘的時間部署後衛，以及將部隊安置到各自集中地區。九日一早，羅特米斯托夫奉命將第五親衛戰車軍團開往普羅科羅夫卡東北方，在此與查多夫將軍的第五親衛（步兵）軍團會合，這是另一支原屬大草原方面軍的部隊，然後他們將受弗洛奈士方面軍的節制。第五親衛軍團要推進到普賽爾河上，佔領一條由奧波揚向東到普羅科羅夫卡的二十英里正面。它到十一日清晨即可完成所有的作戰準備。

在查多夫的左邊是羅特米斯托夫，並受到第二戰車軍與第二親衛戰車軍的增援補強。他將據守普羅科羅夫卡周圍一條十英里的正面，剛好面對德軍在史塔瑞歐斯克地區突出的前鋒。羅特米斯托夫對戰場形勢作了一個很快的估量。

「因為我們將與一支強大的戰車集團交戰，據我方情報指出，敵軍擁有約七百輛戰車，其

4 譯註：格勞齊是拿破崙麾下的將領，滑鐵盧會戰時他率領的援軍遲遲未趕到戰場，導致法軍慘敗。

中有一百多輛是『虎式』、『費迪南式』與自走砲。[5]我們決定把四個戰車軍都擺在第一線，第二線則是第五親衛機械化軍，而各前衛單位的步兵與戰防砲團則作為後備，由我的副手楚凡諾夫將軍指揮。」

「大本營」為了保險起見，又把第二十四軍團與第四親衛戰車軍調到庫斯克，第四機械化軍則部署在該城東南方的入口上。雖然德國第四裝甲軍團仍然威脅著奧波揚，但是「大本營」已把態勢看得很清楚：德軍的攻勢重心將落在普羅科羅夫卡。

戰鬥逐漸進入高潮，但霍斯手頭的兵力已經在前幾天折損頗多。在「衛城」作戰開始時，軍團的兩個裝甲軍共有九百一十六輛戰車與突擊砲，但是俄軍的地雷、戰防砲，以及連續作戰造成的機械故障，都使得第四裝甲軍團的攻擊能力大打折扣。

從第四裝甲軍團每天的戰車（與突擊砲）數目，可以看出德軍實力耗損的過程。

七月八日，軍團只剩下六百二十六輛戰車，大部分損失來自俄軍的雷陣；

七月九日，數字下降到五百零一輛，代表在五天內已經損失了四百一十五輛；

十一日，回升到五百三十輛，這是由於大部分機械問題獲得了克服（那些「遭瘟」的豹式戰車則是例外），以及德軍已經通過了俄軍最密集的地雷區之故。

此後德軍戰車損失和補充的數字，大致就取得了平衡。第二黨衛裝甲軍在開戰時約有四百七十輛戰車，到十一日時銳減為三百輛，數字很明顯地低於俄軍估計，將有「七百輛戰車」對普羅科羅夫卡的第五親衛戰車軍團進攻。

到十一日星期天的黎明，南面集團軍已經重整了部隊，繼續發動攻勢。在頓內次河東岸，肯夫兵團的三個裝甲師（第六、第七、第十九）在三個步兵師支援下向北躍進。西北方的第四十八裝甲軍，自上午九點三十分起又對奧波揚發起攻勢。第二黨衛裝甲軍也向普羅科羅夫卡推進。天氣很惡劣，強風和大雨使得前進極為困難。到了接近傍晚時，一支德軍前鋒終於到達普羅科羅夫卡近郊，而同時在史托羅柴渥伊方面，更多的德國戰車正準備突破敵陣，穿入第五親衛戰車軍團的後方。

十一日上午，目前正與朱可夫協調南翼前線上各部隊行動的法希里夫斯基，到達羅特米斯托夫的司令部。法希里夫斯基聽取簡報後，隨即與羅特米斯托夫一同去視察部署情形。他們乘坐的吉普車在泥濘中掙扎前進，穿過普羅科羅夫卡村，趕過一列列載運彈藥的卡車與油罐車。出了村子後，他們駛入一大片宛如迷宮的金黃色麥田中，麥田之外則是一片樹林，在邊緣上有一個村莊。羅特米斯托夫向法希里夫斯基解釋，就在樹林的北緣上，第二十九與第十八戰車軍正據守著崗位。

法希里夫斯基命令吉普車停下來，下車在路上走了幾步。他的雙眼掃視著地平線，砲彈的爆炸與升起的濃煙顯示，那兒正是戰場所在。他指著一群正爬上他們前面下方平原的戰車，要羅特米斯托夫

5 譯註：即「象式」，「費迪南」是保時捷博士的名字。

看，羅特米斯托夫把望遠鏡湊上眼睛，立刻發現那不是他的戰車，而是第二黨衛裝甲軍的敵人！另一次的德軍突破行將出現。羅特米斯托夫馬上以無線電呼叫第二十九戰車軍軍長克里成科將軍，命令他立刻調動兵力來阻止這場新威脅。

然後，羅特米斯托夫趕回司令部去更改計劃。他原本想在十二日對德軍發動反攻，但攻擊發起位置現已落入德國人手中。靠著不斷發出刺耳雜音的電話，原先的命令被更改，然後隨著戰局的發展又被再次更改。原先選定的砲兵部署位置、射擊程序與部隊控制方式，現在都得作廢重擬。羅特米斯托夫的參謀長巴斯卡可夫將軍，「繃緊的臉上滿是疲憊，兩隻眼睛因缺乏睡眠而通紅」，不斷定時提出最新的戰況報告。

花了幾個小時，羅特米斯托夫重新調整了戰鬥序列，並且報告：第五親衛戰車軍團已經就位完成，準備發動逆襲。到了下午四點鐘，他接獲范屠亭的命令，將他的後備兵力開往第六十九軍團的戰鬥區域，去阻擋向北前進的肯夫兵團。

七月十一日晚上，德軍第六裝甲師攻到頓內次河北源南方八英里的卡查齊。如果肯夫攻破了第六十九軍團的防禦，就能渡過頓內次河，攻擊羅特米斯托夫的左側與後方，席捲弗洛奈士方面軍的左翼。俄軍在渡河點所在的澤哈維茲鎮強烈抵擋德軍的前進，當晚在貝凱少校的領導下，裝六師的戰鬥群（以該師的第十一戰車團為骨幹），在一次放膽的突擊中奪下了澤哈維茲。

原本師部給戰鬥群的命令是在十二日白天，於砲兵轟擊後開始渡河攻擊。這是一種傳統但也代價昂貴的戰術。貝凱與戰鬥群指揮官奧布朗尼科斯基上校激烈討論後，獲准利用夜色的掩護發動攻擊，以奪取頓內次河上的大橋。負責奪橋的兵力由第十一戰車團第二營，與第一一四裝甲步兵團第二（裝甲）營派出。

這支突擊兵力的最前面，由一個「特洛伊木馬」打頭陣。它是一輛俘獲的T－34，德軍在它上面畫了個小小的黑十字國徽。後面是貝凱的戰車，戰車行列間夾著裝甲運兵車，指揮車位於尾端。前進中保持無線電緘默，不向敵陣開火。貝凱還要部下坐在戰車頂上休息、抽菸，以避免任何從旁經過的俄軍的懷疑。當然，也不准用德語交談。

這支「幽靈縱隊」在黑暗中緩緩前進，深入俄軍防線後方，通過一個又一個敵軍砲兵陣地，沒有引起任何戒心。因為在白天時，不斷有戰車縱隊來來去去。他們甚至追過了一隊俄國步兵，沒有發生任何意外，俄國兵也沒有要求搭他們的便車。貝凱回憶：

「大概走了六英里以後，我們的T－34突然罷工了。毫無疑問，它的『愛國心』發作，一傢伙就停在路中間，把整條路都堵死了。我們的戰車兵紛紛爬出座車去幫忙把它拖離道路，推到旁邊的壕溝裡，好讓其他車輛能繼續前進，完全無視於他們身旁好奇看著的俄國兵。雖然我曾嚴令絕對不能說德語，但還是聽到了一兩句德語的粗話咒罵。我這輩子在此之前，從來沒有被一句粗話嚇得這麼厲害過，不過所幸老俄還是沒注意到。我們把那輛T－34的乘員拉上車，然後繼續前進。」

在澤哈維茲鎮外，貝凱的縱隊從一個俄國戰車單位中穿過，後者的戰車艙蓋敞開，士兵們在草地上休息。但是貝凱的好運也就到此為止了。又有一列二十二輛T-34的縱隊向他們駛來，雙方交會而過，看起來就和前幾次一樣沒引起注意。可是在縱隊後端的貝凱，卻發現有幾輛T-34居然在錯身而過之後，又調轉頭來跟著他們一起走。貝凱停下車來堵住馬路，命令其他部下繼續前進。T-34擠上前來，圍住他的戰車，活像是一群身軀龐大但不太聰明的動物，不知該如何對待一隻外來客一樣。這時貝凱乘坐的是一輛指揮戰車，砲塔內為了安置地圖桌而沒裝主砲，只在外表上有一根木製假砲管。而在貝凱的後面，還有一輛德國裝甲運兵車等在那兒，以備這場不成比例的戰鬥一旦爆發就開火射擊，以幫助他們的指揮官。

當俄國戰車的車長們還在猶豫不決時，貝凱和副官宗普爾少尉跳出座車，分別在兩輛俄國戰車上黏上兩塊炸藥。直到此時，才有坐在T-34頂上的俄國步兵察覺不對勁，而開始採取行動。貝凱在俄國人還來不及開火前，就躍進了路旁的壕溝，發現裡面是高度及胸、略帶鹽味的水。接著是兩聲爆炸，兩輛T-34被他們的炸彈炸毀。趁著俄國人一團混亂之際，貝凱又炸掉了一輛。這時一輛他手下的戰車駛回來，幹掉了第四輛。爆炸的火光直沖天空，到處都響起了聒噪的機槍聲。

貝凱的縱隊衝入澤哈維茲鎮，從戰防砲陣地上輾過去，還俘虜了一連「卡秋莎」火箭發射車。但是他們在鎮內走錯了路，以至於趕到橋頭時，它已經被俄國工兵炸掉了。但是裝甲步兵們找到一條未被炸斷、可供人員通行的便橋，隨即立刻渡河到對岸，並利用敵軍的混亂建立起了橋頭堡。等到天亮時，德軍已確實掌握了頓內次河的左岸。第六裝甲師的胡諾斯多夫師長立即把第一一四裝甲步兵團第一營也投入，到十二日下午，第十九裝甲師的一個戰鬥群也趕到助戰。

但是，成功之後隨即而來的，卻是咎在己方的災難。德國空軍並沒有接獲關於這座橋頭堡的消息，於是在十二日，河左岸的德軍就被一隊 He 111 轟炸機轟炸，誤認為他們是集結中的俄軍裝甲部隊。當炸彈落下時，胡諾斯多夫將軍正在指揮車旁與參謀和麾下各部隊長會商。結果炸死了十五個人，另有四十九人負傷，包括奧布朗尼科斯基上校與胡諾斯多夫本人。

胡諾斯多夫雖然負傷，但仍繼續率部作戰。他又向東趕往六英里外的亞歷克山德羅夫卡村，第六裝甲師的主力正為了爭奪村外的高地與敵人激戰，如果俄國人在這裡守住，他們就可能威脅到正在擴張中的橋頭堡。兩軍一直打到十三日，德軍才肅清了頓內次河與克羅查之間所有抵抗，肯夫兵團終於能夠向普羅科羅夫卡推進。

四十五歲的胡諾斯多夫沒能跟著他的戰車一同前進。十四日，他在從橋頭堡返回前進指揮所的途中，頭部挨了狙擊手的一顆子彈。胡諾斯多夫被送到卡爾可夫的醫院，但是醫官沒法把腦部的彈片取出。他一直沒有恢復知覺，到十七日撒手人寰，留下任職於紅十字會「前方將士康復中心」的妻子。如果當時胡諾斯多夫能從昏迷中醒來，就會曉得這場自己曾經強烈質疑過的攻勢，果然走上失敗之途。

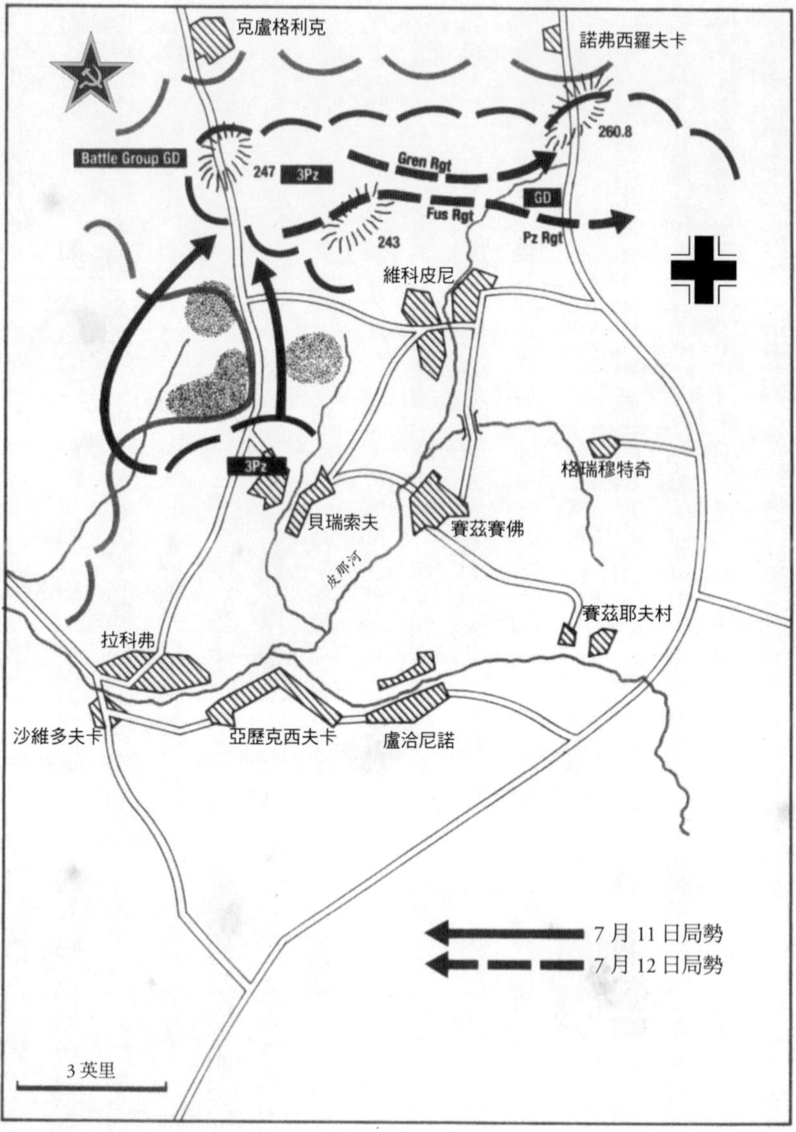

到七月十二日，大德意志師的攻勢不得不因俄軍的逆襲而停止。

十一日接近傍晚，第二黨衛裝甲軍向普羅科羅夫卡的攻勢已被擋住。在這天剩下的時間裡，該軍在普羅科羅夫卡附近發動試探性攻勢，藉此測驗敵人防務的強度。同時重新整補部隊，決定於明天給俄軍一個決定性打擊。德軍情報單位完全不曉得，第五親衛戰車軍團八百五十輛戰車與突擊砲已經到達。[6]當天晚上，第四裝甲軍團的參謀長樊戈爾少將在日誌裡記載：儘管敵人仍持續抵抗，但在軍團東側深處，看來只有微弱的敵軍。雖然在普羅科羅夫卡東北方發現俄軍大部隊，他仍相信明天向東攻擊普羅科羅夫卡的陣線還可以加寬些。而在向奧波揚的攻勢方面，可以把俄國人趕到普賽爾河對岸去。

不過並非每件事都依著計劃進行。十一日晚間，大德意志師撤出前線，由第三裝甲師入替。大德意志師要退到二六〇・八高地以南的公路上進行整補，準備向北再發動新攻勢。麥俞新將軍憶起：當裝甲步兵們從前線撤下來時，「一臉不放心的表情」。部隊才休息沒多久，前線上就傳來猛烈的砲聲——大德意志師官兵們的憂慮果然成真。俄國人發動反攻，奪下了第三裝甲師的前衛陣地。

十二日早晨六點鐘，羅特米斯托夫帶著一群軍官來到第二十九戰車軍的軍部。它座落在普羅科羅

6 作者註：第五親衛戰車軍團擁有三十五輛普遍在蘇聯官兵之間備受劣評的英國製 A22 邱吉爾戰車。

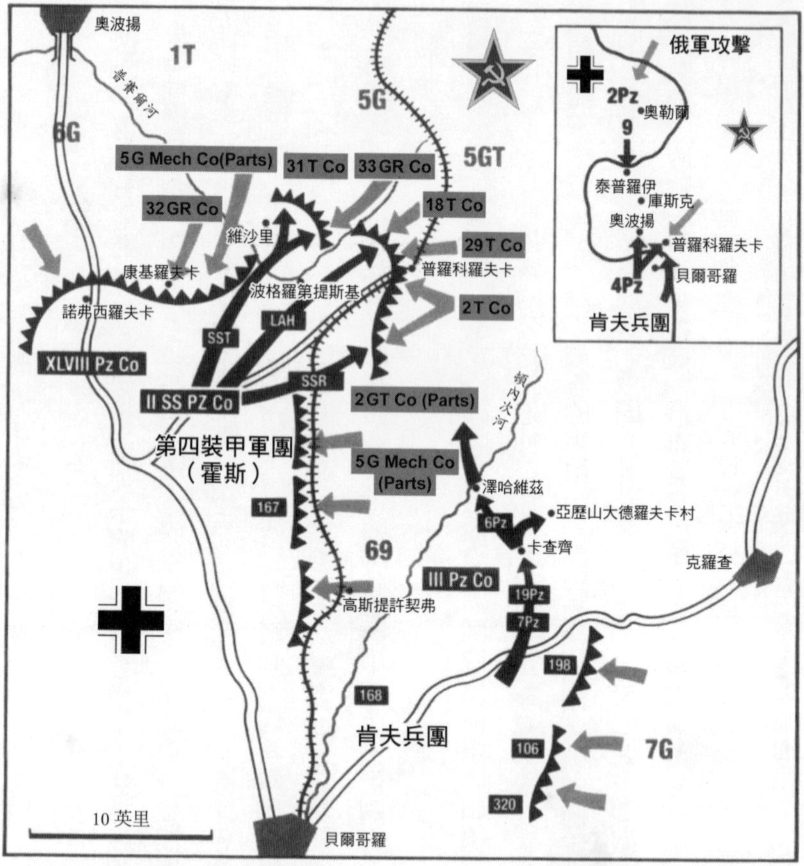

普羅科羅夫卡大戰。這場史上最大的「坦克大混戰」阻止了德軍第二黨衛裝甲軍的前進，也確定了「衛城」作戰的命運。

夫卡西南的一座小丘上，對下方平原有良好的視野，非常適合觀測這一天的戰鬥。羅特米斯托夫棲身在一座果園之中的掩蔽壕裡，就和其他前線上的地區一樣，果樹已經零落而且焦萎。從這個前進指揮所看下去，是一片起伏的平原，金色的陽光灑在麥田上，麥田中綴著灌木叢、田埂，或是被淺谷所分隔。在麥田外圍是深色的森林帶，德國第二黨衛裝甲軍的戰車正從那裡緩緩前進。第五親衛戰車軍團的戰防砲與驅逐戰車則藏身在玉米田裡面。

很快地，烏雲飄過來掩蓋了太陽，天空開始下起大雷雨。羅特米斯托夫的指揮所裡氣氛緊繃，只有周圍壕溝中通信兵的電話聲，以及傳令兵的摩托車引擎在旁邊一條峽谷裡迴響。

六點三十分，德國戰鬥機飛臨上空，顯示一場大空襲即將來臨。不久「斯圖卡」就開始對俄軍聚集的村落與樹林疾撲而下，火焰與濃煙從羅特米斯托夫眼下的樹叢與村子裡升起。這時俄軍的 Yak-9 與 La-5 戰鬥機趕到，在麥田上空爆發了一場激戰。當「斯圖卡」掙扎著逃回基地時，大批的蘇聯轟炸機在戰鬥機護航下，正排成大編隊向西南方飛去。俄軍的砲兵隨即開始射擊，這時是八點三十分。羅特米斯托夫後來寫道：「大部分的砲火是對準那些我們研判為敵軍戰車與火砲集結的地區。我們無暇去詳查它們的確實位置，要想判定砲兵射擊的效果也不可能。」

當砲擊達到高潮時，各個親衛「卡秋莎」團也加入射擊。當火箭在火焰中飛離發射架，第二十九與第十八戰車軍的戰車開始從掩蔽陣地駛出，迎向蜂擁而來的第二黨衛裝甲軍。兩支裝甲大軍的迎面「相撞」，馬上變成了有史以來戰爭中最大的混戰之一。

在羅特米斯托夫下方，兩軍交戰的地帶集中在約三平方英里的範圍內，北邊以普賽爾河為界，向南到位於貝倫尼契諾的鐵路高架道。當蘇聯戰車的前鋒碰上第二黨衛裝甲軍的第一波戰車之後，雙方指揮官就都失去了調度的能力。戰鬥成為一場混戰，每輛戰車都發現自己得要獨立面對一大群敵人，就像是十五世紀的騎士在戰場上一般。在兩軍近距離的相互搏殺中，「虎式」無從發揮它火力與裝甲的優勢。以往它們常藉此在長射程的戰鬥中擊垮T－34，但這次的距離實在太近了。德國戰車彼此間優異的協調與靈活，是以往一再力挫強敵的本錢，這次也難以展現。在塵煙瀰漫的大漩渦裡，兩邊都被混沌的戰況拖著跑。甚至連蘇聯火力貧弱的T－70輕戰車也能混水摸魚，對敵人造成傷害的機會。

在充斥硝煙與沙塵的戰場上夾雜著爆炸聲。車內砲彈被引爆的戰車，炸得連砲塔都飛上了天空，在紛亂的戰局中，戰車常常彼此撞成一團。在被輾倒的果園與壓平的麥田間，散佈著燃燒的戰車殘骸與焦黑的屍體。

由於無法在這場罕見的大混戰中分辨敵我，德蘇雙方的砲兵都停止了射擊。地面攻擊機也不再發動攻擊，但是激烈的空戰仍在上空進行，被擊中的飛機墜落在地面上，發出了另外一種巨響。羅特米斯托夫對戰局的了解，主要靠麾下各軍長用無線電對他的報告，以及從無線電中截收的敵我雙方指揮官的命令：

「前進！」

「奧羅夫，從側面攻擊他們！」

「再快一點！」

「塔成科，衝到他們後面去！」

「上！」

在豪賽爾左翼靠近普賽爾河的地方，骷髏師隊上俄軍第三十一戰車軍與第三十三親衛步兵軍，展開了一場劇烈的血戰。落到俄國人手裡的黨衛軍官兵，都不會得到一丁點兒的憐憫，他們衣領上的骷髏標誌，現在真的成了催命符。而在豪賽爾的右翼，羅特米斯托夫的第二親衛戰車軍經由一個空隙攻擊帝國師。按照原本的「衛城」作戰時間流程表，這個空隙應該已經被肯夫兵團所填補，但它現在卻還在普羅科羅夫卡十二英里外，被羅特米斯托夫奉范屠亭之命派出的兵力所阻擋。

在俄軍戰線的中段是第十八與第二十九戰車軍，總實力相當於四個德國裝甲師。他們和擔任豪賽爾攻勢矛頭的希特勒近衛師，爆發了幾乎零距離的戰鬥。俄國戰車先前尚未投入戰場、還沒有損失、並且彈藥滿額，他們猛衝向豪賽爾麾下三個久戰疲乏的師，擋住了德軍的前進。一名參與過這場戰鬥的德軍回憶：

「我們事先被告知會遇上固定式戰防砲陣地，以及一些作靜態防禦的戰車，也可能碰到幾個獨立旅的緩慢KV式戰車。結果我們發現自己遇上的竟是似乎打不光的敵戰車。我從來沒有像那天一樣，對俄軍的巨大實力產生如此深刻的印象。由於沙塵太大，我們很難獲得空軍支援。不久，大批的T-34就衝進我軍的陣式，活像是戰場上成群奔跑的老鼠……」

中午剛過不久，第二親衛戰車軍與第二戰車軍就突入貝倫尼契諾西方的樹林與加里寧村東方的田地。為了爭奪鐵路高架道，雙方的戰鬥尤其激烈，一些幾乎令人難以置信的事蹟，更加強了它的劇烈程度。帝國師元首團的第十連報告：一位叫做克羅格爾的少尉，在前一天就已負傷兩次，這回又挨了一發步槍子彈，子彈引燃了他身上的一枚燃燒手榴彈。克羅格爾扯掉長褲與內褲，就這樣光著屁股在第十連的前面繼續作戰，直到打下目標為止。[7]

下午，羅特米斯托夫的右翼爆發了危機，他與第五親衛軍團的交界處呈現不支的現象，防守該處的第十八戰車軍遭到德軍愈來愈大的壓力，第五親衛軍團的兩個步兵師在既無戰車，復又缺乏強大砲兵支援的情形下，也即將被德國戰車所突破。羅特米斯托夫把手頭剩下的兵力也投入戰鬥，包括第十親衛機械化旅與第二十四親衛戰車旅，以鞏固軍團的右翼及後方。

卡波夫上校是第二十四親衛戰車旅的旅長。他奉命開往弗羅西羅夫國營農場，去協助第十八戰車軍的右翼與第五親衛軍團的步兵。同時，米凱羅夫上校的第十親衛機械化旅疾馳英里到達普羅科羅夫卡東北，阻擋豪賽爾向此方面的進攻。他們的赴援穩住了局勢，迫使德軍改採守勢。

有一場在俄軍當中廣為傳頌的「車禍」。史柯利普金上尉是第十八戰車軍第一八一（戰車）旅第二營的營長，他的T-34與一隊「虎式」迎面相逢。史柯利普金擊毀了兩輛德國戰車，但也被一發八十八公釐砲彈命中砲塔，車身側面又挨了一彈。T－34隨即起火，受傷的史柯利普金被駕駛兵尼可拉耶夫中士和無線電員齊拉諾夫救出。[8]他們躲進一個砲彈坑，但是一輛「虎式」發現了他們，開上前來打算把他們全收拾掉。這時尼可拉耶夫和裝填手契諾夫又跳進那輛已經不堪用的T－34，重新發動引擎，向那輛虎式戰車直撞過去，兩輛戰車同時爆炸，掀起一個大火球。

到了晚上九點鐘，在德軍一連串猛烈反擊之後，雙方都停下來鞏固自己的防務。由於天色已黑，兩軍的砲兵都停止了射擊，戰車也不再移動。羅特米斯托夫在獲得法希里夫斯基的許可後，下令各戰車軍與戰防單位就地據守現在位置，並且補給糧彈，準備次日清晨重新發動攻擊。俄軍也把損壞的戰車拖往後方修理。

閃電的驟光照耀在平原上，照耀著一輛輛被雨水淋著的戰車殘骸。大火仍然吞噬著樹林與村舍。整個戰場上的戰鬥都停了下來，只有空氣中仍充斥著煙的焦味。從兩軍陣地間的無人地帶裡傳來幾聲悶響，那是豪賽爾的工兵正在爆破那些傷到沒法拖救的戰車。羅特米斯托夫在他指揮所附近散步，看到「……大批人在夜間工作，工兵在預計敵人戰車將會攻擊的地段埋設地雷、醫護兵把傷員送走、後勤人員把彈藥、燃料與機油送上前線來……。」

7 作者註：克羅格爾後來於十四日陣亡。
8 譯註：只有指揮官的T－34才有無線電，操作員由車體機槍手兼任。

在第四裝甲軍團司令部裡，參謀長樊戈爾少將似乎對這一天的戰果頗表滿意。他記載：敵軍對第四裝甲軍團全線發動了一場協同攻擊，動員至少九個戰車軍及機械化軍，他們攻擊的重心可以看出是放在德軍的側翼方面。

羅特米斯托夫小睡了兩個鐘頭，在此之前先想好了第二天的行動。他作下結論，德軍仍然還有相當實力可以投入攻擊，而且在目前這種打了八天還未能成功突破的情況下，他們可能會改變戰術與陣式：「整體而言，我倒希望敵人發動一次強大的戰車攻勢，藉以攫取主動權，同時逼迫我們就範。」

但是，現在德國還要想逼人就範——這正是希特勒耗掉如此多的人命和財產的唯一目的——的時間已經過去了。這是由於歐洲大陸上兩個地點發生的事件。一是庫斯克突出部北側，另一個則是遙遠的義大利西西里島。

第九章

退至聶伯河

我們現在的處境就像揪住了一頭狼的雙耳，不敢放開手。

——麥侖新少將

令人沮喪的是我們搞不清楚，史達林到底還有多少預備隊可用？

——戈培爾，一九四三年九月十日日記

你以為我喜歡這個他媽的混帳工作嗎？

——戈林大元帥，與維也納區納粹黨部主管許拉赫的對話七月一日，隆美爾元帥到「狼穴」參加了「元首」的每日會報。在統帥部裡有一個流言：據說這位身材矮壯，稟性沉靜的元帥，將在希特勒新一波高層人事大搬風中接掌陸軍。結果，希特勒並未派他擔任總司令，而是負責占領義大利的「阿拉力克」行動指揮官——如果聯軍侵入義大利，或是墨索里尼被推翻，隆美爾就要立刻揮軍南下佔領義大利。[1]

在七月的頭幾天，隆美爾也洋溢在拉斯頓堡那股因「衛城」作戰終於發動而引起的興奮所感染。九日下午開完當天的元首會報後，他在日記裡寫下：「東線的攻勢正順利進行中。」但到了十日，日記中的樂觀卻突然變成對第三帝國的憂慮：「與元首會面。英國人和美國人以空降與兩棲登陸侵入西西里。」這一天，有史以來最大的一支艦隊，總數超過三千艘，到達了西西里島南部外海。登陸的部隊高達八個師（比後來的諾曼第登陸還多三個），實力遠遠超過島上的軸心國守軍。盟軍還派出美國第八十二空降師與英國第一空降師進行空降，由於許多經驗不足的飛行員把傘兵投到了海裡，以及一些神經緊張的盟軍高射砲手錯把自己的飛機打下來，因而蒙受重大傷亡。儘管如此，登陸作業卻非常順利，許多義大利守軍根本毫無戰意，甚至有人幫助盟軍從登陸艇上卸下裝備。到七月十二日，盟軍已把十六萬官兵與六百輛戰車送上了西西里。三天後，英國在北非的統帥亞歷山大將軍下令：消滅島上所有的軸心國守軍。

盟軍侵入西西里使德國的軍政高層們大為意外。十二日，另一個意外爆發。俄軍發起了代號「庫圖佐夫」的反攻，攻勢針對德軍奧勒爾突出部北面與東面的第二裝甲軍團。這個實力已被掏空的軍團由施米德將軍指揮，但他在十三日就因其弟捲入叛國案而被逮捕處決，到八月五日止，都由摩德爾兼代司令官。俄軍攻勢直指第九軍團的後背，這場攻勢不是臨時發起，而是「大本營」籌劃已久戰略性反攻的重要一環，早在四月間就開始準備。「庫圖佐夫」作戰將對奧勒爾地區德國中央集團軍的第二裝甲軍團與第九軍團，展開三面夾攻。在北路，主攻的俄軍是索柯羅夫斯基元帥西部方面軍左翼的第十一親衛軍團（原先的第十六軍團更名，司令是巴格朗揚將軍）擔任。東面，卜波夫的布里安斯克方面軍派出第六十一、第三與第六十三軍團。中部方面軍的第十三與第七十軍團則由南向北進攻。「庫圖佐夫」發動時機取決於德軍「衛城」作戰的進展。一旦德軍在庫斯克突出部北肩部的攻勢被紅軍擋住，「庫圖佐夫」反攻馬上就開始實行。在攻擊發起時，西部方面軍與布里安斯克方面軍特別組成的「打擊群」攻堅部隊率先投入，接著是西部方面軍的其他預備部隊，最後中部方面軍才開始反攻。當「露西」情報網把德軍將於七月三日至六日間發動「衛城」作戰的消息告訴俄國人時，「庫圖佐夫」計劃的一切準備就在七月初定案完成。

巴格朗揚將軍把攻擊部隊（三個步兵軍與兩個戰車軍）部署在軍團正面左側約十英里寬的戰線上，只留下一個師去看守長達十五英里的其餘正面。或許由於庫斯克方面的激戰吸引了德國人的注意力，他們根本沒注意到自己側翼上的重大危機。德軍情報單位只對俄軍在奧勒爾周圍的集結略有所

1 作者註：隆美爾原本希望能夠接掌南線總司令凱賽林元帥的位子，但是一九四三年十二月時，他被調回法國任B集團軍總司令。

知，情報指出有一個新的軍團（第十六）到達，卻不曉得它的任務及目標，而他們根本對俄軍三個戰車軍——第五、第一、第一親衛——的出現毫無所悉。

七月十一日，正當第二黨衛裝甲軍正迫近普羅科羅夫卡時，俄軍西部方面軍與布里安斯克方面軍的加強偵察營便在 Pe-2 俯衝轟炸機投擲煙幕彈掩護下，開始對德軍防線展開刺探性攻擊。俄軍的攻擊持續了一整天，迫使摩德爾把原本打算用在奧可伐特卡方面的最後一點預備兵力調過來。到了晚上，俄軍第十七航空軍團第二一三夜間轟炸機師，搭配「大本營」派來支援的三一三夜間轟炸機師，對德軍陣地出擊了三百六十二架次，投下超過兩百噸炸彈。十二日破曉時，格羅莫夫將軍麾下新趕到的第一航空軍團，派出七十架 Pe-2 與四十八架 Il－2，為地面上第十一親衛軍團的攻勢展開先期掃蕩。

巴格朗揚的各偵察營於十二日凌晨三點退回攻擊發起線後方。二十分鐘後，三千門大砲與迫擊砲開始對德軍陣地展開砲擊，負責領頭突擊的俄軍掩蔽在攻擊發起點上——有的距離德軍前哨陣地只有一百碼遠，準備一躍而出隨著砲兵彈幕前進，而在巴格朗揚東南方，布里安斯克方面軍的砲兵同時也開始對德軍奧勒爾突出部的正面展開猛擊。

德軍初期認為「庫圖佐夫」只是一場緩和德軍進攻壓力的戰術性反攻，使得俄軍獲得了很大的成功。到十四日黃昏，第十一親衛軍團已經推進超過十英里。為幫助巴格朗揚維持優勢，「大本營」又投入了費德也尼斯基將軍的第十一軍團，以及巴達諾夫將軍的第四戰車軍團。同時，羅柯索夫斯基也開始反擊。他的第十三軍團從庫斯克的北面，向德軍奧勒爾突出部的「下腹」打去。

七月十三日，克魯格與曼斯坦被召往拉斯頓堡。曼斯坦後來在回憶錄中寫道：

「希特勒在會議一開始就宣稱西方聯軍已經侵入西西里，所以情況已經發生嚴重逆轉。義大利人甚至於不想抵抗，現在看來這個島是丟定了。由於他們下一步必會在義大利南部或巴爾幹半島登陸，因此我們必須在義大利與巴爾幹西部成立一個新軍團。所需部隊得從東線去抽調，因此『衛城』作戰便不能再繼續下去。」

曼斯坦自從他的「反手拍攻勢」提議被駁回後，對「衛城」計劃就保持一種不太熱心的態度，但他這時卻提出抗議。曼斯坦強調：俄國人的裝甲預備隊已經快要用完，所以「衛城」必須繼續，直到把俄國人消滅為止。如果不這麼做，反而替俄軍製造反攻的機會，讓他們突破南面集團軍在頓內次盆地與黑海地區的側翼，造成「史達林格勒危機」的重演。

相反地，克魯格卻報告：第九軍團已經無法再前進，而且所有機動化單位現在都已調往後方，去阻止俄軍在奧勒爾突出部的深入。他確信「繼續『衛城』作戰，或是過幾天再重新發動此次作戰，都不應在考慮之列。」

毫無疑問，曼斯坦在對這場會議的記載是戰後追述，利用了一些「後見之明」的優勢。結果「衛城」又持續了幾天才被取消，至於西西里的易手，其實並沒對希特勒的「歐洲堡壘」造成立即的威脅。同樣道理，德軍將第二黨衛裝甲軍等部隊調往西方，也沒能改善地中海方面的局勢。不過當時情況是，七月十三日時希特勒警告曼斯坦，可能會抽調他的部隊去因應西方發生的狀況。希特勒又說：不可否認，聯軍登陸西西里已迫使德國面對兩面作戰窘境。他希望能穩住西西里方面的局勢，同時為聯軍的下一步預作準備——希特勒「有很好的理由確信」，下一個戰場將在北歐，並且將在幾個月內發動。不過除此之外他最擔心的，還是墨索里尼可能被推翻。

儘管「衛城」作戰沒能達到德國陸軍總部的預期目標——反正「元首」本來也不是頂相信，但希特勒還是有些聊表自慰的成就。至少「衛城」消耗掉了俄國人大量兵力，只要德軍再多打擊他們幾天，紅軍的預備兵力就會損失一空，也就無法在今年冬天發動攻勢了。但如果和德軍攻擊庫斯克的損失相較，這種論調就沒有什麼好令人高興的了。這可以從最高統帥部的日誌記錄官筆下看出來。

「在史達林格勒的血戰之後，我們緊接著又遭遇另一場苦鬥，要去奪取一個敵人嚴密設防的堡壘。這等於是第二場和第三場『凡爾登』，我們推測已經把敵軍消耗到最後了，但是這場『凡爾登』也把我方部隊以空前的恐怖速度給吞噬掉。」

庫斯克地區的戰鬥仍然在進行，但是現在俄軍已經轉居上風。對霍斯來說，十三日真不是一個好日子。第二黨衛裝甲軍的前進被俄軍擋住，被迫改採守勢；而大雨使普賽爾河的渡口變成一片泥潭，使得骷髏師對河流對岸脆弱橋頭堡的補給作業大受影響。

於是霍斯徵求了曼斯坦的同意，將攻擊軸線由向北改為向東，沿伊凡諾夫卡—維諾格羅多夫卡進攻，這條路線是曼斯坦原先就打算採行的。德軍的新攻勢從下午兩點鐘開始，但到天黑時仍未攻至伊凡諾夫卡，朱可夫和法希里夫斯基這時正在克里成科將軍的指揮部裡，看著這一天的戰鬥逐漸結束。雙方都打得筋疲力竭，現在只剩下相互開火射擊的餘力。「零零散散的砲彈爆炸，子彈從旁邊飛過去，可以看到敵人的戰車、裝甲運兵車與卡車在遠方移動。」

當然，德軍還是獲得了一些局部的戰術性勝利。帝國師擁有幾輛T－34戰車，是從卡爾可夫東方的一座工廠裡虜獲的。它們被派去從側面攻擊一批沿著一條河谷推進的蘇聯戰車。經驗老到的德國戰車兵都曉得，要先攻擊由幹部乘坐的戰車——只有軍官的車上才有無線電天線。接著是縱隊尾部攜帶備份燃料（供其他戰車補給之用）的戰車。要不了多久，整個俄軍戰車縱隊就全滅了，縱隊裡的軍官恐怕還搞不清楚，自己是被由敵人駕駛的T－34所擊毀的。

紅軍雖然擋住了德軍向普羅科羅夫卡的進擊，但自己的損失也很慘重。范屠亭在十四日向史達林提交了一份詳細的報告。在兩天的戰鬥中，第二十九戰車軍共損失了百分之六十的實力，第十八戰車軍則為百分之三十，總計超過四百輛戰車。到十四日為止，共有一百一十二輛各型車輛修復後重返戰場，大都是從其他已經不堪修理的車上拆取零件來替換。羅特米斯托夫麾下的修護人員不但缺乏零件，也缺乏修理工具、焊接器材以及起重機。即使到普羅科羅夫卡戰後一星期，第五親衛戰車軍團仍有一百八十輛戰車需要中度修理。仍可使用的戰車中，也有一大半的引擎和齒輪箱嚴重磨損，亟需檢修。

霍斯也有自己的問題。他左翼的五十二軍非但沒有戰車，而且已經過分延伸，敵人隨時可能從此處發動反攻。十三日下午，克諾貝斯多夫軍長到達大德意志師的師部，宣佈「已經沒有向北推進的希望」，因此大德意志師將於明天向西攻擊，推進到拉科弗─克盧格利克公路，那邊原本是第三裝甲師的防地，但是今天稍早時被俄軍奪下。俄國人還把第三裝甲師趕出了二四七高地，並攻佔了南方五英里處的貝瑞佐夫卡。

十四日，德軍的進展很慢。在愈來愈大的壓力下，骷髏師被迫放棄擴張普賽爾河北岸橋頭堡的計劃。而在帝國師方面，他們於清晨四點鐘在火砲與「火箭發射器」的火力掩護下，由「元首」團的第一及第三營發起了一場突襲。裝甲步兵們冒著穿過雷區的慘重死傷，於中午時攻到了貝倫尼契諾村外圍，隨即在村內展開了逐屋爭奪的激烈巷戰。德軍擊毀了十二輛發動逆襲的T－34，「斯圖卡」也飛來助戰。裝甲步兵打下村子之後立刻重新集結，並在戰車團支援下打退了好幾波俄軍的反攻。當夜色籠罩時，他們試圖前進，但大雨沖壞了路面，德軍的推進又只好停止。

而在第四裝甲軍團「下陷」的左翼方面，大德意志師再度向西進攻。該師的右翼是一個由偵察營、突擊砲營，以及步兵與戰車各一連所組成的戰鬥群，受命奪回二四七高地。大德意志師的中央是該師的戰車團，負責在步兵支援下奪取二四三高地。師左翼的裝甲步兵則向西南進攻，肅清貝瑞佐夫卡北方的森林地帶。

到了下午，大德意志師在激戰之後，與在貝瑞佐夫卡的第三裝甲師取得了聯絡，村子北方的樹林也已肅清，但是二四七高地方面的俄軍一再發動逆襲，德軍就是沒法奪下它。儘管如此，到了這一天戰鬥結束，大德意志師的成績整體而言還是相當不錯。他們奪回了幾處要地，也帶給敵人重大的損失。麥命新將軍指出：

「這的確是一場勝利。左翼的危機已經化解掉了，第三裝甲師也得到了支援。但是大德意志師在連續激戰十天之後，實力已經削弱到危險的程度，而俄軍的攻擊力量卻沒有耗盡。事實上，它似乎還在增加之中。」

十五日，帝國師的戰車團終於和肯夫兵團的前鋒（隸屬第三裝甲軍的第七裝甲師）取得了接觸。儘管他們的會師包圍消滅了高斯提許契弗—李斯基地區中相當多的俄軍，但是這場戰術成功卻還是換不回「衛城」作戰在戰略上的失敗。現在庫斯克地區以外的各戰場上，局勢已經愈來愈吃緊，急迫到似乎比繼續留在這兒消滅范屠亭的剩餘部隊更重要。在拉斯頓堡的會議後兩天，曼斯坦告訴霍斯與肯

貝瑞索夫

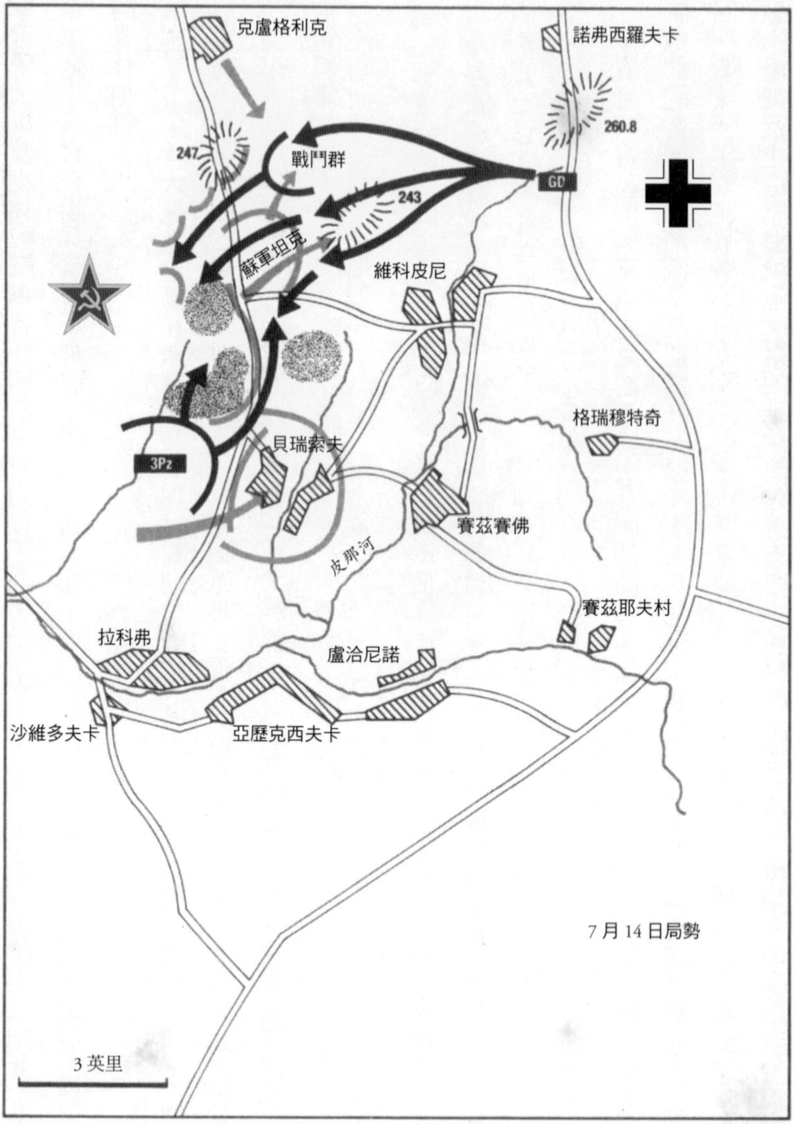

在攻勢的尾聲，大德意志師雖仍小有斬獲，但對原本目標——佔領奧波揚已經於事無補。

夫：現在局勢已經日益明顯，由於摩德爾的第九軍團缺乏進展，後方又被敵人攻入，所以當初「衛城」的預計目標是絕對不可能達到了。但是他並不打算撤退，而計劃將第四裝甲軍團推進到普賽爾河之線上。聽到此一消息，霍斯倒是頗為高興，至少南邊的這一半作戰還可以繼續，雖然規模已經打了折，但總比全面放棄來得好。

但是兩天後，一支強大的俄軍兵力在南面的米亞斯河上發動攻擊。發動攻勢的是托布金上將的南部方面軍，共有五個步兵軍團、兩個機械化軍、三個戰車旅及一個騎兵軍。在托布金的右側，馬林諾夫斯基元帥的西南方面軍在依茲門以南跨過頓內次河，攻擊德國第一裝甲軍團。而在庫斯克突出部北方，摩德爾正以「有計劃的退卻」把部隊從奧勒爾地區撤出，以免被「庫圖佐夫」攻勢切斷。「庫圖佐夫」作戰到七月十九日時已經穿透了兩道德軍防線，造成了一個寬、深各為八十和四十英里的突破口。摩德爾和六十萬名部下，其中戰鬥人員有四十九萬兩千三百人，正面臨另一場「史達林格勒」的危險。不過在他努力下，到八月十八日，德軍已經完全脫離了被圍殲的可能，退到一條名為「哈根」的預設防線上，正好在奧勒爾突出部的頸部位置。

七月十七日，希特勒命令第二黨衛裝甲軍自前線撤出。隨後不到二十四小時，大德意志師也被抽離霍斯的戰鬥序列，改撥給中央集團軍。十九日，最高統帥部的日誌寫著：「在敵人猛烈的反攻之下，『衛城』作戰已經不再有成功可能。」第二黨衛裝甲軍的軍部被撤回卡爾可夫。二十三日，第四裝甲軍團也退回當初發動「衛城」作戰時的前線。至於「衛城」作戰中唯一可用來擴張勝利的預備兵力第二十四裝甲軍，儘管曼斯坦強烈反對，仍被調往支援第一裝甲軍團，以抵抗馬林諾夫斯基的攻勢。

即使「衛城」作戰已經瓦解，但希特勒最牽掛的仍是義大利方面的局勢。七月十九日他與墨索里尼會晤，兩人一口氣談了兩個小時，這時「統領」突然收到一個消息，指出羅馬正遭到猛烈空襲。隨後發生的事情，可以從墨索里尼當天的日記裡得知：

「他（希特勒）告訴我：義大利的危機是一個領導的危機，也是人類的危機。為保衛這個半島，他會加派空軍和新成立的師。他宣稱：守住義大利也是德國的最高利益。整場談話中他的用字遣詞都非常友善，我們因而達成了最佳的合作。『元首』隨後就搭機離開。」

在這次德義兩國的高層會議中，義大利參謀總長安布羅西歐元帥與凱特爾的談話，比較能夠反映軸心陣營的戰略窘境。安布羅西歐向凱特爾問及東戰場的局勢，凱特爾用一些「俄國人的力量已經正在枯竭」的話搪塞，安布羅西歐答道：「這樣做並不是一個主動性的策略，只是徒然將作戰的主動權拱手讓人而已。整體看來，我們軸心國已經陷於被圍困的局面；我們必須突破它。你打算怎麼樣去達成這個目標？」凱特爾無話可答。

七月二十五日，墨索里尼被法西斯黨的「大議會」罷黜。這代表著義大利即將退出戰爭。希特勒命令柴茲勒撤回第二黨衛裝甲軍，並立刻開往義大利。但是第二黨衛裝甲軍卻無法立即西調，因為它還得在米亞斯河地區協助第六軍團（由原本的何立德兵團改編而成的）抵擋敵人，以免被洶湧的俄軍所吞沒。

十三日的晚上，羅特米斯托夫陪同朱可夫一同前往第二十九戰車軍的軍部。朱可夫在半途上好幾次要求停車來觀察前一天戰車戰鬥的戰場遺跡。羅特米斯托夫回憶：「那是一片恐怖的景象。被擊中炸開的戰車，以及火砲、裝甲運兵車與卡車的殘骸散佈在戰場上，舉目都是砲彈堆與履帶塊。在燒焦的大地上，沒有一片草皮能夠無恙。」在一處地方，朱可夫下了車，走向一輛爆炸的「豹式」，它是被一輛T－70撞上的。旁邊則是兩輛互相糾結成一團的「虎式」與T－34。「這看來像是迎面對撞造成的。」朱可夫喃喃自語，從頭上摘下帽子，向在十二日的戰鬥中，英勇殉職的蘇聯戰車兵致敬。

在普羅科羅夫卡之戰以後許多年間，蘇聯官方一直把它宣傳為一場戲劇性大勝，象徵俄軍裝甲兵重振雄風，以及德軍在強大的打擊下落敗。事實上，根據德軍第四裝甲軍團的每日戰車實力統計表顯示：儘管經歷一場大惡戰，但是德軍在普羅科羅夫卡的損失其實並不重。如果俄國人聲稱他們後來從戰場上，找到超過四百輛戰車殘骸的話是真的，那麼它們之中絕大多數，都是第二十九戰車軍與第十八戰車軍的T－34。

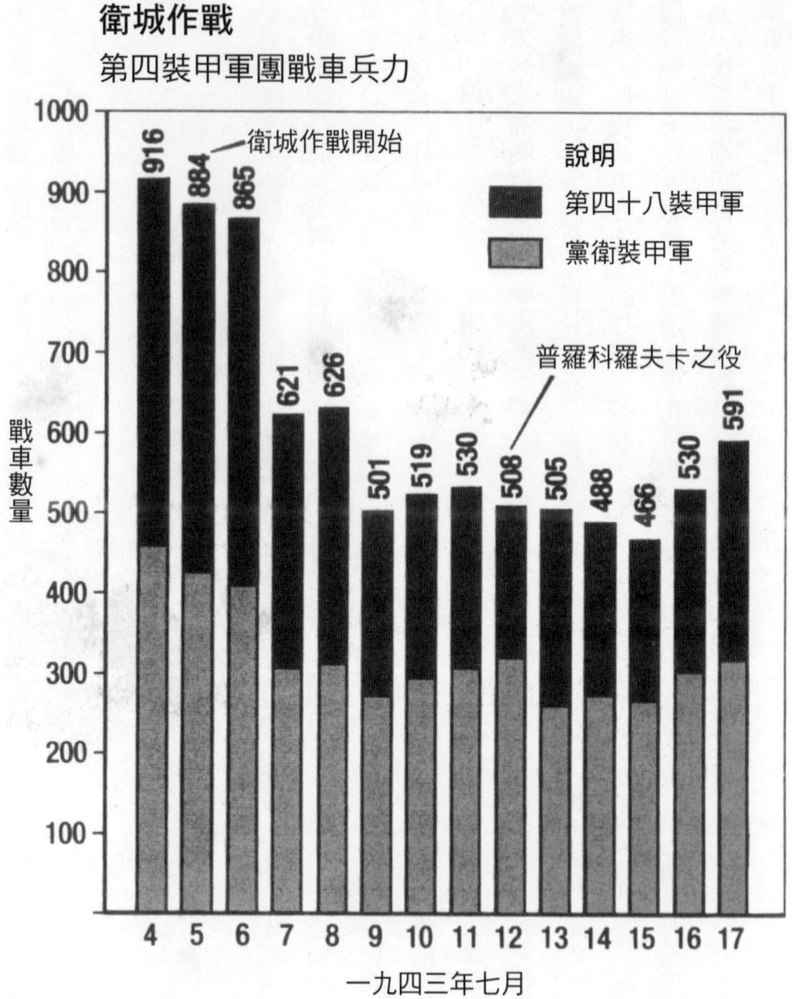

從這張圖表可以看出，普羅科羅夫的大戰並未使第四裝甲軍團的戰車實力一蹶不振。

在整場庫斯克攻勢中，第四裝甲軍團損失最明顯的時刻，是普羅科羅夫卡戰車戰之前的六天。後來戰車總數就不太往下跌，原因是定期性的對前線補充作業，以及修復的車輛返回戰場。十三日時法希里夫斯基就聽一名德國戰俘供稱：帝國師雖然已經連續作戰一週，但是經過了兩次補充後，還有一百輛戰車的實力。第四裝甲軍團的作戰日誌顯示，從七月十一日到十三日，經過普羅科羅夫卡的大戰之後，軍團的戰車數字由五百三十變為五百零五，只減少了二十五輛。當然，在普羅科羅夫卡損失的德國戰車絕對不止此數，但是十二日傍晚一大批修復的戰車，卻彌補了這些損失。接下來幾天第四裝甲軍團的實力保持穩定。十五日時降到四百六十六輛，十六日回升到五百三十輛，十七日更增為五百九十一輛。

普羅科羅夫卡之戰的真正意義在於，第五親衛戰車軍團不管付出了多重的代價，終究是擋住了第二黨衛裝甲軍的前進。對德軍而言，受打擊最大的並非戰車數量，而是原本以為已經是「最後一擊」的官兵們的士氣。表面上看，德軍從普羅科羅夫卡之役後的損失數字減輕了，但實際情形是他們在歷經范屠亭一重又一重防線的可怕血戰後，已經喪失了一舉殲滅俄軍預備隊的戰志與信心。羅特米斯托夫在十五日就發現一個奇特的現象，就是德軍已經不再以密集隊形進攻，而改採以三至五輛重戰車搭配摩托化步兵組成偵察小組。這些小組試圖引誘俄軍的戰防砲陣地開火，因而暴露其位置，藉此尋找俄軍防線上的弱點。這種試探性的攻擊過後，就以大砲與迫擊砲掩護作正面攻擊，但是每一次都被俄軍打退。十五日入夜時，普羅科羅夫卡周圍的戰事已經平靜下來。羅特米斯托夫的說法是：「敵人已經放棄攻擊我們，甚至不用砲火來壓制我軍官兵。」

中部方面軍與弗洛奈士方面軍在庫斯克會戰中損失了一千五百輛戰車，幾乎是開戰時總數的一半。根據第四裝甲軍團的戰報，光是七月八日一天，他們就擊毀了一百八十五輛戰車。但是由於俄軍修護人員超人式的努力，這些損失很快就復原了過來。到八月三日，庫斯克地區的俄軍戰車又達到了兩千七百五十輛。對朱可夫和法希里夫斯基而言，眼前最大的問題倒不是沒有戰車可用，而是戰車兵大批陣亡，缺乏人員補充。

德國方面的損失也相當重。第四裝甲軍團在作戰中共推進了二十五英里，光這二十五英里路的代價即為三百三十輛戰車與突擊砲。第三裝甲師在七月十七日一度只剩下三十輛戰車。如果和德軍每月不足一千輛的戰車產量相較，更可看出損失數字代表的可怕意義。到了七月底，東線德軍共損失了六百四十五輛戰車與兩百零七輛突擊砲。東線德軍的戰車儲備量，已在前次危機中用掉很多，如今一直沒辦法恢復，因為新造的車輛只夠用來替補每月固定的損耗。儘管戰技純熟的德軍遇上領導拙劣的紅軍戰車部隊，仍然能使俄國人付出慘重的代價，但是蘇聯的戰車產量——到一九四四年達到每月兩千五百輛——卻一直高於損失數字，使紅軍可以毫不留情地不斷增加裝甲部隊的數量。[2]東戰場的情勢正如安布羅西歐將軍所指出：德軍的主動權已經被俄軍奪去。

另一方面，「衛城」作戰也沒有如當初設想，能替德國虜獲一大批戰俘作為奴工之用。南面集團軍只俘虜到兩萬四千人，比起一九四一至一九四二年的戰鬥而言只能算是零頭而已。而在耗損俄軍兵力方面，在「衛城」作戰後短期內，俄軍實力的確因激戰而削弱不少，但是紅軍的數量整體而言是愈打愈多，最後達到六百五十萬名，外加五十萬備役人員。

相對地，德軍卻是大蝕老本。八月底時曼斯坦抱怨，南面集團軍在七、八月的作戰中，一共損失十三萬三千人，但卻只獲得三萬三千人補充。即使以往能優先獲得增補的精英單位，例如大德意志師，也不能免於嚴重缺員、中下級軍官不足。七月二十六日到九月五日，大德意志師所屬裝甲榴彈兵團的第六連就換了十名連長，其中兩人還是士官。「衛城」作戰的兩個月後，大德意志師每個連平均只剩二十人，而裝甲榴彈兵團的第二營更只有三名軍官和二十二名士兵。其他幾個參與攻擊的步兵師也損失慘重。肯夫兵團的第一〇六師損失三千二百二十四人，第三二〇師損失兩千八百三十九人，第一六八師則損失兩千六百七十一人。相較於每個師的戰鬥人員數，分別傷亡了百分之三十八、二十九與二十七，這些損失都是在兩星期之內發生。相較之下，一九四四年在西歐作戰的英軍，即使是損失最重的師，也要花六個月才能達到如此的傷亡數字。

作為德國偉大參謀本部傳統繼承人的德軍高層，「衛城」實在是一個不光彩的挫敗。希特勒一向對軍官團抱著輕視態度，隨後墨索里尼被部下將領推翻，更加強「元首」對他們的疏遠與猜忌。在

---

2 作者註：到一九四三年十月，紅軍共擁有五個戰車軍團、八十個戰車旅、一百零六個獨立戰車團，此外還有十三個機械化軍、一百二十六個步兵軍、七十二個獨立步兵師、六個砲兵軍、二十六個砲兵師、四十三個自走砲團、二十個砲兵旅、七個「卡秋莎」多管火箭發射器師。

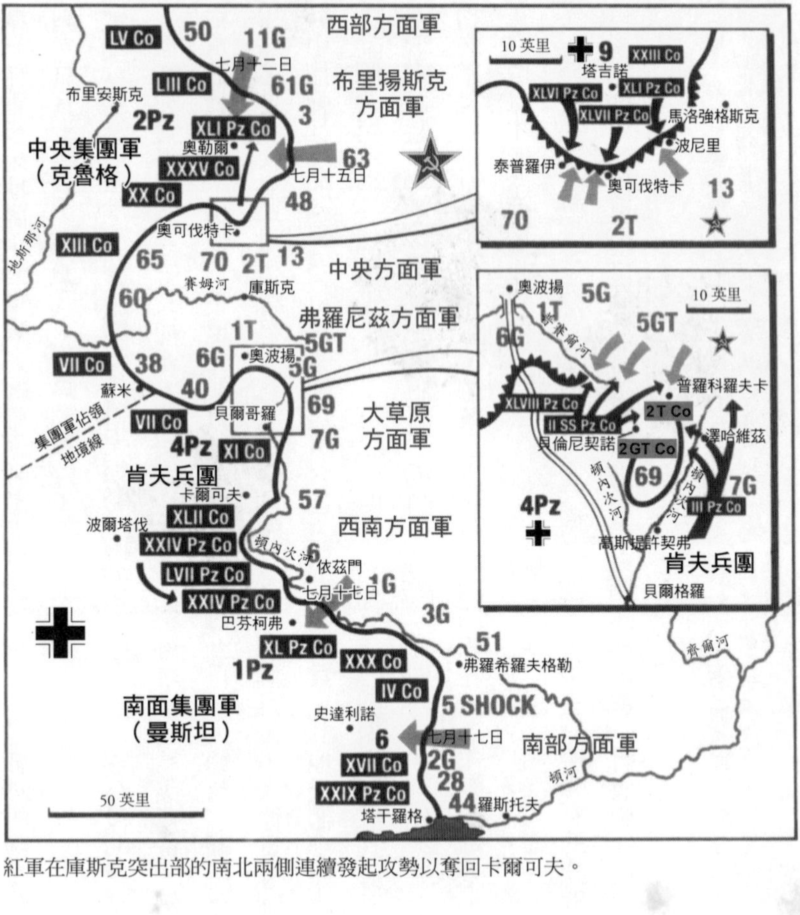

紅軍在庫斯克突出部的南北兩側連續發起攻勢以奪回卡爾可夫。

庫斯克，德軍把攻勢投入一個明知數量不如人，並且即令獲勝也缺乏兵力擴張成果的戰場上。整個作戰計劃似乎繫於一個前提，就是敵人仍像過去一樣一擊即垮，很少考慮如果事情發展不如預料該怎麼辦——儘管摩德爾早就對敵情有清楚的了解與警告。結果事實證明，光靠虛飾的氣勢與把敵人貶成「斯拉夫次等民族」，並不足以打勝仗。當敵人堅守陣地不肯潰散，並且對摩德爾與霍斯脆弱的側翼發動逆襲時，德軍的愚行就清楚嘗到了苦果。此外，在整場作戰的每個階段中，德軍的情報工作都夠不上水準，俄軍在戰略預備隊的配署與使用上又表現斐然，在在確定了「衛城」的失敗結局。

曼斯坦過度憂慮德軍撤退可能引起俄軍尾隨反攻，使「衛城」的失敗更為擴大。他一方面向希特勒提出警告，指陳集團軍南段地區的危險，另一方面卻又告訴霍斯：「衛城」作戰必須推進至普賽爾河上才能結束，以顯示第四裝甲軍團在普羅科羅夫卡的損失，其實不及外界想像那麼重。然後，這個夏季剩下的時間，德軍就得拉直戰線，把裝甲部隊漸漸南調，為俄軍即將在冬季的反攻作準備。

就德軍看來，東戰場又回到原來的「節奏」——德國人在夏季向前推進，俄國人在秋季泥濘後又打回來。德軍深信俄軍裝甲部隊已在「衛城」攻勢中受到嚴重打擊，到冬天之前不可能恢復實力，因此把所有需要檢修的車輛全部抽調出來，送回卡爾可夫和波格杜可夫的修理廠。由於數量超過兩地工廠的負荷，自八月一日起，戰車和突擊砲更被送往遙遠的基輔去修理，即使只是一些例如齒輪或砲身控制的小毛病也不例外。如此一來，曼斯坦在第一線的裝甲實力就大打折扣了。

史達林先前已授權「大本營」派往前線督戰的指揮官們，有權決定德軍進攻受阻後發起反攻的時機。結果他還是耐不住性子，決定自己來操盤，儘管德軍攻勢其實仍未停止。七月十五日，史達林推翻原先戰略構想，堅持立即發動反攻。朱可夫和法希里夫斯基強調部隊需要時間準備，但是史達林不理會他們的抗議。

最先發動的一場反攻「庫圖佐夫」作戰，與奪回卡爾可夫的「盧米安茲夫」作戰，只是東線上一連串反攻的兩次。在亞速海以南，皮特羅夫將軍的北高加索方面軍，奉命繼續對據守塔曼半島及克里米亞的德軍A集團軍（司令為克萊斯特元帥）施加壓力。托布金將軍的南部方面軍沿著黑海之濱，攻擊曼斯坦的右翼。馬林諾夫斯基的西南方面軍，負責收復頓內次盆地。范屠亭與柯涅夫則由卡爾可夫外圍對曼斯坦的左翼進攻。同時，羅柯索夫斯基的中部方面軍、卜波夫的布里安斯克方面軍、索柯羅夫斯基的西部方面軍，則對克魯格元帥的中央集團軍發起協同攻擊。而在克魯格北翼的斯摩稜斯克，艾門科上將的加里寧方面軍也準備在八月底之前發動攻擊。此外，游擊隊更在中央集團軍戰線後發起一場「鐵路之戰」，意圖切斷第二裝甲軍團及第九軍團與後方的交通聯繫。

自一九四一年冬季以來，史達林就酷好在整條戰線上同時反攻的「廣正面」戰略。朱可夫好幾次勸他放棄分散實力齊頭並進，改採對敵軍實施包圍殲滅。史達林卻表示，敵軍目前還太強，不適合採取這種方法。他有時還附加一句說，紅軍的訓練與素質都不足以對敵人實施圍殲。史達林最大的興趣，是用最快速度把德軍趕出蘇聯土地，對殲滅敵人比較不重視。他覺得用一連串反覆攻擊奪回頓巴次區的農工資源，對德國人造成的損失並不比在一次會戰中讓他們喪失大批部隊要少。對他而言，儘早回到基輔最重要。

俄軍在庫斯克地區的反攻一開始由於準備充分，成功奪回了貝爾哥羅與卡爾可夫。但在奧勒爾突出部和米亞斯河前線，傷亡卻慘重得多，因為德軍先前已在兩地構築了相當規模的防禦工事。以米亞斯河而言，德軍早在一九四一年十月就建立了防線，此後一直進行強化。雖說德軍有防禦工事的幫助，但曼斯坦的戰略預備兵力還是得南北奔波，到處「救火」。結果在奧勒爾市的東南，李巴科將軍的第三親衛戰車軍團就在德軍的防線上被「啃」得粉碎——這場攻擊是史達林直接下令進行的，而布里安斯克方面軍的卜波夫司令已經是「老油條」，曉得即使反對也沒用。

俄國游擊隊在中央集團軍後方的交通破壞戰，規模空前龐大，不過效果實在不怎麼樣。俄國人空運了大批炸藥給游擊隊去進行「鐵路之戰」，他們也號稱在七月裡有紀錄可查的爆破行動就高達一萬次，但德軍的鐵路交通從來沒斷絕過。許多寶貴的炸藥沒用在鐵路主線的重要地段，反而拿去炸一些分岔的支線。

如今風水輪流轉，輪到德國人把他們的戰車掩藏起來，並在奧勒爾突出部高茂的麥田裡佈置戰防砲陣地。七月二十六日，巴達諾夫將軍的第四戰車軍團，配備五百多輛新戰車，向東南方發動攻擊，想封死德軍在波克霍夫周圍的口袋陣地，結果遭到德軍埋伏的戰車與突擊砲迎頭痛擊。巴達諾夫手下的戰車兵經驗太少，不懂如何在有經驗的敵人砲火下迅速打開一條出路，因而付出了高昂的代價。不過，最後德軍還是退出了波克霍夫，而奧勒爾市也於八月五日被俄軍第三與第六十三軍團所奪下。

托布金於七月十七日對米亞斯河防線發動攻擊，俄軍渡過河並建立了橋頭堡，這時他手下的兩個機械化軍還沒用上。但他的前進不久就被擋住，並且隨即被德軍自北邊發動的反攻所擊退。德軍動員部隊包括第二十三裝甲師、第二黨衛裝甲軍、第二十四裝甲軍。帝國師突擊砲營的魯埃爾回憶在一場戰鬥後，十三輛燃燒中的T-34「排成一列，活像是項鍊上的珍珠」。不過儘管俄軍吃了不少敗仗，但他們一系列反攻中最重要的一場，在貝爾哥羅—卡爾可夫地段的「盧米安茲夫」作戰，卻獲得了成功。

奇襲是俄軍奪回貝爾哥羅與卡爾可夫的關鍵因素。在「盧米安茲夫」攻勢的準備階段時，俄軍高層再度強調偽裝的重要性。德軍完全弄錯了「盧米安茲夫」的發動時機、部隊實力、規模與發起位置。關於貝爾哥羅—卡爾可夫作戰的進行是史達林於六月二十二日決定的，但是弗洛奈士方面軍與大草原方面軍到七月二十四日才收到大本營的詳細作戰計劃。

朱可夫仍然沿用他的「必勝程式」：在狹窄正面上先以密集的砲兵進行預備射擊（每一英里戰線上有三百七十門火砲與迫擊砲），使強大的突擊兵力能夠迅速深入敵人防線。弗洛奈士方面軍與大草原方面軍，後者現在的位置在前者左側，亦即貝爾哥羅的東方與南方，將向貝爾哥羅城郊進攻，並且推向波格杜可夫與瓦爾基，切斷第四裝甲軍團與肯夫兵團的聯繫，然後把德軍圍殲在卡爾可夫地區。如果攻勢順利，俄軍迫近卡爾可夫，西南方面軍的第五十七與第一親衛軍團也將投入戰鬥。朱可夫給麾下的各級司令部十天去準備，攻勢預定在八月三日發動。

在與朱可夫詳細討論後，范屠亭與柯涅夫決定將攻擊重點放在兩個方面軍交接處的貝爾哥羅北面與西北面。攻勢剛發起時共有四個軍團：第五親衛、第六親衛、第五十三與第六十九，外加第七軍團的部分單位。在攻勢開展階段，第一戰車軍團與第五親衛戰車軍團將穿過第五親衛軍團與第六親衛軍團打出的缺口，從塔馬羅夫卡往西南衝向阿克提卡，在戰車軍團的主要攻擊矛頭兩側，其他軍團也要按計劃保持攻勢，以強化整個攻擊的打擊力。

雖然曼斯坦在八月一日曾提及，「大本營」的下一個目標是卡爾可夫，但他確信蘇聯人至少得花好幾星期才能重新整補完成。曼斯坦的推算來自俄軍在庫斯克的損失數字，就正統觀點而言固然無懈可擊，但他沒想到蘇聯會為了爭取奇襲最佳時期，不惜動用實力不足的單位和修修補補的戰車，去攻擊德軍已經耗盡預備隊的防線。儘管弗洛奈士方面軍與大草原方面軍在庫斯克防禦戰蒙受重大損失，比起德國南面集團軍還是有絕對優勢：人員是三比一、戰車與火砲是四比一、飛機是三比二。而曼斯坦此時仍在等待「更多敵人發動攻勢的徵兆」。

「大本營」用盡各種偽裝手段去擾亂德軍對俄軍的意圖判定，並隱藏己方攻擊的重心所在。在北頓內次地區，大草原方面軍的工兵祕密在河面下建造了二十二座涉水橋，並且輔以迷彩掩蔽的道路與假橋。偽裝計劃還要求每個參與攻擊的步兵軍，要佈置三個假的戰車營或戰車連的集合場，每個步兵師則要構築十個假的砲兵陣地。另外為掩飾俄軍攻擊部隊的整補作業，紅軍通信兵還建立了一個假的通信網，使德軍不易發現他們真正的指揮調動企圖。

在弗洛奈士方面軍右翼，俄軍也假造了一個包括兩個步兵軍、一個戰車軍團（德國人以為是第五親衛戰車軍團）和另外幾個戰車軍的「部隊集結區」。在他們後方，莫斯卡倫科將軍的第三十八軍團也「造」了一個集結區：第三四〇步兵師在羅金史卡亞周圍製造了兩百一十五門假砲與兩百五十輛假戰車；他們還在車站施放煙幕，該師的兩個團不斷利用白晝行軍，而一列火車則不停地來來回回行駛，讓敵人以為此處正有大量的部隊集結——德國空軍果然上當，對此地區出擊兩百四十四架次，投下了大批炸彈。

德軍情報組織也注意到了羅金史卡亞地區的活動，雖然缺乏足夠證據證明那裡有一個戰車軍團，但他們確信俄軍將從此處發動一場攻勢。因此他們把第七裝甲師和第七步兵師向西調動，以掩護面對三十八軍團地段的戰線——就在俄軍自東邊發動他們真正的攻勢前不久。德軍這一調動，在貝爾哥羅東北方掩護步兵的裝甲部隊只剩第十九和第六裝甲師，前者在庫斯克一度打到只剩十七輛戰車可用。

到八月三日紅軍展開攻擊，它們就都被潮水般的俄國裝甲洪流所吞沒。

八月三日早晨五點鐘，反攻行動開始。先是五分鐘短暫彈幕射擊，然後是三十五分鐘的沉寂，接著俄軍火砲只對標示過的目標轟擊。六點三十五分，俄國砲兵再度開始密集持續射擊，一小時後「卡秋莎」和轟炸機也加入，羅特米斯托夫在第五親衛軍團司令查多夫將軍的指揮所裡，目睹了這一場猛轟。

「整條戰線上閃著紅色與黃色的光，更南邊還有紫色的爆焰，土石被炸得激飛入空，天幕也像是一片濃密的暗牆。煙與塵滾滾而起，籠罩了那些已被我軍砲擊深深震撼的敵人陣地。這是我生平首次看到如此具破壞威力的砲擊。」

八點鐘，在響徹戰場的「萬歲！」歡呼下，俄軍突擊單位穿過砲兵彈幕縫隙向前推進。下午兩點時，查多夫的步兵在第一與第五親衛兩個戰車軍團的支援下，突破了德軍主防線。羅特米斯托夫的第十八與第二十九戰車軍，通過一條夾在深谷和沼地間的走廊快速前進。山丘、地雷和其他障礙物都擋不住載著步兵向前衝刺的戰車，俄軍一路從被毀的戰壕、火砲和戰車殘骸旁駛過，滿地都是德軍的屍體。一名被砲擊嚇得心神喪失的德國軍官，被俘之後帶到羅特米斯托夫面前。他屬於第一六七步兵師的第三三八機車團，今天早上還是一個具有戰力的單位，但現在已經不算了。這個德國人的雙手還在發抖，反覆地說：「我們不曉得發生了什麼事，昨天我們才聽說我們的師要前進……看看結果我們遇上了什麼。」

當天夜晚，第一親衛軍團與第五親衛戰車軍團已經突破了德軍的第二層防線，透入達十五英里深，切斷了由塔馬羅夫卡到貝爾哥羅的鐵路。八月五日早晨，當奧勒爾地帶的俄軍正進行肅清工作時，大草原方面軍開始向貝爾哥羅前進。第一機械化軍中午越過貝爾哥羅，到達該城西面，切斷了通往卡爾可夫的鐵公路，開始進行圍攻。貝爾哥羅在激烈的巷戰後，被紅軍第八十九親衛步兵師與三〇五步兵師所攻陷，在廢墟中德軍遺下三千具屍體。

這天晚上，史達林下令莫斯科鳴砲一百二十四響，以慶祝貝爾哥羅的光復。他宣佈：「那些為保衛祖國自由而戰鬥的英雄們將永垂不朽……德國侵略者的末日已經到了。」對於蘇聯人民來說，他們對「德國侵略者的末日」這句話已經聽得非常習慣，因為史達林每次宣稱勝利，最後一定是這幾個字——他在戰爭結束前共講了超過三百遍。

在稍早於七月二十五日舉行的一次會議中，希特勒告訴克魯格元帥：他將不再堅持自己的決定，也不再干預細節方面瑣事。而在紅軍方面，當大草原方面軍打下貝爾哥羅，第一與第五親衛戰車軍團便向西南前進，在第四裝甲軍團與肯夫兵團間，衝開一道二十五英里寬的缺口，再向西方與南方深入，就可席捲曼斯坦的各個戰車修理站。第五親衛戰車軍團在五天內前進了六十二英里，對德軍第十九裝甲師與第五十七、二五五、三三二等步兵師的殘部形成圍殲威脅。這些被打得七零八落的單位向西南方撤退，在阿克提卡與格拉夫約隆之間重新組成一條防線，卻不曉得特羅米芬科將軍的俄軍第二十七軍團正以平行路線緊隨而來。

八月七日早晨，德國空軍的 FW 190 在貝爾哥羅往南的公路上，對撤退的德軍縱隊發動假的俯衝攻擊，讓紅軍以為他們是友軍。但是這一招沒唬過弗洛奈士方面軍的砲兵指揮官瓦倫佐夫中將，他命令第二十七軍團所有火砲轟擊撤退中的德軍。俄軍的砲擊和空襲使公路上佈滿了被打爛的車輛，特羅米芬科的步兵則在公路兩側的樹林中搜捕俘虜。他們在一棵樹後，找到了第十九裝甲師師長希米德將軍的遺體。

到八月八日，第四裝甲軍團與肯夫兵團間的缺口寬度已達四十英里。這一天，柴茲勒飛往南面集團軍總部與曼斯坦晤面，曼斯坦毫不肯讓步地堅持：「到了這步田地，我們絕不能再局限於『某某師是不是可以撥過來』或是『庫班橋頭陣地到底該不該撤出』這種無聊問題上。[3]」曼斯坦跟著提出他的主張：立刻從東線其他地區調來十個師，或是放棄整個頓內次地區。柴茲勒無法立即同意，只能將它帶回陸軍總部作正式討論。

九日黃昏，羅特米斯托夫與朱可夫見了一次面——這邊的氣氛就和諧得多了。羅特米斯托夫發現，朱可夫的專用列車停在一大片濃密松林的中心。當他被引進朱可夫的房間時，這位國防部副部長穿著一件刺繡邊的白襯衫，「坐在椅子上，手慢慢地拉俄式手風琴」。「您拉得真好。」羅特米斯托夫說。朱可夫答道：「這不算什麼。你該去聽聽蒙加羅夫（第五十三軍團司令，也是一位有名的手風琴家），我上次到他的司令部去，結果一聽就是好幾個鐘頭。」

這時朱可夫起身到地圖桌前，表示他對目前狀況也並非全無擔心。儘管羅特米斯托夫獲得了相當的初期成功，但是曼斯坦仍有可能像二月一樣，發動反攻把他們一網打盡。朱可夫告訴羅特米斯托夫：「敵人可能會重施故技，將我軍切斷、分割，我們不能讓這種事再發生……」朱可夫標示出一片

3 譯註：即塔曼半島，是當時德軍唯一在頓河東側的佔領地，由克萊斯特元帥的A集團軍據守。

在波格杜可夫西南方的地區，要求羅特米斯托夫在第三十二步兵軍的掩護下集結第五親衛戰車軍團，等到砲兵的準備射擊完成，步兵也進入攻擊時，就在狹窄正面上發動強大的戰車攻勢，從南方對集中在卡爾可夫的德軍進行包圍。朱可夫給羅特米斯托夫三天的時間去部署。

而正當卡爾可夫守軍感受到敵人壓力時，俄軍弗洛奈士方面軍也繼續向西南前進，使曼斯坦沒有機會重建一道堅強的前線。俄軍對卡爾可夫市展開試探性的攻擊。八月十日，西南方面軍的第五十七軍團開始前進，到次日黃昏時已經渡過了頓內次河北段，佔領了屈古耶夫，並從南方與東南方進向卡爾可夫。東方則有第六十九與第七親衛軍團，西北方有第五十三軍團與第五親衛戰車軍團，對卡爾可夫形成圍攻。

八月十二至十三日，正當范屠亭應付德軍從阿克提卡集結裝甲部隊對他右翼的逆襲，以及帝國師與骷髏師沿波爾塔伐到卡爾可夫鐵路，對瓦爾基的反攻時，[4]爭奪卡爾可夫的最後一戰開始了。曼斯坦不希望肯夫兵團遭到如同包拉斯第六軍團在史達林格勒的下場，但希特勒「按照慣例」命令，必須不惜一切代價堅守該城，如果失陷將「對土耳其與保加利亞的態度產生不利影響」。但是曼斯坦認為，卡爾可夫根本就不可能守得住。十二日，俄軍戰車突破了脆弱且欠缺經驗的第二八二師防區，攻入卡爾可夫市東郊的工業區。由於情況危急，曼斯坦命令第二八二師就地死守不許後退，以避免更大的災難。侵入的俄軍最後終於被第六裝甲師擊退，戰線上的缺口也得以填補，但肯夫與他被包圍的部隊間的聯繫，僅只剩下一條狹窄的走廊地帶。

蘇聯空軍的飛機也在卡爾可夫守軍頭頂上撒佈傳單。以投在第三裝甲師位於城外西北方防地的傳單為例，它們寫著：「第三裝甲師的同志們，我們曉得你們是勇敢的戰士。你們師裡的每個人都有鐵十字勳章，但我們這邊每個人都有一門迫擊砲，趕快投降！」

八月十九日，柯涅夫命令第五親衛戰車軍團從西北方出發，沿著由阿克提卡通到卡爾可夫的公路進攻。結果他們遭遇了勞斯將軍的第十一軍。在四十八小時的慘烈戰鬥中，第五親衛戰車軍團又遭受如同普羅科羅夫卡般的損失。在德軍佈置良好的戰防砲陣地，以及豹式、虎式、象式等新式戰車的「侍候」下，羅特米斯托夫又損失了三百多輛戰車。

但是對勞斯而言，這一仗也是「慘勝」。

第三裝甲師的三九四裝甲步兵團，剩下的人只比兩個連多一點；

第一六七步兵師的三三一輕步兵團以預備隊身分投入戰鬥，最後只剩兩百人；

第六裝甲師僅餘十五輛戰車可以作戰；

五〇三重戰車營只剩下九輛「虎式」；彈藥的存量也已吃緊。

曼斯坦準備放棄一個城市——而非一個軍團。八月二十二日，他下令撤出卡爾可夫。第二天清晨，

4 作者註：希特勒近衛師已於八月三日撤出前線調往義大利，並將他們的戰鬥車輛移交給帝國師。希特勒近衛師的離開代表著第二黨衛裝甲軍的裁撤，剩下的兩個師則和第三裝甲師合組第三裝甲軍。

俄軍第一八三與第八十九親衛步兵師進入市中心。到中午，卡爾可夫正式「解放」。

倒霉的肯夫將軍成為卡爾可夫失守的代罪羔羊。肯夫兵團現在改稱第八軍團，軍團司令一職卻被吳勒爾將軍所取代。過去曼斯坦擔任第十一軍團司令時，吳勒爾是他的參謀長。曼斯坦後來寫道：「雖然我和肯夫處得不錯，但我並不反對這次的人事變動。」

八月十三日，馬林諾夫斯基在頓內次河東岸再度發起攻勢。正當德軍焚燬在卡爾可夫儲存的大量物資時，托布金也再一次對米亞斯河防線上的德國第六軍團發動攻擊。如果紅軍在此地突破成功，就可衝過南烏克蘭直到聶伯河。二十六日，羅柯索夫斯基也展開原定一週前就應發動的攻勢，[5]很快就在中央集團軍與南面集團軍之間，撕開一道五十英里寬的缺口，對基輔與曼斯坦的北翼側面都構成威脅。

八月二十七日，希特勒在烏克蘭維尼沙的元首行營召見曼斯坦。一同出席的第六軍團司令何立德將軍，陳述了自己所面對的危險情勢。

「我的第二十四（裝甲）軍只剩下八千七百零六人，卻要面對六萬九千名俄軍。第十七軍有九千二百八十四人，要面對四萬九千五百名俄軍。第四軍算起來是狀況最好的，它還有一萬三千一百四十三人，要面對一萬八千名敵人。總計，三萬一千一百三十三名德國人，要抵擋十三萬六千五百個俄國人。在裝甲兵方面的實力對比也很類似。托布金昨天共出動一百六十五輛戰車，而我們只剩七輛戰車與三十八輛突擊砲。」

曼斯坦在會議中再度要求，希特勒給他更多作決定的自由，也重申如果不能立即增援，就應准許他撤出頓內次河盆地。但是據他看來，希特勒滿心想的都是地中海方面的情況，以及英美兩國對西歐日益升高的威脅。希特勒命令：一定要守住頓巴次工業區及其工礦資源，他承諾將由中央集團軍與北面集團軍（總司令庫希勒元帥）抽調部隊來支援曼斯坦。但是第二天趕到的克魯格就向希特勒抗議，反對將自己的部隊調走。[6]這可以反映出德國陸軍的一些問題，除了約德爾和柴茲勒都想把對方的計劃一筆勾消，東戰場上的各集團軍指揮官彼此也常有掣肘，他們有時也反對柴茲勒——特別是陸軍總部要把他們的部隊撥給「鄰居」時。通常這種時候集團軍總司令們的反應，就是直接面見或撥電話給希特勒。而希特勒面臨必須在兩方相悖的要求間選擇其一時，卻往往缺乏定見，通常都是同意最後一個提要求的人。[7]

到八月底，米亞斯河戰場的情況已經惡化到無法再守。第二十四裝甲軍在亞速海邊上被兩個俄國

5 作者註：這是由於燃料與彈藥不足的關係。在七、八兩個月，紅軍的各個方面軍雖收到了兩千六百六十萬顆砲彈與地雷，卻用掉四千兩百一十萬顆，使得儲存量大為滑落。

6 譯註：北面集團軍也表示已無兵可調。

7 譯註：隆美爾元帥後來在擔任B集團軍總司令時，就曾對此現象「發明」了一條「定律」：「誰最後一個走進他的房間，那個人的意見就是對的。」

機械化軍包圍，靠第十三裝甲師和魯迪爾的「斯圖卡」聯隊苦戰才得以撤出。曼斯坦在給「元首」的電話中強調：第六軍團必須自現在位置後撤四十英里，到達一條掩護史達利諾的防線，這條趕造的防線被命名為「烏龜防線」。

曼斯坦與克魯格於九月三日又到拉斯頓堡晉見希特勒，發覺「元首」變得比以往任何時刻更遲疑不決。希特勒不理會兩位元帥所提，設立一個統轄所有戰區戰事，並由一位參謀總長領導的總司令部，以及設置一名「東線總司令」的主張。對希特勒而言，任何侵犯到權威的提議都不會有好下場。兩位集團軍總司令得到的多半只是無用的安慰話，但也不是全無收穫。克魯格獲准將中央集團軍的南翼撤至地斯那河之後，曼斯坦則在情勢無從選擇時，可將第六軍團撤至「烏龜防線」。

就在這一天，由蒙哥馬利將軍率領的英軍第八軍團渡過了墨西拿海峽，在義大利半島的「腳趾」上登陸。

對曼斯坦來說，現在當然已經是「情勢無從選擇」，只有撤退一途。九月六日，俄軍西南方面軍的第三親衛軍團對「烏龜防線」發動了一場新攻勢，並在第一裝甲軍團與第六軍團的防區間打開一個缺口。十一至十二日間，德軍第二十三與第九裝甲師靠著驚人的奮戰把缺口填了回去，但紅軍戰車馬上又打出了另一個缺口，向西深入威脅到聶伯羅派脫夫斯克。同時在集團軍的北方，羅柯索夫斯基不斷發動攻擊，已經深深插入德軍第二軍團的防線，有將南面集團軍的北翼包圍之勢。

九月七日，曼斯坦以電傳打字向希特勒發出一份緊急電訊：

「本集團軍刻正面對五十五個師與兩個戰車軍。敵並正自其餘戰區抽調兵力赴援中。敵目前已將其主力集中於南戰場。我要求部隊增援，或給予行動自由以撤退守軍，俾能縮短戰線，保衛各要害地段。」

希特勒接到這封告急電報，便搭乘他的 FW 200「兀鷹」專機趕到札波羅結。八日，他與柴茲勒展開了一場會議。

會議裡大家的情緒都很低落。蘇軍第一機械化軍與第二十三戰車軍，已經在第一裝甲軍團與第六軍團的分界線上達成突破，俄國人的前衛偵察單位更推進到帕夫羅格勒附近，深入德軍陣線達一百英里，離聶伯河只有三十英里。同一天，克拉斯諾米斯科伊也被紅軍奪獲。在克萊斯特元帥與新任第十七軍團司令耶內克將軍的補充說明下，曼斯坦向希特勒簡報了近日戰況，並強調南面集團軍北翼所面臨的巨大危險。如果俄軍的包圍戰成功，那麼「我們將會損失兩個軍團。如此一來，我的元首，我們將再也沒有任何辦法可以挽回。」曼斯坦的南翼也不可能在聶伯河以東繼續撐下去。為了騰出一些部隊來解救南面集團軍北翼的危局，曼斯坦要求中央集團軍也應退到聶伯河之線。

後來，曼斯坦寫道：

「基本上，希特勒同意將（南面）集團軍的右翼撤到梅利托普—聶伯河之線，雖然他還指望新趕到的突擊砲營能使我們不用這麼做。和平常一樣，他認為靠著新科技，就能解決非得投下幾個師才管用的危機。當我們討論到將中央集團軍撤至聶伯河上游以抽調部隊時，他堅持說在目前雙方短兵相接的狀況下，我們的部隊不可能進行這種長距離的撤退。他還說，如果進行這麼大規模的撤退，不免在完成前就會被秋天的泥濘季節所趕上，就像奧勒爾地區撤退的前例一樣，必須拋棄太多裝備。所以希特勒認為，最好的方式就是只撤到一個中間點上。當然如此一來，我們還是沒辦法得到亟需的人力資源。」

希特勒當然也作了一些合乎理性的決定。他同意增援南面集團軍的重要性，並命令克魯格派出一支強大兵力拱衛基輔的前方。他也允許第十七軍團撤出庫班橋頭陣地，放棄在高加索地區維持一個微弱「立足點」的主張——這曾經是他唯一的指望。九月十四日，曼斯坦通知陸軍總部，在二十四小時內他就得被迫下令撤退到一百英里後的聶伯河。第二天，他又對中央集團軍的援軍提出催促，表示如果增援再不到，垮掉的將是整個東戰場，而非僅是它的南段而已。曼斯坦的這次嚴重警告，終於使希特勒承諾將克魯格的四個師撥給他，並從西歐提供更多的援助。但是他過去已經拖了太久的時間，現在德軍的撤退還是得進行。

即使在如此局面下，希特勒的干擾還是不斷耽擱德軍的時機。「元首」堅持第一裝甲軍團要固守札波羅結以東的橋頭堡，以保護該地附近的尼柯普錳礦。但對曼斯坦來說，這種措施在戰術方面毫無價值，徒然耗費他用來填補集團軍暴露左翼的少量預備隊而已。

在撤退的每個階段，都出現過幾乎釀成大禍的危機。「元首」所造成的致命拖延，使德軍缺乏足夠時間去準備道路、渡河、爆破與佈雷等工作。曼斯坦面對的挑戰是，把四個軍團[8]與大批難民與俘虜經由五個點——聶伯羅派脫夫斯克、克里門巧格、齊卡西、卡涅夫、基輔——渡過聶伯河，還得守住這條四百五十英里長的防線。

按照計劃，聶伯河的西岸應該是「東牆」——它或者稱作「豹線」，是一條從納瓦湖到亞速海的堡壘系統——的核心。當聶伯河冬天結凍之後，「豹線」應該可以擋住俄國人的攻擊——但是先決條件是它必須真的建立起來才行。但是「元首」卻遲遲不肯開工，一方面是他對於「撤退」的病態畏懼，另一方面也因為西歐的「大西洋長城」已經把材料都用光了。在庫斯克之戰失敗後，德國當局已開始在聶伯河西岸構築一些土木工事，但到八月十二日南面集團軍才奉令佈置防務，還不允許退到這座根本不存在的「東牆」後面。戈培爾記述了部隊的反應：「部隊對於聶伯河岸居然沒有『東牆』，感到由衷的憤怒。軍官和士兵都反覆問這個問題，而沒法給他們一個令人滿意的交代。」

德軍也奉命在撤退途中對頓內次河與聶伯河之間的良田與礦藏進行「焦土」政策。麥侖新將軍後來寫道：

8 譯註：第四裝甲軍團，第八軍團、第一裝甲軍團、第六軍團。

「大家都曉得俄國人不太用補給縱隊這一套，他們的部隊主要在鄉村中就食……要想延遲這種軍隊的腳步的唯一辦法，就是把一切他們可以用來吃、住的東西全部毀掉……我們一點都不喜歡這種把整片地區變成焦土的方法，但是整個集團軍現在危在旦夕，不得不如此。」[9]

不過德軍並沒能達到「焦土」的目標。由於器材、人員與時間的不足，許多重型裝備設施無法後送，許多拋棄的物資也來不及破壞。總計南面集團軍一共留下一百六十萬噸大部分即將收割的穀物，以及兩百九十萬頭牲口。俄軍取得南烏克蘭，也使他們在人力上獲得相當的補充。八萬人立刻被編入紅軍送上前線，這些人如果沒戰死的話，後來都成了好軍人。

對於在殘破單位中向西撤退的德軍官兵而言，活下去是最大的目標。他們一路上受到俄軍機動化單位的騷擾，白天要和俄國人交戰，晚上才沿著公路或鐵路行軍。九月二十一日，第一支紅軍到達卡涅夫對面的聶伯河東岸，同時德軍也炸掉了河上的最後一座橋，在西岸掘壕防守。他們在撤退途中已經損失大量重裝備，彈藥供應也不足。吳勒爾將軍在九月二日提出一份報告，述及當時第八軍團官兵的士氣狀況。

「當我們被迫必須使用最節省彈藥的戰術時，敵人卻有用不完的大砲與迫擊砲彈。靠著這樣的猛轟，他們可以在我們戰線上『造』出一些弱點，並且把我們削弱到無法維持一條連續戰線的地步，只能靠各據點間以斥堠連接。當敵人突入時，我們只能調動附近一些快打光了的預備隊去阻擋。傷亡數字極高。今天早上，第三十九步兵師已經只剩六名軍官和大約三百名士兵……除了人數下降外，官兵的疲憊程度也到了令人擔心的地步。據我手下的指揮官們說：由於疲憊不堪，士兵之間充斥著怠忽不盡責的情緒，即使用嚴酷紀律去處分也沒有用，唯一能打動他們的方法，必須靠軍官們以身作則，同時『好言說服』，這使軍官負擔大為加重——而他們的人數卻愈來愈少。」

儘管南面集團軍已在聶伯河西岸上建立防務，但俄軍還是成功打下好幾個大型的橋頭堡。九月二十二日晚上，在基輔東南方四十八英里的布柯林，四名隸屬一個機槍連的士兵划著小船到達西岸，冒著德軍密集火力爬了好幾百碼，其他人跟著渡過聶伯河。到了天亮，整連官兵已在河灘上建立了一個立足點，第三親衛戰車軍團的其他部隊隨即像大群螞蟻一樣湧過聶伯河。俄國步兵用各種能夠浮起

---

9 作者註：曼斯坦的焦土政策使他於一九四九年在英國的軍事法庭上以戰犯罪名受審。一九五〇年元月，他被處十八年徒刑，後減刑為十二年。事實上他並未服滿刑期，而於一九五三年五月六日被赦免釋放。

來的東西攀著渡河——有木板、門扇、油桶，甚至把稻草綁成類似簑衣的樣子。同時，工兵們也在河灘上鋪設堤道供重裝備上岸，再加砲兵不斷以火力支援。首先登上西岸的四名機槍手，後來都獲頒「蘇聯英雄」頭銜，他們是俄軍在整個聶伯河會戰中首批獲頒此榮譽者（一共頒給了兩千人）。[10]

九月二十五日晚上，擔任大草原方面軍前鋒的第七親衛軍團，在克里門巧格西南渡過了聶伯河。二十六日，西南方面軍也到達了聶伯河，轄下的第六軍團在聶伯羅派脫夫斯克以南，建立了兩座小型橋頭堡。總計一星期內，俄軍在聶伯河西岸建立了二十五處大大小小的橋頭堡，陣地深度自千碼至二十英里不等。

俄軍一度幾乎無法對這些橋頭堡提供增援。九月二十六日晚上，他們用長程轟炸機空投三個空降旅到布柯林橋頭堡，最後是以災難性結果作收。十月初，第五親衛戰車軍團在札波羅結附近到達聶伯河，軍團工兵在當地找到兩艘被德軍拋棄的大型駁船。他們將其修復後，利用十月五日至六日間的夜裡，將六十輛戰車運過了河。兩週後，俄國人又成功增援了另一處位於盧提芝的橋頭堡，位於基輔以北二十英里。十一月四日，第三親衛戰車軍團的戰車怒吼著衝出盧提芝橋頭堡。兩天後，他們到了基輔。

當秋季泥濘再度籠罩在俄羅斯大草原上時，許穆克說出了他對庫斯克之戰的看法：「『元首』先前向我們昭示，這場會戰將會決定戰爭的結果，究竟是什麼意思？」與此同時，俄國人開始重整在聶伯河之戰損失的部隊。就在不到十二個月以前，紅軍在史達林格勒把戰爭的浪頭方向扭轉，第一次在心理上得以振奮。但對德軍來說，真正的打擊在庫斯克。在庫斯克的血腥戰場上，希特勒的裝甲雄師，以及他的雄心壯志，都遭到了無法平復的重創，勝利早已成為遙不可及的往事。失敗的惡兆始於史達林格勒，現在對東線上的德軍官兵而言，卻是每天懸在心上的殘酷現實。

希特勒曾想讓「衛城」作戰光耀全世界，藉此重建德國的霸業，鞏固日漸離心離德的軸心盟邦，結果卻帶來東戰場上一連串激烈動盪。在兩個半月裡，德軍在六百五十英里寬的正面上，被逼退了一百五十英里遠。

德軍在庫斯克所遭到的心理與物資傷害，更甚於在史達林格勒的損失。史達林格勒雖然戰敗，但曼斯坦挽救了大局，使前線轉危為安，還奪回了卡爾可夫。但是在庫斯克戰後，德軍面對的卻是不斷的撤退，以及日益加重的人力不足危機。在德軍攻擊庫斯克，以及防禦俄軍反攻的過程中，損失的官兵遠遠超過史達林格勒。德軍自己估計，史達林格勒之役「無法再歸隊」的人員損失（包括死亡、失蹤與三分之一的傷患）是二十萬九千人。從一九四三年七月到十月，東線德軍「無法再歸隊」人數——主要是庫斯克及撤回聶伯河時的損失——更達三十六萬五千之譜。

並且，在史達林格勒，紅軍還是在敵我大致相等的情況下作戰，一百萬俄國人對抗一百萬德國人、義大利人、匈牙利人與羅馬尼亞人。而在庫斯克，紅軍卻享有一點五倍的優勢——一百三十萬對九十萬。一九四三年十月在聶伯河上，紅軍人數優勢已達到二點二倍——兩百六十萬對一百二十萬，戰車

10 作者註：獲頒「蘇聯英雄」者可獲終生生活津貼，並且官方會為他塑造一座與真人一樣大的半身胸像，陳列在他的故鄉。

和火砲的優勢更高達四比一。在「庫圖佐夫」作戰發動時，俄軍投入了三千門火砲與迫擊砲，以及超過三百具「卡秋莎」火箭發射器。數目是他們於一九四一年十二月自莫斯科發動反攻時的三倍，也比在史達林格勒所集中的火力強三分之一。

從此之後，德軍在東線上再也沒有大規模攻勢作戰，直到一九四五年一月才曾對匈牙利的布達佩斯作過一次不成功的反攻。東線戰事已經成為一個俄軍不斷前進，而德軍不住後退的故事。大戰結束後，古德林曾在回憶錄裡寫下這一段話，以表他對那些投入「衛城」作戰裝甲部隊的痛惜之意。

「這些我們花了極大努力才重新組織、整補好的裝甲部隊，在這一戰中遭到了人員與裝備雙方面的慘重損失，很長一段時間內都無法重回戰場。他們能否及時重新送上東線抵禦敵人都成問題，更遑論因應第二年春天西歐方面的威脅。俄國人充分利用他們的勝利，把戰果擴張到最大，此後在東線上就沒有一刻安寧的時間。無疑地從這時起，俄國人已經獲取了所有的主動權。」

弗瑞

Zovoselovka　諾弗西羅夫卡

書名

Das Reich: The Military Role of the 2nd SS Division　《「帝國」：納粹黨衛軍第二師》

Tiger: the History of a Legendary Weapon 1942-45　《虎式戰車史：一九四二至一九四五年間的傳奇武器》

部隊番號

Army Detachment Hollidt　何立德兵團

Army Detachment Kempf　肯夫兵團

Front Mobile Group　前線機動兵團

Korpsgruppe Esbeck　艾斯貝克戰鬥群

Tadeusz Kosciuszko Division　塔多茲・柯斯薛科師

Versuchsverband für Panzerkampfung　反戰車實驗分隊

Voluntary Russian Rear Security Company　俄羅斯後勤志願連

其他

Anti-tank resistance points (protivotankovye opornye punkty) PTOP　反戰車據點

Anti-tank rifle　戰防槍

Nebelwerfer　火箭發射器

Ranendurg 蘭能堡
Rastenburg 拉斯頓堡
Regensburg 里根斯堡
Rhodes 羅得斯
Rossosh 羅索許
Rostov 羅斯托夫
Ryazan 黎山
Ryazhsk 黎澤斯克
Rzhavets 澤哈維茲鎮
Rzhev 勒熱夫
Salzburg 薩爾斯堡
Samodurovka 薩摩都羅夫卡村
Sardinia 薩丁尼亞
Savidovka 沙維多夫卡
Schweinfurt 士文福
Sertsev 賽茲耶夫村
Sertsevo 賽茲賽佛
Seym 塞姆河
Sinelnekovo 席奈尼柯弗
Slavyansk 斯拉夫揚斯克
Soborovka 索伯羅夫卡
Solominno 索羅米諾
Spass Demensk 史巴斯狄姆揚斯克
Staling 史達利諾
Stalinogorsk 史達林諾格斯克
Starobelsk 史達羅拜斯克
Stary Oskol 史塔瑞歐斯克
Storozhevoe 史托羅柴渥伊
Svatovo 斯伐托弗
Sverdlovsk 斯弗德羅夫斯克
Svesk 斯維斯克
Taganrog 塔干洛格
Tamdov 塔姆波夫
Tankograd 坦克格勒
Teploye 泰普羅伊
Teterevino 泰特瑞維諾
Tomarovka 托馬羅夫卡
Torgau 托爾高
Trosna 特羅斯拿
Tula 土拉
Urazovo 烏拉佐弗
Valki 瓦爾基
Valuki 瓦魯基
Velikiye Luki 威利奇盧基
Vereytenovo 維瑞提諾佛
Verkhopenye 維科皮尼
Vinnitsa 維尼沙
Vladimir 弗拉地米爾
Volchansk 弗爾彌斯克路
Voroshilovgrad 弗羅希羅夫格勒
Voroshilov 弗羅西羅夫
Vorozhba 弗羅佐巴
Wuppertal 吳波塔
Yefremov 葉夫瑞莫夫
Yelets 葉勒茲
Yersevko 耶思夫科
Zaporozhye 札波羅結
Zhisdra 茵斯德拉地區
Zirkuni 齊庫尼
Zorinskoye Dvory 佐林斯科依一地

Fatezh　伐提茲
Fetezh　費特查
Gnilets　格奈列茲
Gomel　戈梅爾
Gostishchevo　高斯提許契弗
Grafenwohr　格拉芬瓦
Gravyoron　格拉夫約隆
Gremutschy　格瑞穆特奇
Kastornoye　卡斯托諾伊
Kazachye　卡查齊
Khalkin River　喀爾喀河
Kharkov　卡爾可夫
Konotop　科諾托普
Korovino　科羅維諾村
Kosogory　克蘇格瑞
Krasnoarmeyskoye　克拉斯諾米斯科伊
Krasnograd　克拉斯諾格勒
Krasny Liman　克拉斯尼李曼
Kroll Opera House　克羅爾劇院
Kromy　克羅米
Lake Ladoga　拉多加湖
Lisichansk　李希強斯克
Liski　李斯基
Livny　李夫尼
Lokinskaya　羅金史卡亞
Lotzen　魯騰
Luchanino　盧洽尼諾
lzyum　依茲門
Magnitogorsk　馬格尼吐哥斯克
Maloarchangelsk　馬洛強格斯克
Mariupol　馬利普
Melitopol　梅利托普
Melovoye　梅羅渥伊
Michurinsk　米區林斯克
Mius River　米亞斯河
Mohen　蒙恩水壩
Mtsensk　摩特森斯克
Nezhega-Korocha-Skorodnoye-Tim-Shchigry-Sosna　尼柴卡—克羅查—史科羅諾伊—提姆—西齊格里索斯納
Nicopol　尼柯普
Novy Oskol　諾維歐斯克
Novychutor　諾維朱特村
Oboyan　奧波揚
Olkhovatka　奧可伐特卡
Orel　奧勒爾
Orsha　奧爾沙
Oskol　歐斯科河
Osnova　奧斯諾瓦
Pantelleria　潘特勒里亞
Pavlograd　帕夫羅格勒
Peenemunde　皮尼穆德
Pelopponese　伯羅奔尼撒
Pena River　皮那河
Poltova　波塔瓦
Prilepy　普利列皮
Prokhorovka　普羅科羅夫卡
Psel　普賽爾河
Psyolknee　皮斯約克尼

Vittorio Ambrosio　安布羅西歐元帥
Vladimir Sudets　蘇德茲上將
Walter Krupinski　克魯平斯基中尉
Walter Warlimont　華里蒙特將軍
Walther Buhle　畢勒將軍
Walther Hewel　海威爾
Walther von Brauchitsch　布勞齊區元帥
Walther von Hünersdorff　胡諾斯多夫中將
Walther von Reichenau　賴赫勞元帥
Werner Kempf　肯夫將軍
Wilhelm Canaris　卡納里斯上將
Wilhelm Keitel　凱特爾元帥
Wolfram Freiherr von Richthofen　李希霍芬元帥
Yakov Fedorenko　費多倫科元帥
Yakov Smushkevich　史慕許克維奇

地名

Akhtyrja　阿克提卡
Aleksandrovka　亞歷克山德羅夫卡村
Alekseyevka　亞歷克西夫卡
Andreyevka　安德里葉夫卡
Archangel　阿干折
Arras　阿拉斯
Astrakhan　阿斯特拉汗
Barmen　巴門區
Barvenkovo　巴芬柯弗
Beketovka Camp　貝科托夫卡集中營
Belenichino　貝倫尼契諾
Belgorod　貝爾哥羅
Berchtesgaden　貝希特斯加登
Beresov　布瑞索夫村
Berezov　貝瑞佐夫
Berghof　貝格霍夫
Bialystock　畢亞里斯托克
Bletchley Park　布萊德利公園
Bobrik　波布利克
Bobryusk　波布魯斯克
Bogodukhov　波格杜可夫
Borisovka　波利索夫卡
Brest-Litovsk　布勒斯特一里多夫斯克
Butovo　布托弗
Butyrki　布提基
Cambrai　堪布萊
Chelyabinsk　車里雅賓斯克
Cherkasskoye　齊卡斯科伊
Chuguyev　屈古耶夫路
Dieppe　第厄普
Dnepropetrovsk　聶伯羅派脫夫斯克
Dodecanese Islands　多得喀尼群島
Dolgoye　杜哥伊
Donbas　頓巴次工業區
Dorogobushino　杜羅果布西諾
Droskovo　德羅斯科弗
Dubovka　杜波夫卡
Dukhovshchina　杜科夫希契納
Eder　艾德水壩
Essen　埃森

Kirill Moskalenko　莫斯卡倫科上將
Kliment Voroshilov　弗羅希羅夫元帥
Konstantin Rokossovsk　羅柯索夫斯基
Kurt Zeitzler　柴茲勒將軍
Kuzma Trufanov　楚凡諾夫將軍
Leytenant F. M. Kharitonov　卡利托尼夫少將
Markian Mikhaylovich Popov　卜波夫將軍
Martin Bormann　鮑曼
Max Reyter　黎特爾中將
Max Simon　賽門將軍
Meinrad von Lauchert　勞希特中校
Michael Wittmann　魏特曼中尉
Mikhail Gromov　格羅莫夫將軍
Mikhail Katukov　卡圖可夫
Mikhail Malinin　馬里寧中將
Mikhail Shumilov　許米羅夫上將
Mikhail Tukhachevsky　屠哈齊夫斯基元帥
Nikolai Popel　波派爾中將
Nikolai Vatutin　范屠亭上將
Nikolay Pukhov　普寇夫上將
Otto Dessloch　狄斯洛赫將軍
Otto Ohlendorf　奧林多夫
Otto von Knobelsdorff　克諾貝斯多夫將軍
Otto Wöhler　吳勒爾將軍
Paul Deichmann　戴希曼將軍
Paul Hausser　豪賽爾將軍
Pavel Alexeyevich Belov　貝洛夫將軍
Pavel Rotmistrov　羅特米斯托夫
Pavel Rybalko　李巴科將軍
Rachel Dübendorfer　杜本多佛
Reinhard Gehlen　格倫上校
Ritter von Greim　格萊姆將軍
Rodion Malinovsky　馬林諾夫斯基元帥
Rudolf Freiherr von Roman　羅曼將軍
Rudolf Rössler　羅斯勒
Rudolf Schmidt　施米德將軍
Rudolf Schmundt　施密特將軍
S. K. Kolesnichenko　克倫斯尼成科中尉
Sandor Radó　拉多
Semyon Krivoshein　克里佛辛中將
Semyon Timoshenko　提摩盛科元帥
Sergei Rudenko　盧登科上將
Sergei Shtemenko　西提門科
Sergei Tromifenko　特羅米芬科將軍
Sergei Varentsov　瓦倫佐夫中將
Stepan Krasovsky　克拉索夫斯基上將
Theodor Morell　莫里爾
Theodor Wisch　魏許少將
V. Baskakov　巴斯卡可夫將軍
V. N. Rukosuyev　盧可舒耶夫上校
Vasily Gordov　高爾多夫將軍
Vasily Kazakov　卡札可夫將軍
Vasily Sokolovsky　索柯羅夫斯基元帥
Vitali K. Polyakov　波利亞科夫中尉

F. M. Yelchenko　葉成科中尉
Filipp Golikov　高立可夫上將
Franz Mattenklott　馬登克洛特將軍
Franz Staudegger　史陶德格上尉
Fridolin von Senger und Etterlin　森格爾將軍
Friedrich Fangohr　樊戈爾少將
Friedrich Paulus　包拉斯上將
Friedrich von Mellenthin　麥倫新少將
Fyodor Tolbukhin　托布金上將
Georg Thomas　湯瑪斯將軍
Gerd Schmückle　許穆克
Gerhard Barkhorn　巴克宏
Gerhard Niemann　尼曼
Günther Blumentritt　布勒孟楚特將軍
Günther Rall　拉爾
Günther von Kluge　克魯格元帥
Hans Jeschonnek　顏雄尼克上將
Hans Seidemann　賽德曼將軍
Hans Speidel　史佩德將軍
Hans von Funck　芬克將軍
Hans Zorn　佐恩將軍
Hans-Jürgen von Arnim　阿爾寧上將
Hans-Ulrich Rudel　魯迪爾上尉
Hasso von Manteuffel　曼陶菲爾將軍
Hastings Ismay　伊斯美將軍
Heinrich Steinwachs　史坦瓦赫少校
Heinz Brandt　布蘭德上校
Heinz Guderian　古德林上將
Henning von Tresckow　崔斯寇少將
Hermann Breith　布瑞斯將軍
Hermann Hoth　霍斯上將
Hermann von Oppeln-Bronikowski　奧布朗尼科斯基上校
Horst Grossmann　葛羅斯曼中將
Hubert Lanz　藍茲將軍
Hubert Strassl　史特拉斯一級上士
I.B. Mikhailov　米凱羅夫上校
Ion Antonescu　安東尼斯古元帥
Ivan Bagramyan　巴格朗揚將軍
Ivan Chernyakhovsky　齊恩雅霍夫斯基將軍
Ivan Chistyakov　齊斯提亞科夫上將
Ivan Fedyuninsky　費德也尼斯基將軍
Ivan Kirichenko　克里成科將軍
Ivan Konev　柯涅夫上將
Ivan Managarov　蒙加羅夫將軍
Ivan Yefimovich Petrov　皮特羅夫將軍
Joachim Lemelsen　李美爾遜將軍
Johannes Friessner　弗里斯勒將軍
Johannes Weisse　魏希上尉
John Keegan　約翰・吉根
Josef Harpe　哈普將軍
Joseph Goebbels　戈培爾博士
Karel Sedlacek　賽德拉斯克
Karl Donitz　鄧尼茲元帥
Karl Ullrich　烏里希上校
Karl-Heinz Noak　諾亞克少校
Karpov　卡波夫上校
Kent A. Larson　肯特・拉森少校

中英名詞對照

作戰計畫與防線

Hagen Line　哈根防線

Mareth Line　馬內斯防線

Operation Alarich　阿拉利克計劃

Operation Büffel (Buffalo)　野牛作戰

Operation Konstantin (Constantine)　康士坦丁計劃

Operation Kutuzov　庫圖佐夫作戰

Operation Mincemeat　餅餡行動

Operation Nachbarhilfe (ii) (Neighbourly Assistance)　守望相助二號作戰

Operation Rumiantsev 盧米安茲夫作戰

Operation Sichelschnitt (Sickle Cut)　鐮割計劃

Operation Zigeunerbaron (Gypsy Baron)　吉普賽男爵行動

Operation Zitadelle (Citadel)　衛城作戰

Tortoise Line　烏龜防線

人名

Adalbert Schulz　舒茲中校

Adolphe Messimy　梅希密將軍

Albert Speer　斯皮爾

Albrecht von Boxberg　巴克斯堡少校

Aleksandr Vasilevsky　希里夫斯基將軍

Aleksei Antonov　安托諾夫

Aleksey Semenovich Zhadov　查多夫將軍

Alexander Foote　富特

Alexander Novikov　諾維可夫將軍

Alexander Poskrebyshev　波斯克雷拜西夫

Alexander Sergeyevich Yakovlev　雅克列夫中將

Alexander Werth　沃爾思

Alexey Rodin　羅柯索夫斯基安排羅汀中將

Alfred Jodl　約德爾將軍

Andrey Yeryomenko　艾門科上將

August Schmidt　施密德中將

Bobby Woll　吳爾

Claude Dansey　丹希中將

Count von Schwerin　希維林中將

Dietrich von Saucken　沙肯中將

Dmitry Pavlov　巴夫洛夫上將

Emmanuel de Grouchy　格勞齊將軍

Erhard Raus　勞斯將軍

Erich Hartmann　艾利希・哈特曼

Erich von Manstein　曼斯坦元帥

Erwin Jaenecke　耶內克將軍

Ewald von Kleist　克萊斯特元帥

庫斯克

希特勒－史達林關鍵決戰時刻

CITADEL: THE BATTLE OF KURSK

作者　羅賓・克羅斯（Robin Cross）
譯者　程嘉文
總編輯　富察
責任編輯　區肇威
企劃　蔡慧華
封面設計　薛偉成
內頁排版　宸遠彩藝

社長　郭重興
發行人兼出版總監　曾大福
出版發行　八旗文化／遠足文化事業股份有限公司
地址　新北市新店區民權路 108-2 號 9 樓
電話　02-2218-1417
傳真　02-8667-1065
客服專線　0800-221-029
信箱　gusa0601@gmail.com
Facebook　facebook.com/gusapublishing
Blog　gusapublishing.blogspot.com
法律顧問　華洋法律事務所／蘇文生律師
印刷　成陽印刷股份有限公司
出版日期　二〇一八年十月／初版一刷
定價／四二〇元

庫斯克：希特勒 - 史達林關鍵決戰時刻 / 羅賓 . 克羅斯 (Robin Cross) 著 ; 程嘉文譯 . -- 初版 . -- 新北市 : 八旗文化出版 : 遠足文化發行 , 2018.10
336 面 ; 14.8×21 公分
譯自 : Citadel : the Battle of Kursk
ISBN 978-957-8654-35-8 (平裝)

1. 第二次世界大戰　2. 戰役

712.843　　107016834